人格塑造╳情緒掌控╳社交訓練，
不當揠苗助長的家長，
真正激發孩子的內在動力！

蒙特梭利的 育兒黃金三年

從建立安全感到培養好習慣

玫瑤 著

▶ 某些「哄睡神器」使用不當，有可能造成嬰兒窒息？
▶ 孩子對「臭被被」愛不釋手，其實是他獨立的展現？
▶ 小孩只在媽媽面前鬧脾氣，是出於對母親的信任感？

打造自主學習環境，啟發寶寶專注力與創造力；
科學應對成長難題，促進情感發展與自信心建立！

目 錄

前言

**第一章　0～2個月，
建立起最初的安全感**

　　第一節　4個問題，破解哭鬧、驚嚇、抱睡背後的祕密⋯⋯⋯⋯⋯010

　　第二節　6個錦囊，培養專注、平靜而好奇的寶寶⋯⋯⋯⋯⋯⋯034

　　第三節　這些「坑」，不要踩⋯⋯⋯⋯⋯⋯⋯⋯⋯⋯⋯⋯⋯⋯064

**第二章　3～5個月，
發現自己的手，有目的地和世界互動**

　　第一節　4個問題，解讀寶寶成長變化的關鍵期⋯⋯⋯⋯⋯⋯⋯074

　　第二節　8個技巧，培養愉悅而主動的寶寶⋯⋯⋯⋯⋯⋯⋯⋯⋯093

　　第三節　這些「坑」，不要踩⋯⋯⋯⋯⋯⋯⋯⋯⋯⋯⋯⋯⋯⋯114

**第三章　6～12個月，
從自主探索中收穫自信心和掌控感**

　　第一節　破解寶寶的迷惑行為，這樣帶娃更輕鬆⋯⋯⋯⋯⋯⋯⋯122

　　第二節　8個錦囊，有掌控感的寶寶更自信⋯⋯⋯⋯⋯⋯⋯⋯⋯145

　　第三節　這些「坑」，不要踩⋯⋯⋯⋯⋯⋯⋯⋯⋯⋯⋯⋯⋯⋯164

第四章　1～1.5歲，
自我意識初萌芽

第一節　解讀孩子自我意識萌芽期時，父母的 5 個疑問 …………172

第二節　5 個錦囊，提升孩子的專注力、自制力和表達力…………200

第三節　這些「坑」，不要踩 ………………………………………214

第五章　1.5～2 歲，
培養會思考、會社交的聰慧頭腦

第一節　讀懂孩子，化解社交和如廁的 5 個棘手問題 ……………226

第二節　6 個原則，保護想像力和創造力，開發孩子智力的泉源……256

第三節　這些「坑」，不要踩 ………………………………………269

第六章　2～3 歲，
細養出來好性格和好習慣

第一節　解開父母眼裡孩子的 6 個成長難題…………………………280

第二節　4 個錦囊，幫助孩子培養積極解決問題的好習慣 …………312

第三節　這些「坑」，不要踩 ………………………………………326

前言

女兒1歲半的時候，我帶她去兒童公園玩。因為到達的時間太晚，摩天輪的項目已經停止售票了。女兒傷心地哇哇大哭起來，怎麼安撫都不管用。突然，她在路邊看到了一隻緩緩爬行的蝸牛，於是停止了哭泣，認真地觀察起來。隨著蝸牛背著沉沉的殼爬進了樹叢，女兒破涕為笑，先前的陰霾也一掃而空。

孩子的到來，會改變我們對生活的態度和看法。他就像一面鏡子，讓我們看到兒時的自己也像這樣天真地哭和笑，我們也曾如此真誠、純粹地愛著這個美好的世界。他提醒我們，要用心去感受這個世界，大自然裡的一草一木都可以讓我們得到療癒。

育兒不是父母一個人的獨角戲，它更像一支佛朗明哥舞，需要父母和孩子互相配合。即使是一個只會用哭聲表達的小嬰兒，如果我們每一次幫助孩子換尿布時，都和他親切對話，提前告知我們將要對他做的事情，如：「我要把你的腿抬起來，把尿布墊在下面啦！」時間久了，你會驚喜地發現，眼前這個小嬰兒竟然可以配合我們，主動把腳抬起來，讓我們順利地完成換尿布的動作。

和孩子一起做事情，而非替他做事情。在這一來一回的配合中，我們逐漸放慢自己的腳步，觀察孩子，回應他們真正的需求。在觀察孩子的基礎上，我們要調整家庭的環境，方便孩子和我們更好地一起做事情。我們會給他們提供適合他們年齡層的玩具，輔助他們心智的成長。

眼前的這個小人，雖總是保持著索取的姿態，卻在不知不覺中填補

前言

了我們心裡的空缺。育兒是父母和孩子雙向獲得，它引導我們重新感受愛和豐盛，成為一個更柔軟、更真實的人。

這本書完稿大概花費了我一兩年的時間。回想自己十餘年在家庭教育和兒童教育的工作中遇到的孩子和父母，許多美好的畫面歷歷在目。我在系統地學習國際蒙特梭利課程的那兩三年裡，非常幸運地得到了能進入幾位 0～3 歲兒童的家庭裡持續追蹤、觀察孩子的機會。

那是一段特別的時光，超過 300 個小時近距離觀察這些家庭，讓我有機會將以前在早教中心獲得的工作經驗、自己的育兒心得與兒童發展測評、蒙特梭利教學法、皮克勒教育法以及 RIE 教育理念實踐在這些家庭中。

也正是因為進入越來越多的家庭裡，我看到了父母對孩子的愛，同時也看到了他們很多的困惑和焦慮。

孩子什麼時候開始學翻身？

是不是該教孩子學坐？

要不要和孩子說「寶寶語」？

怎樣讓孩子如廁更加順利？

孩子上幼稚園產生分離焦慮該怎麼辦？

孩子打人或被打了怎麼辦？

孩子注意力不集中怎麼辦？

……

絕大多數的父母都是在懵懂中摸索著育兒的道路，生怕錯過孩子成長路上的點點滴滴。但若父母用錯了方法，不但不會產生好的作用，反而會阻礙孩子的發展。

我時常想，如果我可以寫一本書，分享簡單實用的育兒小技巧，解答父母常見的育兒困惑，避免他們踩不必要的坑，那麼在育兒的道路上父母一定可以更加從容不迫，甚至可以享受育兒過程中帶來的親密關係的滋養。

於是我便寫了這本書，希望它除了能帶給你們實用的技巧與方法外，還能傳遞信念與力量。育兒不僅僅是付出和給予，讓我們放慢腳步，和孩子共同成長，我們也會感受到其中的美妙。

或許，我們無法改變基因，

或許，我們無法控制遺傳的變數，

然而，從受孕開始，

特別是小生命的前幾年，

我們可以選擇照顧孩子的方式，

以及和他們互動的方法，

來幫助孩子的學習與發展。

—— 席爾瓦娜・Q・蒙塔納羅

在拯救世界的各種努力中，沒有任何一項努力比我們教育孩子的方式更具有基礎性。

—— 瑪麗安娜・威廉森

前言

第一章
0～2個月，建立起最初的安全感

從媽媽的子宮來到另外一個完全陌生的世界，寶寶需要更多熟悉的「孕期參照點」。在這個章節裡，我們會解讀新生兒的驚嚇和吸吮反射，使用 EASY 日記預測寶寶的作息，建立溫馨、好用的家庭照料區，讓新手父母也能輕鬆讀懂「嬰語」。嬰兒抱枕、新生兒吊飾和多感官的抓握玩具，會幫助孩子平靜而專注地觀察這個有趣的新世界，建立起生命最初的安全感。

第一章　0～2個月，建立起最初的安全感

第一節　4個問題，破解哭鬧、驚嚇、抱睡背後的祕密

必須抱著才肯睡，寶寶是缺乏安全感嗎？

看見＋懂得＋陪伴，是比愛更重要的事情。

> **小測試**
>
> 寶寶總是「放下就哭，落地就醒」，這是為什麼？
> A. 寶寶缺乏安全感。
> B. 父母或者照料者經常抱著寶寶入睡，使其養成了習慣。

我們抱著寶寶，好不容易把他哄睡著了，想把他放下，但只要一碰到床，寶寶就睜眼開啟嚎啕大哭的抗議模式。父母只得把他重新抱起來，寶寶這才停止了哭泣。寶寶必須要抱著才肯睡，這是缺乏安全感的表現嗎？

■ 1. 放下就哭，落地就醒，寶寶「求抱抱」有兩個原因

(1) 寶寶在尋找孕期時安全感的參照點

孕期18週的時候，寶寶就在聽我們說話的聲音、環境的聲音，當然還有媽媽的心跳聲。孩子出生後，當我們說話的聲音、環境的聲音重新出現時，就可以讓寶寶找到孕期時熟悉的參照點。尤其是孩子在媽媽

的懷裡時，可以再一次聽到那熟悉的心跳聲，這些都會讓孩子感覺更舒適、更安全。

(2) 寶寶在尋找出生後新環境的安全感

著名心理學家艾瑞克森曾提出人類的八個階段發展理論，其中嬰兒期（0～1.5歲）的孩子其發展核心任務是：解決「基本信任和不信任的心理衝突」。也就是說，照顧新生兒不僅要讓其吃飽睡好，助其建立起對世界的信任感同樣是非常關鍵的任務。

爸爸媽媽及時回應寶寶的哭泣，可以幫助孩子建立起對世界的信任，讓他感覺這個世界是美好的，是可以被信任的。

這種信任感的生成在寶寶人格發展中會發揮非常重要的作用——對世界有信任感的孩子，才能開始認知自我，並與周圍的人、事、物產生積極的連線。

無論什麼時候，我們都應該積極回應寶寶的情緒和需求，但是如果每次寶寶都只能被抱著才能入睡，那麼問題也隨之而來——寶寶缺少自主入睡的經驗，缺少在新環境裡自我調適的能力。

有些寶寶甚至在早期就形成了許多不良的入睡習慣，比如必須要抱著才肯睡、必須要吮著乳頭才能睡、必須要在小車裡被晃著才肯睡等。

■ 2. 抱睡≠建立安全感，背後的四大隱患需注意

目前並沒有任何研究可以直接證明「抱睡」可以建立寶寶的安全感，但值得注意的是，抱睡、摟著新生兒一起睡覺的背後隱藏著許多隱患。

◇ 摟著寶寶睡時，大人的手臂和被褥容易捂著寶寶，增加嬰兒患嬰兒猝死症候群的機率。

第一章 0～2個月，建立起最初的安全感

◇ 寶寶經常被抱著睡，久而久之很容易養成「不抱不睡」的習慣。
◇ 抱著睡時寶寶睡得不沉，容易驚醒，同時也會影響寶寶和父母的睡眠品質。
◇ 寶寶在大人懷裡時身體無法舒展，尤其是四肢的活動受限，不利於寶寶的生長發育。

如果我們可以幫助寶寶在早期就建立起健康的睡眠習慣，那麼也就是間接在幫助他們發展正確與新環境互動、學習自我獨立入睡的能力。

作為父母，我們應該在寶寶哭泣的時候積極回應他們的情緒，但是回應寶寶的方式有許多種，除了抱睡外，我們也應該讓孩子有適當在床上學習自我入睡的經驗。

■ 3. 建構內在的安全感，寶寶自我入睡的「SRL法則」

熟悉的環境、熟悉的照料人、熟悉的聲音，甚至熟悉的味道都可以幫助孩子建立穩定的感覺，這種可預知的狀態會給孩子帶來內在的安全感，幫助寶寶信任和適應環境，安穩地自我入睡。

怎樣幫助孩子安穩地入睡？我總結為「SRL法則」，包括以下三個步驟：

(1) 關注寶寶的「睡眠訊號」

當寶寶有睏意時，會發出自己的睡眠訊號，如：揉眼睛、抓頭髮、不停哨手、手亂揮舞、抓臉、雙眼無神、尖叫等。

如果沒有關注到寶寶的睡眠訊號，等孩子玩到筋疲力盡再哄睡，那麼寶寶就容易哭鬧和鬧脾氣，自主入睡的難度會飆升。

因此當我們觀察到寶寶發出了睡眠訊號時，就應把他帶到房間裡，

拉上窗簾，調暗燈光，創造一個相對安靜、熟悉的睡眠環境。抓住好的入睡時機，是幫助寶寶安穩入睡的先決條件。

(2) 建立起睡眠和床的「意識關聯」

孩子發出了睡眠訊號，我們就可以把他放在床上。讓孩子逐漸發展出「睏了－想睡覺－在床上」這樣的睡眠關聯。

在寶寶清醒的時候，我們要陪在孩子的旁邊，靠著孩子，並輕輕拍拍他。尤其是媽媽，當她靠著寶寶時，寶寶能聽到熟悉的心跳聲、呼吸聲，以及聞到媽媽的味道，這些都會幫助寶寶找到孕期時的參照點，讓寶寶感覺放鬆，加快進入睡眠模式。

我們需要在孩子清醒的時候就將他放在床上，而不是等其完全睡著了再放。這個道理和我們成人的睡眠模式相同。想像一下，你在床上睡著了，若睜開眼睛發現是在另外一個地方，不是剛才入睡的環境，是不是會突然嚇一跳？

在寶寶入睡之前，讓他提前熟悉睡眠環境。就算寶寶中途醒了，熟悉的環境也會為「接覺」提供很大的可能性。

(3) 哄睡強度由強到弱，階梯式過渡

我們需要相信寶寶，相信他們可以發展出自我入睡的能力，他們只不過是需要一些時間適應新環境。如果我們總抱著孩子睡，寶寶慢慢就養成了習慣，後期想要調整就很難了。

如果你的孩子現在已經養成了奶睡、車睡、抱睡的習慣，根據哄睡的強度我們可以採取逐步調整的策略。

第一章　0～2個月，建立起最初的安全感

圖 1　哄睡強度由強到弱，自主入睡能力由弱到強

表 1　階梯式過渡入睡法

階梯	具體對應方法	完成情況
階梯 1：奶睡、車睡	需要含著乳頭睡，或者必須在搖晃著的嬰兒車裡入睡的孩子，父母可慢慢調整為抱著哄睡，寶寶迷糊但仍清醒的時候將其放到床上	
階梯 2：抱睡	父母可慢慢調整為在孩子還清醒時將其放到上拍一拍哄睡	
階梯 3：拍睡	逐漸減低拍的頻率，改為將手放在寶寶的身上將其哄睡	
階梯 4：陪睡	手離開寶寶，躺或坐在床邊，陪著其入睡	
階梯 5：自主入睡	寶寶逐漸學會自己在床上入睡	

　　運用好上述階梯式過渡入睡法，你會神奇地發現，孩子在床上眨一會兒眼睛，自己就能安穩入睡了！在這個入睡過渡中，寶寶逐漸發展出適應能力，他可以安撫自己在新環境中平靜並且放鬆下來。

第一節　4個問題，破解哭鬧、驚嚇、抱睡背後的祕密

　　他會產生一種信任：這個世界是安全、美好的，我的需求可以得到滿足。爸爸媽媽會陪伴著我，回應我的需求。從他們的哄睡態度來看，我是一個被愛著的寶寶，我也可以做到自己入睡。

　　正確的哄睡態度，可以讓孩子從對外在的信任中逐漸產生對自我的信任。

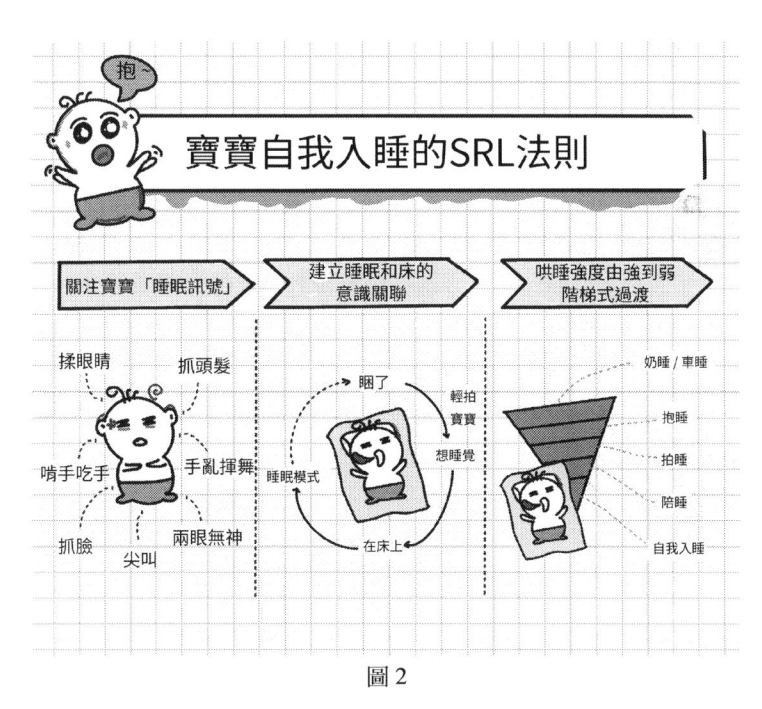

圖2

■ 4. 安全感建立小撇步

　　孩子從對外在的信任中逐漸產生對自我的信任，這大概就是孩子獲得了真正的安全感。在我看來，安全感是依靠重要的人際關係來獲取慰藉的能力，也是孩子能充分表達自己情感和情緒的能力。

　　只有當孩子被溫柔以待，被完全信任，並且父母給予他們空間和時

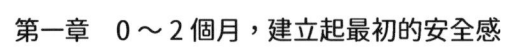

第一章　0～2個月，建立起最初的安全感

間自我練習，適應新環境，這種內在安全感才能真正被建立起來。孩子才會相信，這個世界是美好的，而自己是一個有能力的人。

表2　0～2個月，寶寶安全感建立小撇步

☐	寶寶被給予機會可以平靜並專注地觀察這個新世界
☐	父母及照料人溫柔而及時地回應寶寶發出的聲音
☐	讓寶寶看到你的眼睛和嘴巴，對著他說話、唱歌、講繪本
☐	提前告知寶寶你將要做的事情，比如抱起（放下）寶寶前對他說：我要把你抱起來（放下來了）
☐	盡可能地母乳餵養。餵奶時不看手機，不做其他的事；如果是奶瓶餵養，盡可能在固定的位置上餵養，使孩子養成常規習慣
☐	多進行撫觸
☐	把動作慢下來
☐	使用跳舞式的溝通方式，和寶寶一來一回地「說話」

寶寶只會哭，我怎麼讀懂他？

0～2個月的寶寶，只能用啼哭來表達自己。寶寶啼哭，究竟是餓了、困了、尿了，還是哪裡不舒服了？有沒有摩斯密碼，可以解讀寶寶哭聲的背後所代表的意義呢？

美國超級育嬰師崔西‧霍格透過研究觀察5,000多個嬰兒，曾明確指出：童言嬰語並非只是說話發聲，咿呀學語的過程與尊重、傾聽、觀察和解釋等行為密切相關。

如果我們願意多花一些時間仔細觀察孩子，就會發現孩子的每一種哭聲所代表的意圖各不相同。

啼哭的寶寶≠差勁的父母。如果我們能順應孩子的天性，幫助孩子建立規律的作息習慣，讓他們更加了解自己的需求，我們的養育就會變得更簡單、更快樂。在這裡，我向大家推薦使用 EASY 日記，父母可預測寶寶的作息節奏和規律，更好地讀懂寶寶的語言。

1. 什麼是 EASY 日記

EASY 日記最早是由美國著名的超級育嬰師崔西・霍格提出。她主張每一個嬰兒的飲食、活動和睡眠都是有自己專屬的規律的，如果我們將它們一一記錄，就可以預測出寶寶一天的作息節奏和規律循環，有利於我們更好地讀懂寶寶啼哭的背後想表達的真正含義。

因為工作的原因，我曾經做過超過 500 個小時的嬰幼兒家庭觀察。我發現崔西的 EASY 日記適用於絕大多數的孩子，並且對新手父母有非常好的指導意義。

ESAY 日記具體需要記錄的有四個方面。

表 3

ESAY 模式	具體記錄內容
餵奶	記錄寶寶吃奶的時間和間隔 使用乳頭或奶瓶，需要 25～40 分鐘的時間不等
活動	活動包括寶寶清醒時的娛樂活動和日常照顧 比如換尿布、穿衣服、洗澡、遊戲等

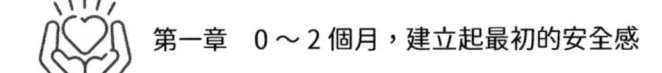

第一章　0～2個月，建立起最初的安全感

ESAY 模式	具體記錄內容
睡眠	記錄寶寶的睡眠訊號、睡眠時間、睡眠狀態 新生兒每天的睡眠時間平均約 16～20 個小時，每一段睡眠當中，淺睡眠和深睡眠的時間大約各占一半，每 2～4 個小時就要醒來吃奶
你自己	寶寶睡著後的時間就是你的自由支配時間啦！隨著寶寶的成長，寶寶白天的小睡時間會增長，你會有更多的可支配時間

■ 2. 如何使用 EASY 日記

　　規律的作息對寶寶來說非常重要，當寶寶可以預測接下來會發生什麼事情時，他們更加容易被安撫。穩定的外在秩序感，還會促進寶寶內在安全感的形成，讓他們感覺自己是安全的、可以被滿足的。

　　透過觀察孩子並記錄他的一天是如何度過的，我們能更加完整地了解他們。我們會發現他們吃、睡的規律，按需哺乳，配合他們的步調。我們還可以透過觀察記錄自己的感受，覺察自己的狀態對孩子的影響，安排屬於自己的時間。

表 4 我的 EASY 日記

	E （餵奶）	A （活動）	S （睡眠）	Y （自己）
時間	07：00	07：30	08：30	09：00
項目	起床餵奶。左側 10 分鐘，右側 10 分鐘	換尿布、玩耍	關注睡眠訊號。 9：00 入睡	寶寶睡了，我可以做自己的事
時間	11：00	11：30	12：30	13：00
項目	小覺醒來吃奶。左側 15 分鐘，右側 10 分鐘	換尿布（大便）、玩耍、晒太陽	準備第 2 個小覺，13：00 入睡	寶寶第 2 個小覺，我可以跟著睡一會兒。 有點累
時間	15：00	15：30	16：30	17：00
項目	小覺醒來吃奶。左側 15 分鐘，右側 10 分鐘	換尿布。帶寶寶去社區走走	準備第 3 個小覺，17：00 入睡	寶寶第 3 個小覺，我可以做自己的事情
時間	18：00	18：30	19：00	19：30
項目	小覺醒來吃奶。左側 15 分鐘，右側 10 分鐘	換尿布（大便）、在墊子上玩	黃昏覺（35～45 分鐘）	自己吃晚飯，心情好

第一章　0～2個月，建立起最初的安全感

以上是一篇記錄一個5個月孩子的EASY日記，左側是需要記錄的四大項目，右側是具體時間和詳細內容。

透過每日的記錄，推測出早上9點左右孩子會有一次小睡。那麼每當快9點時，孩子哭鬧，大概就是因為他有些愛睏。這個時候如果我們提前帶孩子到小床上，拍拍他，他很快就會入睡。而如果缺乏觀察紀錄，我們可能會認為孩子哭鬧是因為餓了，馬上把奶瓶放入其口中，這不利於孩子了解自己的需求以及發展自我入睡的能力。

當然，EASY日記不是一成不變的，我們可以根據自己的需求調整、增加記錄的內容，如洗澡時間、玩耍的內容等。孩子成長的每個階段都有其特點和規律，我們做好客觀的觀察紀錄，就容易找到孩子的作息規律，給予孩子真正需要的幫助。

3. 四大方面，破解「嬰語」的摩斯密碼

除了用EASY日記進行記錄，我們還可以直接觀察孩子的動作和聆聽孩子的哭聲，進行積極回應，主要包括進食和排洩、睡眠情況、活動情況和環境溫度這四個方面。

(1) 進食和排洩

◆ 餓了引起的哭聲和動作

許多寶寶在餓的時候會舔嘴唇或者咂巴嘴巴，然後伸出舌頭，扭頭轉向一邊，並把拳頭靠近嘴巴。寶寶的喉嚨根部會發出幾聲類似咳嗽的聲音，最開始比較急促，接著會發出哭聲，這種哭聲都非常有節奏。我們還可以透過前面記錄的孩子進食時間表，推斷孩子是否餓了。一般情況下，我們及時給孩子餵奶，孩子的需求被滿足後就不會哭泣了。

◆ **排便引起的哭聲和動作**

有些孩子排便時會哭，而有些孩子則不會。但絕大多數的孩子排便時面部表情會變得很嚴肅，眉毛會皺起來，眼睛瞪得大大的，全身似乎都在用力。不到一會兒，我們會看到寶寶因為用力，導致眼睛發紅甚至流眼淚。一般發生這種情況，父母不要做過度的干涉，等寶寶排便完成及時清理即可。

(2) 睡眠情況

睡眠對嬰兒大腦發育至關重要，越低齡的孩子需要的睡眠時間越多。美國睡眠醫學會曾釋出兒童最佳睡眠時間共識，推薦了孩子各年齡層的睡眠時間。

表 5 「美國國家睡眠基金會」睡眠時長標準

年齡	推薦	不推薦
新生兒（0～3 個月）	14～17 小時	不足 11 小時 超過 19 小時
嬰兒（4～11 個月）	12～15 小時	不足 10 小時 超過 18 小時
幼童（1～2 歲）	11～14 小時	不足 9 小時 超過 16 小時
學齡前兒童 （3～5 歲）	10～13 小時	不足 8 小時 超過 14 小時
學齡兒童（6～13 歲）	9～11 小時	不足 7 小時 超過 12 小時

第一章　0～2個月，建立起最初的安全感

年齡	推薦	不推薦
青少年（14～17歲）	8～10小時	不足7小時 超過11小時
青年人（18～25歲）	7～9小時	不足6小時 超過11小時
成年人（26～64歲）	7～9小時	不足6小時 超過10小時

而如果寶寶過度疲憊、過度興奮，入睡也可能會更加困難。

◆ **過度疲勞引起的哭聲和動作**

孩子初級疲勞的時候，會發出睡眠訊號，並躁動不安，做出眨眼睛，打哈欠等行為。如果不送孩子去床上休息，孩子會開始蹬腿、抓臉。這時孩子的哭聲經常是幾聲短促、高昂的啼哭，然後一聲長且刺耳的哭聲（短－短－短－長）。如果我們抱起寶寶，他會把頭和臉埋進我們的胸口。

結合EASY日記的記錄，我們能判斷出這是孩子要睡眠的準備時間。關注孩子的睡眠訊號，就可以更好地回應孩子真正的需求，避免錯判。

◆ **興奮過度引起的哭聲和動作**

興奮過度的哭泣聲和過度疲勞的哭泣聲很相似，不同的是，我們發現孩子會自動把臉別到一邊去，試圖遠離那些逗他玩的大人。

(3) 活動情況

孩子的生活需要「動態環境」，這和成人是一樣的，如果一直待在一個房間，孩子很容易產生焦慮、憂鬱的情緒。有時候孩子哭泣，只是因

為他在房間待太久了，帶他去陽臺看看花草，或者去客廳走走，可以有效緩解焦慮，同時也能讓孩子保持對環境的興趣度。

◆ 「我需要抱抱」

當孩子試圖發出這種訊號時，他們起初發出的是，比較低，微弱短促，聽起來像撒嬌的啜泣聲。他們的眼睛會四處張望，尋找父母的身影。一旦我們把寶寶抱起來，微弱的啜泣聲就會停止。

◆ 寶寶需要換個環境

當孩子發出的聲音是不耐煩的咕咕聲，並開始玩弄自己的手指時，很多時候是孩子向我們傳遞：這裡太無聊啦！我只能玩玩手指了！

而如果我們抱起孩子換了一個環境，寶寶卻哭鬧得更厲害了，那麼十有八九就是寶寶累了，他需要小睡，休息片刻。

(4) 環境溫度

我們還要注意四季和室內的溫度變化，匹配合適厚度的衣物給孩子，體感太冷或太熱都會讓孩子感覺不舒服。當孩子感覺不舒服時，本能的溝通方式就是啼哭。

◆ 太熱引起的哭聲和動作

孩子因太熱而發出的啼哭聲是煩躁的，又持久又大聲，還會伴隨著熱到喘氣的聲音。我們可以摸一摸孩子的脖子後側，檢視是不是溼的。再觀察孩子的臉蛋，會比因其他原因哭鬧時，顯得更紅。

這種情況下我們需要輕聲和孩子說話，並減少其衣物，或者適當開冷氣（冷氣避免對著臉直吹），讓孩子感覺舒適，停止哭泣。

第一章　0～2個月，建立起最初的安全感

◆ 太冷引起的哭聲和動作

　　太冷引起的啼哭通常出現在給孩子換紙尿褲和洗完澡後。我們可以看到孩子打哆嗦，放聲啼哭。細心的父母還會觀察到寶寶的皮膚起雞皮疙瘩，汗毛甚至豎起來。我們每次給寶寶換衣洗澡時，都需要考慮室內的溫度，攝氏 26 度是比較適宜的溫度，尤其是新生兒，環境要更溫暖一些。

一點聲音就驚醒，寶寶是看到「髒東西」了嗎？

> **小觀察**
>
> 　　睡得正香甜的寶寶，突然雙臂伸直，手指張開，頭部向後仰，全身挺直，就像突然受到了驚嚇。寶寶短暫的挺直全身後，雙臂又互抱在一起，有時還會放聲大哭。
> 　　如果寶寶聽到比較大的聲音，或者感受到比較大的動作（如大人將他放到床上），他也會出現這樣的情況。

「寶寶是被驚嚇到了嗎？」

「寶寶是不是缺乏安全感？」

「不會是看到什麼『髒東西』了吧？」

「寶寶是不是身體缺乏什麼微量元素？會不會影響大腦的發育？」

　　很多父母擔憂寶寶受驚嚇的情況，其實這只是寶寶的原始反射。孩子突然驚醒，屬於新生兒期正常的驚嚇反射，也叫做莫羅反射。

> **小提示**
>
> 驚嚇反射，是判斷新生兒大腦神經感知是否正常的一個重要指標。

驚嚇反射是指寶寶在受到突然的刺激（聲音或者光線），或者無意識的情況下受到驚嚇做出的動作。驚嚇反射往往出現在寶寶剛睡下不久的淺睡眠期，即剛入睡 15～30 分鐘，又或者是深淺睡眠交替的時候。

若父母仔細觀察，就會發現如果寶寶入睡時得到了一定的安撫，待他睡得比較沉的時候（深睡眠期），基本上就不會出現驚嚇反射了。

驚嚇反射可以說是寶寶的一種生存本能。新生兒缺少自主動作的能力，只能透過哭聲來表達自己。平時一點微不足道的事情都可以讓新生兒陷入危險，比如纏繞在手指和腳趾上的線頭、搗住口鼻的小毯子等。

當寶寶逐漸適應了新環境，自主動作也發展得越來越好，驚嚇反射會在寶寶 4～5 個月時消失，但有一些孩子在 6 個月時才會完全消失。

■ 1. 對待寶寶驚嚇反射的三個迷思

當寶寶出現驚嚇反射時，父母的這三種行為不建議採納。

(1) 做事躡手躡腳，盡量不「驚」到寶寶

有些家長為了不驚醒睡著的寶寶，會小心翼翼地關門，不發出一點聲音，說話時也把音量降到最低。其實這樣的行為大可不必。寶寶只是需要多一些時間適應新環境，而不是我們製造環境去適應寶寶。

第一章　0～2個月，建立起最初的安全感

(2) 馬上抱起來哄

還有一些家長看到寶寶睡覺時發生驚嚇反射，馬上緊張地抱起寶寶在懷裡安撫。其實這樣做不僅干擾寶寶的睡眠，還不利於他發展自我安撫和「接覺」的能力。而且寶寶驚嚇反射消失以後，可能還會養成必須要抱睡和拍著睡的習慣。

其實，寶寶睡覺時發生驚嚇反射，我們只要輕輕地把手放在寶寶的胸前，給予寶寶一點安撫，他就會感覺到安全，並且進入睡眠的狀態。

(3) 給寶寶裹上緊緊的襁褓或「蠟燭包」

裹襁褓的方式有一段時間非常流行，運用小被子將寶寶全身裹起來，這樣寶寶就不會因為驚嚇反射時揮舞起來的手把自己弄醒了。有一些父母為了避免寶寶掙脫襁褓，甚至會用繩子將襁褓綁起來，就像一個「蠟燭包」。

運用這樣的方式，不僅會破壞寶寶膝蓋正常的彎曲狀態，造成髖關節發育不良，甚至會造成髖關節脫位（脫臼）的情況。

我們裹襁褓的目的是讓寶寶睡得更舒心，更有安全感。實際上，給予寶寶一個相對窄小點的睡眠空間，讓其感覺到有觸控的界限，他們自然而然就會有安全感。這就像模擬寶寶在媽媽子宮裡的環境一樣，他可以自由地觸碰到自己的手和腳，可以自由地將手放入自己的嘴裡吸吮，這會給寶寶帶來胎兒時期最熟悉的參照點。

裹襁褓的方式適用的時間也很短，僅適用 0～3 個月大的寶寶。因為當寶寶 3 個月後，身體的運動能力增強，開始學著翻身和挪動，散開的襁褓巾容易捂住寶寶的口鼻，帶來窒息的風險。

■ 2. 助寶寶順利度過驚嚇反射的三個實用方法

比起用裹襁褓的方式，我更推薦父母給新生兒使用投降式防驚嚇睡袋和嬰兒提籃。

(1) 投降式防驚嚇睡袋

防驚嚇睡袋的原理非常簡單，就是將嬰兒，特別是新生嬰兒輕輕地包裹起來，減少寶寶和外界接觸的空間，同時寶寶也能夠觸控到身邊的事物，這樣能為寶寶模擬一種在子宮中的感覺，從而提升寶寶的安全感。

在子宮中的寶寶可以隨意地活動自己的手和腳，在踢動的時候還能感覺到擁擠。投降式防驚嚇睡袋恰恰符合這樣的標準。

投降式防驚嚇睡袋的設計比較人性化，寶寶的雙手可以自然向上，這也是「投降式」這一名稱的由來，而且睡袋裡有足夠大的空間，可以讓寶寶的手腳自由移動，不影響寶寶發育，也不妨礙喜歡吃手的小寶寶，醒了可以自我安撫。

睡袋的安全係數比襁褓巾更高，我們不用擔心襁褓巾鬆開後寶寶著涼的問題。在寒冷的冬天，父母可以在睡袋的基礎上加蓋小毯子，將小毯子塞在寶寶的腋窩和背部，保暖的同時也要保持寶寶的手和腳有足夠的空間能自由活動。

(2) 床中床

市面上的嬰兒床，雖然尺寸比成人的小，但對於新生兒來說還是比較大的。新生兒活動時手腳無法觸碰到床欄，難以產生安全感，而床中床則是一個高度仿生環繞，建立寶寶孕期參照點的好方法，能給寶寶帶來安全感。

第一章　0～2個月，建立起最初的安全感

所謂的床中床，就是一個可以放在大床或嬰兒床裡的小床。它的四周有一層厚7～8公分的海綿，能增加「擁擠」的感覺。同時，寶寶的手和腳也有足夠的空間可以移動。

床中床邊緣環繞的小海綿，能夠成為寶寶睡眠時的保護圈，避免父母和寶寶同床睡覺時翻身壓到寶寶。

(3) 嬰兒睡籃

我們也可以使用嬰兒睡籃。嬰兒睡籃相較床中床，有把手，方便取放，並且成人可以提著睡覺的寶寶外出。嬰兒睡籃比較高，既可以保持嬰兒的體溫，也不容易讓嬰兒掉出來。

白天，成人可以提著睡籃把嬰兒放在客廳，晚上可以把睡籃放在寶寶的小床上。如此可以幫助寶寶固定睡眠的環境，建立睡眠時熟悉的參照點和感覺。持續穩定的睡眠秩序會讓寶寶入睡變得更加簡單。我們還可以將嬰兒睡籃搭配嬰兒抱枕一起使用。

床中床和睡籃一般可以使用到寶寶3個月左右。3個月以後，寶寶的驚嚇反射逐漸消失，有目的的動作會越來越多，開始學著翻身了。這時我們可以將床中床或睡籃移出，讓寶寶睡在自己的小床上。4個月後可以給寶寶提供分腿的睡袋，以適應孩子的變化和發展。

一直要吃奶,寶寶是沒吃飽嗎?

小觀察

用手指在寶寶的臉頰、下巴或者唇部點一點,我們會發現寶寶的頭轉過來了,還張開小口做出尋找乳頭的動作。

如果我們把手指輕輕放在寶寶的唇部,寶寶還會含住並開始吸吮。

「寶寶肯定是餓了吧?」

「是不是媽媽的奶水不夠,剛才沒吃飽?」

「如果再給寶寶餵一瓶配方奶,他也可以喝完,還能直接睡好幾個小時呢!」

隨著質疑的聲音越來越多,很多媽媽心生疑慮:寶寶尋找乳頭是不是因為沒有吃飽?我們是否應該再多給寶寶一些配方奶,讓他一次性吃個夠呢?

其實,寶寶尋找乳頭,並不一定是餓了,這只是一種原始反射動作。

1. 一系列連貫的動作: 覓食反射-吸吮反射-吞嚥反射

反射行為是大腦的代理人,它指揮各類不同的運動,使其自由地參與到更重要的事情中。

—— 哈列克

第一章　0～2個月，建立起最初的安全感

反射動作是寶寶做所有動作的基礎，找乳頭的動作是寶寶的覓食反射。覓食反射大約在寶寶0～3個月開始出現，並在3～4個月時逐漸消失。在寶寶剛出生的前兩個月裡，只要我們用手輕輕觸控寶寶嘴巴周圍，都會刺激寶寶頭部轉動，並張開嘴找尋乳房覓食。

覓食反射讓寶寶找到媽媽的乳頭並進行含乳，進而引發吸吮的動作，這也就觸發了吸吮反射。當寶寶開始吸吮，又會進一步促進咽喉進行吞嚥。

覓食反射－吸吮反射－吞嚥反射這一系列動作，是寶寶與生俱來的動作能力，他不需要進行思考學習就能做出這一系列動作。只要將寶寶靠近媽媽的乳房，寶寶就能做出這些反射動作。這些反射動作可以幫助寶寶更好地在新環境裡生存下來。

隨著寶寶的成長，他擁有了更多的經驗，覓食的方式逐漸從觸覺刺激（嘴巴觸碰到乳頭）過渡為視覺刺激。也就是說，寶寶看到乳房，就知道有奶吃了，天然的奶香味，也會讓孩子更好地定位乳頭的位置。寶寶的反射性動作會逐漸由自主性動作取代。寶寶的覓食反射、吸吮反射、吞嚥反射，三者相互協調，餵食將變得更有效率。這些反射動作慢慢變得更加有目的性，在嬰兒2～3個月的時候，這些反射動作將逐漸被主動的吸吮和吞嚥動作所取代。

值得注意的是，如果寶寶早產2個月，是沒有這三個反射性動作的。因為覓食反射、吸吮反射、吞嚥反射還沒有被發展出來，這也是為什麼早產兒需要透過管子來餵食的原因。

這一系列連貫的反射動作對於新生寶寶來說有非常重要的意義：

◇ 幫助寶寶更好地生存下來，讓早期的母乳餵養更順利。
◇ 幫助寶寶對觸覺刺激進行反應，並從觸覺反應轉換到視覺反應，刺激餵養的動作。
◇ 有助於寶寶嘴唇、舌頭、咽喉的精細動作發展，為未來幾個月寶寶的語言發展奠定基礎。
◇ 寶寶的吸吮反射和吞嚥反射對媽媽也有益處，可以促進子宮的收縮和恢復。

覓食反射在嬰兒出生後的第一個小時裡最活躍。越早把寶寶放到媽媽的乳房前，母乳餵養就越容易成功。當然，雖然寶寶與生俱來擁有覓食和吞嚥的能力，但是吃奶不是寶寶一個人的事情，需要媽媽和寶寶相互磨合。正確的「深含乳」哺乳姿勢可以讓餵養事半功倍。

引導寶寶「深含乳」的小技巧

- 媽媽和寶寶胸貼胸，腹貼腹，使寶寶的嘴唇盡可能地觸碰媽媽的乳頭。
- 手擠出一點母乳，觸碰寶寶的上唇或靠近鼻子的地方，使寶寶張大嘴，一口含住乳頭。如果媽媽的乳頭不夠突出，可以用食指和拇指對搓乳頭，輕輕地擠壓乳暈，使乳頭突出。
- 檢查乳頭和大部分的乳暈是否都被寶寶含在嘴裡，鼻子和下巴是否靠近乳房。
- 需要注意，不要將乳頭塞進寶寶的嘴裡，要引導寶寶自主含乳。

第一章 0～2個月，建立起最初的安全感

用手指在寶寶嘴邊輕輕點一點，寶寶就出現「找奶吃」的反應。這並不一定表示孩子沒有吃飽，很多時候只是觸發了新生兒的反射動作而已。如果用這種方式作為測試寶寶是否吃飽的標準，你的寶寶大概會被過度餵養。

■ 2. 四個方面，判斷寶寶是否真的吃飽了

(1) 吃奶時間和狀態

一般寶寶的吃奶時間在 15～20 分鐘左右。如果媽媽的奶水比較充足，時間會短一些。我們還可以透過觀察寶寶吃奶時的狀態，來判斷寶寶是否進行有效吞食。

寶寶在吃母乳的時候，會發出有節律的吸吮聲，平均每吸吮 2～3 次，會聽得到寶寶咕咚下嚥的聲音。如果聽到這些聲音，說明寶寶吃得很好。

(2) 大小便次數

寶寶出生後的頭兩天可能只尿溼 1～2 片尿布，隨著攝取的奶水量增多，從第三天開始，尿布更換的次數會越來越多，到第六天，每天最少應有 6 片中等重量的一次性尿布。重量相當於將 2～3 湯匙的水倒入一片一次性尿布裡。有些寶寶甚至一天會更換超過 8 片尿布。餵母乳的寶寶每天大便 4～5 次。

如果給寶寶更換的尿布數量不少，那麼餵食肯定是足夠的。

(3) 媽媽乳房的狀態

在餵養前，媽媽的乳房會比較充盈，也就是我們常說的漲奶。如果用手觸控，可能還會有些硬塊。當寶寶吮吸過後，乳汁排空，乳房變得鬆弛、柔軟，這說明寶寶吮吸了足夠多的乳汁。

(4) 寶寶的體重增長情況

如果寶寶清醒時精神好、心情愉快，體重也逐日增加，說明寶寶是吃飽的。值得注意的是，在寶寶出生後的頭幾天裡，會出現生理性的體重下降。一般下降範圍為原有體重的3%～10%，多在出生後3～4天體重下降到最低限度，接著會逐漸回升，至7～10日恢復體重。[01]

---

[01] 摘自《兒科護理學》

第一章 0～2個月，建立起最初的安全感

第二節　6個錦囊，
　　　培養專注、平靜而好奇的寶寶

新生兒吊飾 ── 培養專注、平靜而好奇的寶寶

兒童的進步不是取決於年齡，而是取決於能夠自由地觀看他周圍的一切。

── 瑪麗亞・蒙特梭利

> **小觀察**
>
> 我曾經在月子中心觀察過一次育嬰師和寶寶的互動。工作人員向新生兒提供黑白卡片，把卡片放在孩子的眼睛上方，變換著黑白卡片給孩子觀看。
>
> 如果孩子的注意力不在卡片上，育嬰師就用一個小沙錘在卡片背後敲一敲，發出聲音，將其注意力吸引過來，以此來訓練孩子的專注力。

孩子的專注力真的可以被鍛鍊出來嗎？當孩子在自主觀察一個物品時，我們透過敲打的方式強制吸引孩子的注意力，這本身是否也是破壞其專注力的一種表現呢？

相比黑白卡片這類訓練專注力的工具，我更喜歡用蒙特梭利的新生兒教具——吊飾，一種非常適合給 0～3 個月的寶寶做啟蒙的好工具。

■ 1. 什麼是吊飾？

吊飾顧名思義就是吊著的裝飾，而我們提供給孩子的吊飾並不僅是一個裝飾品，還是一份具有美感和教育意義的藝術品。我們可以把一些小的平衡物做成一組吊飾，懸掛在孩子的胸前，讓寶寶在清醒的時候能觀察和探索。

運用吊飾與黑白卡片最大的不同之處，就是我們相信寶寶本身是一個積極的學習者。我們將吊飾懸掛在距離寶寶胸前 30 公分的地方，鼓勵寶寶自主觀察。激發寶寶探索世界的欲望和興趣，遠比僅給孩子有限的物品要有意義得多。

■ 2. 使用吊飾的三大益處

(1) 吊飾讓孩子的學習從被動變為主動

傳統的黑白卡片，是成人主動把卡片舉在孩子的前方，由成人決定孩子看什麼、看多久。吊飾則不同，緩慢移動的吊飾，能夠讓孩子更加積極地參與選擇和學習。如果孩子擁有更加主動的學習能力，我們就可以更好地訓練孩子的專注力。

因為激發孩子探索世界的欲望和興趣，遠遠比僅給孩子有限的物品要有意義得多。

孩子本身就具有強大的自我學習能力，少點「主動教」，創造環境讓孩子可以「主動學」，就能發揮其最大的潛能。

第一章　0～2個月，建立起最初的安全感

(2) 緩慢動作的吊飾促進情緒穩定，讓孩子更有安全感

吊飾在力學上講究一種平衡的美，只要一邊有風吹過，或者被輕輕撥動，就會引起整個吊飾的運動。吊飾的這種運動是緩慢的、平衡的，會讓人感覺到一種平靜，情緒變得穩定。

這種平靜的感覺可以讓孩子明白即使環境發生變化，他們仍是安全的。孩子擁有這種安全感非常重要，因為這是他們開始積極探索世界的重要基石。

(3) 吊飾能訓練孩子的視線追蹤能力，為未來閱讀和獨立生活奠定積極基礎

視線追蹤的能力對孩子未來閱讀、獨立生活有重要的意義。視線追蹤能力強的孩子，閱讀書籍時不容易出現跳行、漏行、漏字的現象。在新生兒 0～3 個月這一階段，我們給孩子提供吊飾，其實正是在為培養孩子這種能力做準備。

接下來我們就來介紹一下，新生兒階段孩子可以使用的吊飾。

3. 新生兒使用的五種吊飾

根據寶寶視覺和手眼協調能力的發展，我們會為 0～3 個月的寶寶使用以下幾種吊飾：

◇　黑白吊飾：從 2 週開始
◇　六角鑽石吊飾：5～6 週
◇　漸層色球吊飾：大約 2 個月
◇　紙型吊飾：大約 3 個月
◇　木型吊飾：大約 3 個月

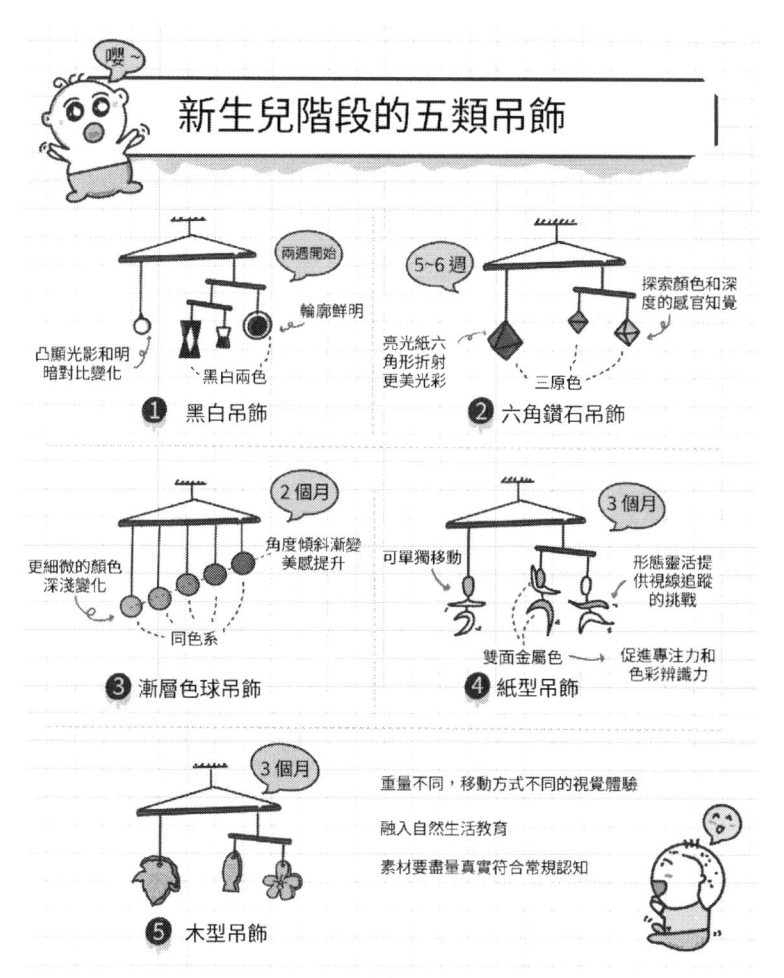

第二節　6個錦囊，培養專注、平靜而好奇的寶寶

新生兒階段的五類吊飾

❶ 黑白吊飾（兩週開始）
- 凸顯光影和明暗對比變化
- 黑白兩色
- 輪廓鮮明

❷ 六角鑽石吊飾（5~6週）
- 亮光紙六角形折射更美光彩
- 三原色
- 探索顏色和深度的感官知覺

❸ 漸層色球吊飾（2個月）
- 更細微的顏色深淺變化
- 同色系
- 角度傾斜漸變美感提升

❹ 紙型吊飾（3個月）
- 可單獨移動
- 雙面金屬色
- 形態靈活提供視線追蹤的挑戰
- 促進專注力和色彩辨識力

❺ 木型吊飾（3個月）
- 重量不同，移動方式不同的視覺體驗
- 融入自然生活教育
- 素材要盡量真實符合常規認知

圖 3

（1）黑白吊飾

吊飾特點：

◇ 黑白兩色，輪廓鮮明；

◇ 突顯光影和明暗對比變化。

第一章　0～2個月，建立起最初的安全感

黑白吊飾的發明者是義大利藝術家布魯諾·穆納里，為了紀念這位偉大的藝術家，黑白吊飾也被稱為穆納里吊飾。穆納里小時候喜歡看在天上飛來飛去的紙片，這成了他創作的靈感之一。他用一些絲線將小紙片和木棍懸掛起來，不需要去觸碰，吊飾就會在流動的空氣中轉動。

剛出生的嬰兒，絕大多數是「遠視眼」，他們的眼球小，視力僅僅只能用來看媽媽的臉——模糊的輪廓。在孩子1個月時，他可以看到離他大約30公分距離的事物，在3個月的時候，孩子逐漸可以追蹤移動的物品，眼睛才能真正聚焦看到媽媽的臉。

早期的黑白吊飾可以刺激孩子的眼睛聚焦，看到明暗對比強烈的物品，孩子臉部的肌肉和視覺的神經也會開始建立起來。在這個過程中，孩子會對移動的吊飾進行視線追蹤，幫助他的眼睛聚焦看到更遠的距離。

這些最早的感官經驗會不斷刺激大腦開始接收資訊，促使他更積極地探索、觀察世界。感官刺激接收得越多，孩子的感知判斷就會越敏銳，這能促使孩子全面發展。

(2) 六角鑽石吊飾

吊飾特點：

◇ 使用三原色，探索顏色和深度的感官知覺；
◇ 加入亮光紙，六角形能折射出更美的光彩。

最開始，孩子能看到的更多的是明暗對比強烈的物品。逐漸地，孩子可以看清物品的輪廓和更多的顏色。我們可以在寶寶5～6週的時候，為其提供有顏色的吊飾，六角鑽石吊飾就是其中的一種。

用紅、黃、藍三原色亮光紙，折成六角形，將其用蠶絲線懸掛在細的棍子上。當我們把六角鑽石吊飾懸掛在一個平躺著的孩子前方時，你會發現孩子被這種顏色變化深深吸引並專注觀察。

(3) 漸層色球吊飾

吊飾特點：

◇ 同色系、更細微的顏色深淺變化；
◇ 角度傾斜漸變，美感提升。

在寶寶 3 個月左右時，我們提供寶寶 5 個顏色漸變的色球吊飾。這些色球一般是用羊毛氈做成的，或者用毛線纏繞在泡沫尼龍球上。

漸層色球吊飾除了顏色逐漸變化外，色球的高度也呈 45 度角逐漸上升。位於最上面的色球顏色是最淺的，而高度最低的那個色球顏色是最深的。深色更容易吸引寶寶的注意力，寶寶可以自下往上看，提升聚焦觀察力。

(4) 紙型吊飾

吊飾特點：

◇ 形態更靈動，提供視線追蹤的挑戰；
◇ 雙面金屬色，提升專注力和色彩辨識力。

用紙剪出 4 個小人，每一個小人都是可以單獨移動的。當孩子躺在活動墊上時，我們可以把紙型吊飾懸掛在離寶寶胸前 30 公分的高度讓他觀察。挑選紙型吊飾時盡量選擇兩種或兩種以上的閃光紙，最好是雙面，即兩面是不同的顏色。

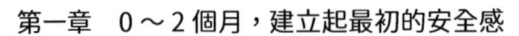

第一章　0～2個月，建立起最初的安全感

(5) 木型吊飾

吊飾特點：

◇　重量不同，移動方式不同的視覺體驗；
◇　融入自然生活教育。

　　木型吊飾相比紙型吊飾多了一些重量，並且移動的方式不一樣，而且用到了更多的顏色。我們使用輕質的木材，可以讓木型吊飾更好地轉動起來。

　　木型吊飾的形狀要盡量真實，符合常規的認知。最好是平時我們生活中能看到的事物，比如鳥、蝴蝶、花、雪花、魚等，這能自然而然地對孩子進行生活教育。

4. 吊飾不是用來打發孩子的物品，而是鼓勵他積極與世界互動的工具

　　孩子觀察、使用吊飾時，需要有成人在旁陪同。當小寶寶專注觀察吊飾的時候，我們不要輕易打擾，可以在旁邊觀察。吊飾並不是我們用來打發孩子的物品，而是鼓勵孩子探索世界、觀察世界的工具。

　　每個孩子專注觀察的時間有所不同。當他們發出訊號，需要我們的幫助時，我們要抱起孩子，和孩子互動，及時回應孩子的需求。

　　吊飾不是一成不變的，如果我們觀察到寶寶對某一種吊飾興趣度沒有那麼高了，就可以更換新的吊飾。孩子是不斷成長的，當他的視覺聚焦和視覺追逐能力達到更高的水準，我們就可以為其提供更多元化的吊飾，讓寶寶保持對世界的興趣，同時促進寶寶視覺感官敏銳度的發展。

和寶寶說話、唱歌 —— 透過外界的回應建立信任

關係比技巧更重要,觀察比行動更重要,走心比結果更重要。

> **小案例**
>
> 來自某論壇一個爸爸的留言:
>
> 老婆懷孕的時候,我就經常對著還在老婆肚子裡的兒子講故事,雖然我認為,羊水裡面,他什麼也聽不見。
>
> 老婆生兒子的那天,我在產房陪著她,護理師把兒子抱給我。寶寶哇哇大哭。我無視整個產房的醫生和護理師,開始跟寶寶講「狼來了」的故事。聽到我的聲音後,他就不哭了,安安靜靜的。

寶寶雖然是出生後才與我們見面的,然而寶寶和我們很早就熟悉了。實際上,寶寶在媽媽的子宮裡 4 個月左右時,聽覺神經系統就開始發育了,開始能夠聽到外面的聲音。隨著寶寶的成長和發育,他的聽力也在逐漸健全。雖然看不見爸爸媽媽,但是寶寶可以透過聲音辨認出熟悉的人。

在寶寶出生後,父母與寶寶說話、講故事、唱歌,可以讓寶寶感受到熟悉的參照點,對新的世界產生信任,變得更有安全感。

我們和寶寶說話的時候,經常會不自覺地提高自己的音調,這是一種帶著熱情、好奇心的話語方式,可以吸引寶寶更多的注意力。

那麼在日常生活中,我們應該怎樣與寶寶相處,才能建立起他對世界的基礎信任呢?

第一章　0～2個月，建立起最初的安全感

■ 1.「看、說、做、唱」與孩子建立親密互動

(1) 看：讓寶寶看到你的臉

對寶寶來說，世界上最好的玩具，是爸爸媽媽的臉。這當然不是說要把我們的臉給寶寶當玩具，而是說當我們和寶寶互動時，會看著他們的眼睛，做出各式各樣豐富的表情，這會引起寶寶極大的興趣。

如果你細心觀察，會發現當我們對著寶寶說話時，他們會更多地注意我們的嘴巴和牙齒。寶寶們會非常好奇：咦？原來我以前在媽媽肚子裡聽到的聲音，是從這裡傳來的嗎？

美國著名的腦科學家約翰・梅迪納在他的書籍《讓孩子的大腦自由》中寫道：

有面對面和寶寶進行交流，嬰兒腦內的神經元才會記錄下外語的語言、詞彙和語法。也就是說，我們與寶寶交談時所使用的詞彙數量和豐富程度，才是真正影響孩子詞彙量和智商的因素。

當我們與寶寶交流時，要避免頭髮遮住我們的眼睛以及嘴巴，要讓寶寶盡可能地看到我們的臉。這不僅有助於寶寶讀懂我們的語言，還能讓寶寶了解唇齒和肌肉之間如何協調合作發出聲音，為未來幾個月語言的發展打下基礎。

(2) 說：使用「跳舞式溝通法」

當我們和寶寶說話時，可以使用「跳舞式溝通法」。所謂的「跳舞式溝通法」，就是我們在和寶寶說完話後，留出幾秒鐘的時間，讓寶寶也「參與」到對話中來。對於嬰兒期的寶寶來說，他們的動作、聲音、表情、節奏等都是表達的方式。如果我們能積極地模仿他們的聲音和語言，給予回應，就會形成一來一回的「跳舞式溝通」。

「跳舞式溝通」小示範

要給寶寶洗澡了。我們可以和寶寶說：「寶貝，現在媽媽要幫你洗澡了！」說完稍做停頓，觀察一下寶寶。寶寶或許會揮動自己的雙手，或許會發出咿咿呀呀啞啞的聲音。我們可以模仿寶寶剛剛發出的聲音來回應他，再補充一句說：「我看到你在揮動小手了，你是不是也想去洗澡？來吧，我們一起去。」

在這個簡單的互動過程中，我們說完話後要給予寶寶說話的時間，同時觀察寶寶的微表情、微動作。透過語言的描述和回應，形成一來一回的積極互動。你會發現寶寶即使還不會說話，但是已經是一個十分愛表達的小可愛了。

(3) 做：和寶寶一起做，而非替他做

我們要尊重寶寶，尊重意味著我們和寶寶「一起做」，而非「替他做」。我們要讓寶寶也有機會參與到日常生活的照料中，成為家庭的真正一員。

當我們替寶寶換尿布時，我們可以邀請寶寶一起參與，而不是替他完成一個任務。我們可以和寶寶說：

「寶寶，我們要換尿布了！」（提前預告）

「這是你的小腳丫，你可以抬起小腳嗎？」（發出邀請）

「我現在要把髒尿布取出來了，你可以把小屁股抬起來嗎？」（描述動作）

如果從寶寶出生後我們照料寶寶時就重複上述話語，你會發現幾個月的孩子，就能「聽懂」我們的話，配合完成換尿布這件事情。

即使是換尿布這件小事，寶寶也會透過我們有溫度的手，感受到溫暖

第一章　0～2個月，建立起最初的安全感

和愛。正如蒙塔納羅博士所說：「和寶寶一起做事情，我們賦予孩子在家庭中的重要地位。」我們讓這個新人類發現，有同伴的感覺真好！寶寶會感覺到和我們在一起很快樂。如此，我們的母性照顧就會轉化為他的社會經驗，而我們和孩子的親密關係，也在這個過程中自然而然地建立起來。

(4) 唱：將歌謠融入日常照料裡

我們還可以將歌謠融入日常照料裡，讓寶寶擁有更多的語言聽覺經驗。比如用兒歌〈兩隻老虎〉的旋律，把日常生活的經驗，編成歌詞融入其中，在給寶寶洗手時，用〈兩隻老虎〉的旋律哼唱：「洗洗小手，洗洗小手，搓泡泡，搓泡泡。左邊搓搓，右邊搓，乾淨的寶寶，乾淨的寶寶！」

如果我們可以根據情景，適當修改一些歌詞，這對寶寶來說會是一種很棒的體驗。韻律節奏有著獨特的美感，不僅吸引兒童，是孩子成長過程中不可缺少的文化養料，還能讓我們的心情愉悅。日常照料不僅是父母單方面的照料，更是建立親子關係的重要管道。

嬰兒抱枕──
讓寶寶找到孕期參照點，感覺更安全舒適

母親的心跳、聲音等，還有胎兒用手摸臉、四肢和身體的動作，這些在孕期時的記憶可以協助孩子適應新環境，使他更容易在新環境中定位。這些參照點是連線出生前（在母體內）和出生後（在母體外）兩個時期的橋梁。

它們足夠說明，雖然情境改變，生命卻是同樣繼續著。許多事情的變化是如此快速，參照點卻能提供給孩子安全感。

──蒙塔納羅

第二節　6個錦囊，培養專注、平靜而好奇的寶寶

　　若我們要讓孩子更好地成長，我們就應該在他出生後給予他盡可能多的尊重。這個尊重代表我們要幫助寶寶延續出生前熟悉的參照點——趴在媽媽的胸前，感受媽媽的心跳、聲音和氣味。為了更好地建立寶寶出生後穩定的參照點，我們可以在孩子出生後的 2～3 個月內，給寶寶使用嬰兒抱枕。

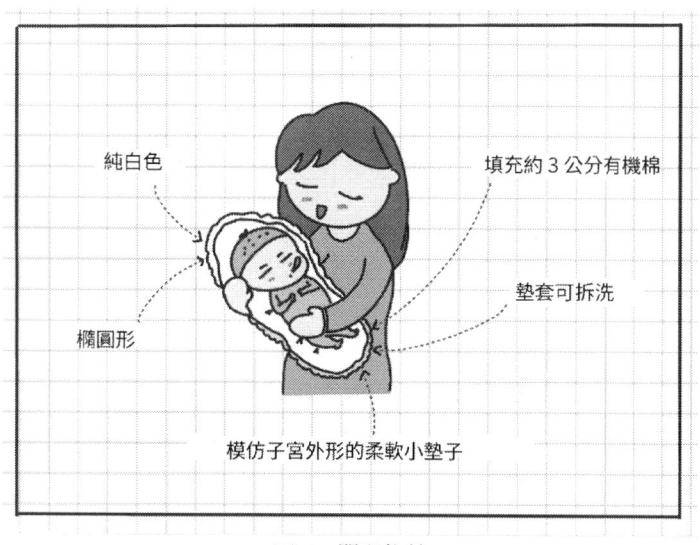

圖 4　嬰兒抱枕

■ 1. 什麼是嬰兒抱枕？

　　嬰兒抱枕是一個模仿子宮外形的柔軟小墊子，橢圓形，一般是純白色，裡面填充了大約 3 公分厚的有機棉墊芯，外層有可拆洗的墊套。

　　我們將寶寶放在小墊子上，無論寶寶清醒還是睡覺，小墊子都貼身和寶寶在一起，就像孩子的貼身衣服一樣。

第一章　0～2個月，建立起最初的安全感

■ 2. 使用嬰兒抱枕，有三點好處

(1) 提供穩定的溫度，舒適感提升

　　墊子總是和寶寶在一起，因此可以保持相對穩定的溫度和舒適感。

(2) 安全性提升

　　抱枕讓照顧者能夠更穩地抱住軟綿綿的寶寶。

(3) 解決「落地醒」的煩惱

　　即使寶寶在睡覺的時候，被不同的大人換著抱，或者被更換不同的睡眠環境，小小的墊子始終可以保持相對穩定的溫度和味道，為寶寶提供熟悉的參照點，當然也可以解決放下寶寶就「落地醒」的煩惱。

■ 3. 如何使用嬰兒抱枕？
　　用對這兩個方法，大人小孩都輕鬆

(1) 讓抱枕和寶寶總是在一起，越早使用效果越好

　　剛出生的寶寶視覺還未發展完善，他們主要依靠觸覺、嗅覺、聽覺、味覺探索和熟悉環境。寶寶在媽媽的子宮裡時，能感受到被羊水包圍的溫暖和柔軟，我們為剛出生的寶寶提供模仿子宮形狀的柔軟抱枕，可以幫助他們減少驚嚇反射，讓他們睡得更安穩。

　　越早給寶寶使用，寶寶就越容易對這個墊子感到熟悉。媽媽連著抱枕一起抱寶寶，抱枕上也會有媽媽的味道，如此，我們將寶寶放下床時，寶寶會感覺媽媽並沒有離開，這樣不僅可以增加孩子的安全感，還可以增加孩子抱睡放下床後不驚醒的成功率。

(2) 使用透氣的材料，定時清洗

抱枕可以自己製作，也可以購買市售的現成產品。無論是填充物還是枕套，盡量使用純棉、安全的原材料。

新生兒的身體特別柔軟，很多人不知道如何抱起寶寶。有了這個小抱枕，寶寶的背部、頭部就有了比較良好的支撐，寶寶就可以被我們輕鬆地抱起來了。當大人抱累了想換其他人時，有了這個抱枕也會方便很多。

同時，嬰兒抱枕還可以提供給寶寶一個好的衛生環境。在炎熱的夏天，小墊子可以把寶寶嬌嫩的皮膚和其他人的皮膚隔離開來，避免直接接觸，這樣更加衛生，能減少寶寶產生溼疹的機率。

> **小撇步**
> - 枕套可以備用兩個，定時替換清洗更衛生。
> - 抱枕越早使用效果越好，一般可以用到寶寶 2～3 個月左右。

蒙氏抓握玩具 —— 有多感官體驗的寶寶更聰明

我們必須幫助孩子，不再只是因為我們認為他是個無能脆弱的小生物，而是因為他被賦予著創造性的能量。這些能量非常微弱，需要我們充滿愛及智慧的保護。我們要協助他們這些創造性的能量成長。

—— 瑪麗亞・蒙特梭利

第一章　0～2個月，建立起最初的安全感

■ 1. 一個人最好的朋友，就是他的十根手指頭

嬰兒剛出生之後，第一個動作是抓握。若我們把手指放在孩子的手心裡，他們會本能地抓住，緊緊不放手——這就是「抓握反射」。

> **小知識**
>
> 抓握反射，將手指或筆桿觸及嬰兒手心時，嬰兒會馬上握緊不放，抓握的力量之大，足以承受嬰兒自己的體重，如藉此將嬰兒提起，他們在空中可停留幾秒鐘。

這種反射在寶寶第1個月時增強，隨後逐漸減弱，到3～4個月的時候逐漸消失。孩子本能的抓握會被自主性的動作所取代。

隨著寶寶逐漸成長，雙手會不斷探索。最初，寶寶只會把手放進嘴巴裡，某一次無意地揮動雙手，他會突然發現：哇，自己碰觸到的這個物品（小鈴鐺）會有聲音！如果再碰一次，還會再次發出聲音。寶寶開始發現了自己好玩的雙手。

大約在寶寶兩個月的時候，他可以嘗試著抓住自己的小手小腳，並且可以抓握一些小物品。這個階段的寶寶肢體已經可以被大腦神經支配，而且，雙手做出的動作可以表現自己主觀上的意識，大部分寶寶是從這個年齡開始學會玩手的。

在這個階段，孩子可能會將看到的物品都抓起來，放入嘴裡探索。因此家長要警惕，要把寶寶身邊危險的物品收起來。而當他把危險的東西放進嘴巴裡時，我們可以溫和地將孩子的手拿開，告訴他：不可以觸碰或者不能放進嘴裡。但是因為我們需要鼓勵孩子去觸碰其他的物品，所以要避免說「不要碰」這樣的話，而是要使用「不要吃這個花」、

「不要吃樹葉」這樣具體的話來指導孩子，以免寶寶產生困惑。

我們可以提供孩子一些能讓他們體會多種觸覺的玩具，供孩子進行抓握練習，在這個過程中也能幫助寶寶學習與他人互動。

■ 2. 三個有趣的聽覺經驗探索活動

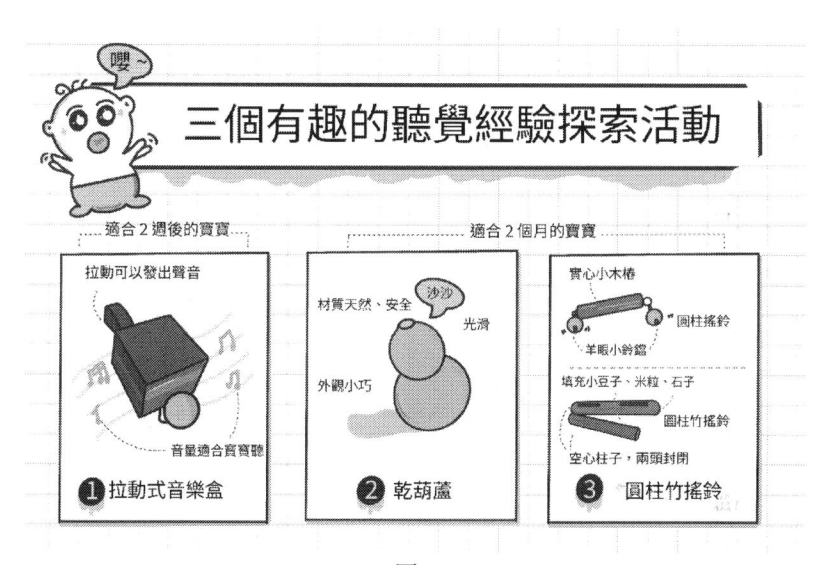

圖 5

(1) 拉動式音樂盒

拉動式音樂盒有一條繩子，我們拉動繩子的時候會發出美妙的聲音。音樂盒的聲音悠揚動聽，並且音量非常適合新生兒寶寶聆聽。

適用年齡層：寶寶 2 週後。

使用方法：

◇ 在寶寶清醒的時候，我們讓寶寶仰躺著，拉動音樂盒放在他頭部的一側。如此可以鼓勵寶寶轉動自己的頭部，探索聲音的來源。

049

第一章　0～2個月，建立起最初的安全感

◇ 在寶寶趴著的時候，也可以將音樂盒放在寶寶的前方，鼓勵他抬起頭。
◇ 最開始的時候寶寶只會聽，慢慢地他會學著拉動繩子，使音樂盒發出聲音。

(2) 乾葫蘆

風乾的葫蘆，揮動的時候裡面的籽會發出沙沙的聲音。這對小寶寶來說是一個特別的聽覺體驗。乾葫蘆外觀小巧、光滑，並且材質天然、安全，非常適合小寶寶抓握、揮動並且探索聲音。

不同的乾葫蘆能發出不同的聲音，有的悶一些，有的則清脆一些。這可以給寶寶帶來許多感官上的新體驗。

適用年齡層：2個月以上。

使用方法：

◇ 在寶寶眼前輕輕搖動葫蘆，然後放在寶寶的手裡，鼓勵他抓握和揮動。
◇ 在寶寶趴著的時候把葫蘆放在他面前，鼓勵他爬行和抓握。

(3) 圓柱竹搖鈴和圓柱搖鈴

圓柱竹搖鈴是一個空心的竹製小圓柱，內裡填充一些小米粒、小石子或小豆子，兩頭封閉起來避免填充物掉出。而圓柱搖鈴是實心的小木柱，兩頭有兩個羊眼釘固定的小鈴鐺。

圓柱竹搖鈴和圓柱搖鈴的尺寸非常迷你，大約長7公分，直徑1.5公分左右。這是因為這樣的尺寸可以完美匹配寶寶的小手，幫助他更好地抓握。

剛開始的時候，寶寶抓握著搖鈴，會隨意揮動雙手。慢慢地，寶寶會發現自己每一次揮動手臂，手裡的搖鈴就會發出響聲，這可以幫助寶寶發現自己的能動性。

適用年齡層：2個月以上。

使用小撇步：

◇ 剛開始使用時，可以由父母在寶寶的耳邊搖動發出聲音。
◇ 鈴鐺和圓柱體需要打磨光滑，避免鋒利的邊緣弄傷寶寶，零件需要被穩固地固定在圓柱體上。
◇ 可以選擇市面上合適尺寸的響板和小搖鈴。

3. 兩個有趣的觸覺經驗探索活動

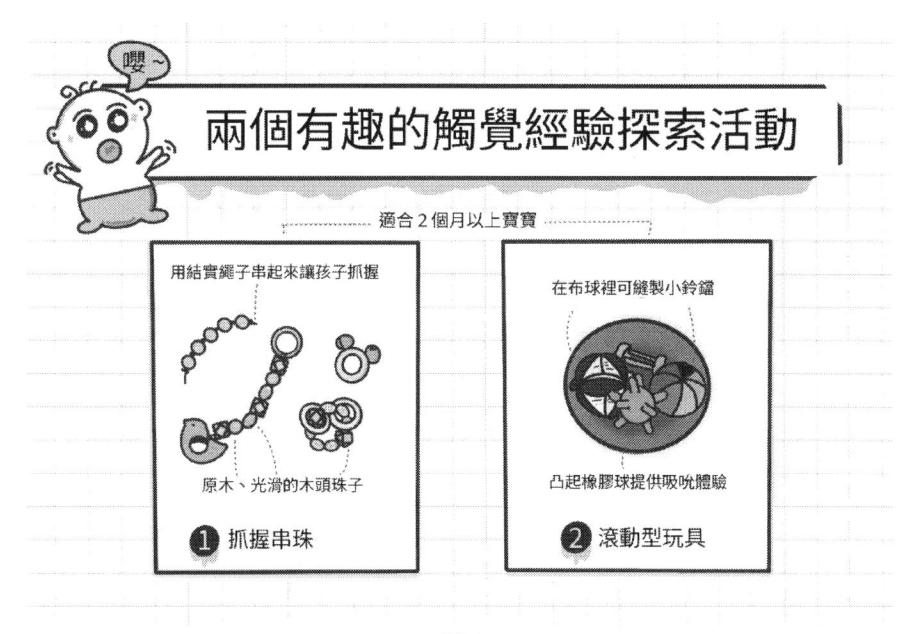

圖6

第一章　0～2個月，建立起最初的安全感

(1) 抓握串珠

我們可以把一些光滑的木珠子，用結實的繩子串起來，供孩子抓握。這些木珠子比起塑膠玩具，更天然、更安全。

適用年齡層：2個月以上。

使用方法：

◇ 將珠子放在寶寶的手裡，或者寶寶的身邊，他會用手抓握起珠子，放進自己的嘴裡探索。

◇ 串珠有一定的長度，寶寶會開始練習左右手交接（換手），協調雙手一起工作。

使用小撇步：

◇ 需要確保串珠子的繩結非常穩固，要經常檢查繩子打結的部分，避免繩結鬆落，珠子掉出引發意外。

◇ 推薦使用原木的、光滑的、品質好的木珠子。

當寶寶可以自主探索，享受以自己為主導的遊戲時，就是寶寶手眼協調能力和專注力協調工作的早期經驗。

除此之外，我們還可以給這個階段的孩子提供材質各異、大小不一的滾動型玩具，讓孩子可以抓握並學習將它們滾動起來。

(2) 滾動型玩具

在布球裡縫製上小鈴鐺，滾動的時候布球可以發出聲音，增強孩子的多感官探索。而有凸起的橡膠球，對於吸吮需求比較高的孩子來說，

不僅可以提供特別的吸吮體驗，還可以避免使用安撫奶嘴時寶寶整個嘴巴被安撫奶嘴充滿，影響其發音和咬合的發展。

適用年齡層：2個月以上。

使用小撇步：

◇ 這類滾動型的玩具，特點就是滾動時不至於太遠，可以促進孩子做出伸手、翻身、爬行等自主性的動作。

◇ 當寶寶開始對這個世界產生好奇，促使他們不斷運用雙手，讓他們進行更多奇妙、有趣的探索。

溫馨的洗澡和換尿布 ── 提前預告動作，傳遞有溫度的手

養孩子不是套用公式，相比具體的教養方法，你與孩子的關係對於養孩子來說更重要。

小測試

第一次給寶寶洗澡，你會怎樣選擇？

A. 以前沒有給小寶寶洗澡的經驗，還是請有經驗的月嫂或老人來給寶寶洗比較好。

B. 給寶寶洗澡是一次親密的肌膚接觸，可以建立起和寶寶的親子信任關係，自己學習替小寶寶洗澡也很不錯。

第一章　0～2個月，建立起最初的安全感

　　寶寶第一次洗澡，會讓他感覺再一次回到媽媽的羊水裡。寶寶柔軟嬌小，怎麼樣幫他洗澡才能既保證乾淨衛生，又不會讓寶寶感覺不舒服呢？新生兒經常出現的洗澡後臍帶發炎的問題，又應該如何做才能避免呢？

■ 1. 給寶寶洗澡的三大原則

(1) 晚沖澡，先連線

　　孩子從母親溫暖舒適的子宮裡出來後會感覺不舒服，因為自然環境的溫度比母體的溫度要低很多。然而造物主創造人類這偉大的生命時，總是有許多讓寶寶適應新環境的方法。

　　比如孩子身上有一層薄薄的白色油脂——胎脂。越來越多的現代研究顯示，胎脂可以產生保護新生兒皮膚、維持體溫的作用。

　　胎脂形成了一個天然的屏障，避免新生兒自身因抵抗力不足受到外界細菌的入侵。寶寶出生後，這種胎脂仍會存在一段時間，可以減少寶寶身體熱量的散發，具有維持寶寶體溫恆定的作用。

　　以前許多醫院婦產科護理師的傳統做法是在寶寶出生之後就馬上帶去沖洗，現在隨著大家對胎脂了解越深，越來越多的醫院改為用軟紗布為寶寶簡單擦拭。在寶寶出生後的第二天，才帶寶寶去沖洗。

　　延遲給新生寶寶沖澡，是非常好的。因為這不僅對寶寶的生理有好處，而且對孩子的心理發展也有好處。

　　24小時之後再給寶寶沖澡，可以幫助寶寶與母親建立更好的相互依附關係，讓他在最惶恐的時候感受到媽媽最溫暖的擁抱。這對後期孩子的安全感，以及順利餵養母乳都會產生積極的影響。

(2) 避免寶寶臍帶感染，除了盆浴還可以選擇擦浴

> **小知識**
>
> 　　關於給寶寶洗澡，美國兒科學會的建議是：如果每次換尿布時，都徹底清潔尿布區，那麼嬰兒就不需要經常洗澡。嬰兒出生後 1～2 週，臍帶殘端沒有完全脫落之前，應該只為嬰兒做擦浴。
>
> 　　威廉‧西爾斯在他的《西爾斯親密育兒百科》裡，也給出了類似的建議：我們先簡單用海綿給孩子擦浴，直到臍帶徹底乾燥脫落為止。過了海綿洗澡的階段之後，才給孩子在浴盆裡洗澡。但是需要保證每次寶寶大便後尿布區充分乾淨。每日區域性清潔是必要的，尤其是出汗多、出油或者比較髒的地方，比如耳朵後面、頸部的褶皺、腹股溝和尿布區。

　　寶寶的臍帶大約在出生 2 週後脫落，在寶寶的臍帶沒有脫落之前，我們可以每天用棉球或天然海綿幫寶寶擦身體來保持清潔，擦浴可以有效避免臍帶碰到水後引發感染、發炎。

　　擦浴的同時，還需要注意做好尿布區的區域性清潔。寶寶每次大便後，最好使用流動的清水清潔並擦拭乾淨，然後塗抹上潤膚霜。

　　在孩子臍帶完全脫落之後，就可以完全放心地讓孩子在水裡享受洗澡的快樂了。

(3) 固定在一個地方給孩子洗澡和換尿布，孩子更有安全感

　　秩序是主客觀之間的一致，是在事物中發現自我的精神。

—— 柏格森

第一章　0～2個月，建立起最初的安全感

　　穩定的秩序和環境對新生兒來說就像漁夫看見燈塔，會讓寶寶有參照的東西，感覺更安全。因此除了固定寶寶洗澡的位置外，我們也可以為寶寶準備一個固定的換尿布的換洗臺。

　　每次寶寶尿布溼了，感覺不舒服而啼哭的時候，我們就把寶寶帶到換洗臺。如此重複，之後寶寶來到這個地方，就會知道接下來自己會被換上乾淨的衣物。你會神奇地發現：寶寶尿布溼了，來到這個地方，就停止了哭泣。

　　換洗臺的高度需要適合成人，最理想的高度是大人站著就可以舒適地照料孩子。換尿布時讓寶寶面對面直視我們，讓換尿布的照料過程成為一次親密的親子互動。

　　我們將換尿布時所需要的物品，如乾淨的衣物、尿布、紙巾、髒衣籃、垃圾桶等物品都放在伸手就能搆得到的地方。如此我們不需要離開換洗臺去拿東西，因為我們不可以把孩子單獨留在換洗臺上。

　　準備一個儲物的掛袋是一個很好的方法，我們可以將常用的物品，如棉花球、棉花棒、保溼乳液等放在掛袋裡。換洗臺下可以放尿布、襪子、衣物等，把經常用的東西放在最容易拿到的地方。等寶寶長大之後，這個櫃子還可以改裝成寶寶自己的小衣櫃。

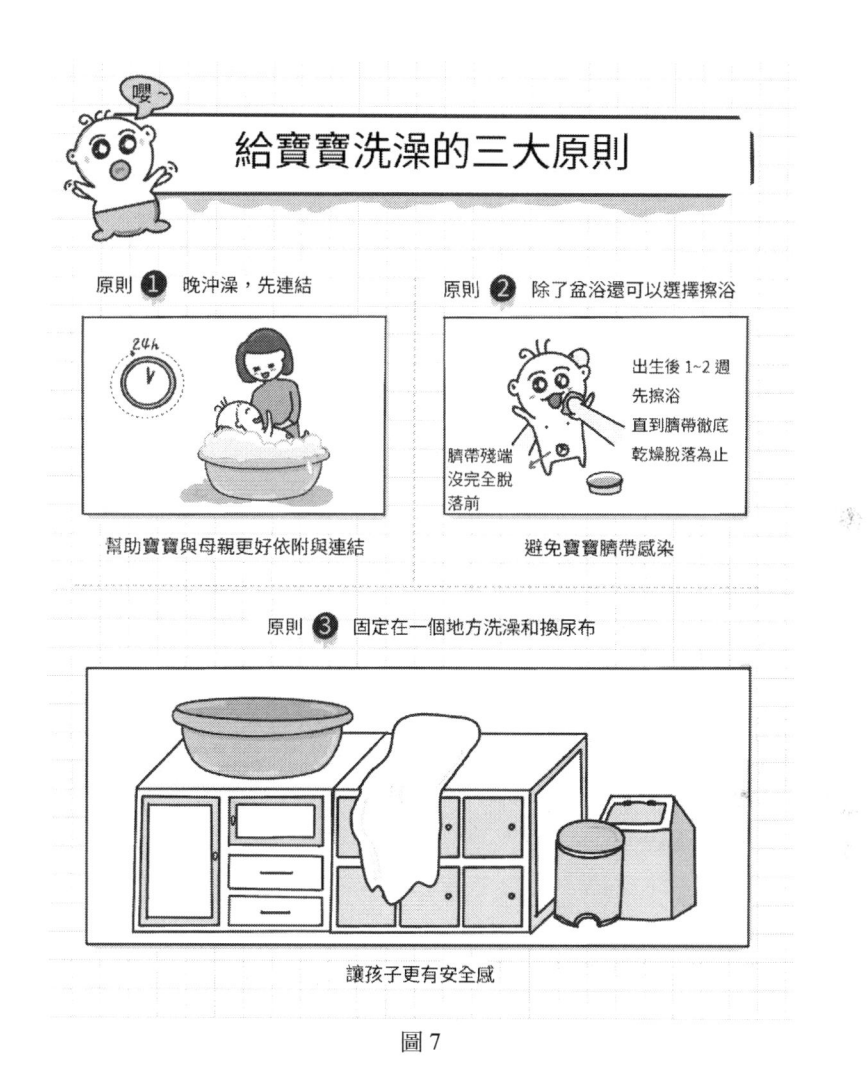

給寶寶洗澡的三大原則

原則 ❶ 晚沖澡，先連結

幫助寶寶與母親更好依附與連結

原則 ❷ 除了盆浴還可以選擇擦浴

出生後 1~2 週
先擦浴
直到臍帶徹底
乾燥脫落為止

臍帶殘端
沒完全脫
落前

避免寶寶臍帶感染

原則 ❸ 固定在一個地方洗澡和換尿布

讓孩子更有安全感

圖 7

　　替孩子換尿布、洗澡、換衣服都是很好的「一對一」私人互動時間。

　　在這個過程中，我們要溫柔、全心全意地對待孩子，一邊觸控孩子的身體，一邊說出孩子身體各部位的名稱，並提前告知孩子，我們將會對他做什麼。

　　孩子會感覺到平靜，並且認為自己是一個值得被愛的有價值的人。

第一章　0～2個月，建立起最初的安全感

■ 2. 第一次給寶寶洗澡，實用的三個小撇步

第一次給寶寶洗澡，是一件非常有儀式感的事情。以下有幾個小要點，可以讓你更享受和寶寶一起洗澡的過程。

(1) 提前準備

①在寶寶睡覺的時候準備好洗澡的物品。水溫一般是在攝氏38～40度左右，水量到孩子胸部位置就好，不要太深，避免發生危險。

②可以將洗澡盆放置在一個桌子或平台上，旁邊放上寶寶需要的浴巾、棉球、衣物、沐浴露等物品。

③寶寶睡醒後可以適當餵點奶，避免在寶寶餓的情況下洗澡。

(2) 告訴寶寶你要對他做什麼

①幫寶寶取下尿布時，告訴寶寶「我們要洗澡了，現在我要幫你把尿布取下來」。

②告訴寶寶物品和自己身體各部位的名稱，幫助寶寶更好地認知。用溼手蘸上一些沐浴露，慢慢在寶寶身上塗抹，一邊塗抹一邊說出寶寶的身體部位：「我在洗你的手臂、胸部、肚子、大腿……」

③當你要將寶寶翻個面洗背部時，不要忘記提前告訴寶寶，這樣可以給寶寶安全感。

④洗澡時可以和寶寶說話，也可以唱一首歌謠。

⑤洗完之後及時幫寶寶擦乾，不要漏掉身上有褶皺的地方，如腋下、大腿根、耳朵後面、手臂肘、脖子。

(3) 如果寶寶不配合、哭了

①如果寶寶哭鬧、抗拒，應該停下來或者「速戰速決」。

②固定每次洗澡的時間，可以幫助寶寶養成良好的生活規律。

③固定每次洗澡的地點和步驟，可以幫助寶寶預測洗澡時會做什麼，這樣寶寶的參與度會更高。

布尿布 —— 尿布外的另一種選擇

小觀察

小冰懷孕 30 週的時候，她的婆婆就開始收集各種舊衣服，大約準備了兩摞，準備剪好給孩子當尿布來用。

夫妻倆因礙於老人的情面沒拒絕，但是心裡是不願意用的。都什麼年代了，現在用紙尿褲是很普遍的，醫院接生，紙尿褲是必備品。孩子少遭罪，大人也少遭罪。以前用尿布那是沒辦法，現在科技進步了，不去享受科技帶來的成果，繼續使用麻煩的老方法，這是何苦呢？

隨著人們生活水準的提高，現在給嬰兒使用紙尿褲已經非常普遍了。紙尿褲使用起來十分便利，省去了許多清洗布尿布的麻煩。有一部分父母認為，孩子穿著紙尿褲，等到兩歲多的時候再慢慢戒掉，最多 4 歲，寶寶總能學會如廁的。

但是，我在總結這些年自己帶寶寶的經驗，以及學習嬰幼兒發展的過程中，發現布尿布也並非一無是處。相反，它有許多紙尿褲沒有的優點。

第一章　0～2個月，建立起最初的安全感

我之所以改變了對布尿布的看法，是因為我進修學習了國際蒙特梭利協會的0～3歲主教師資課程。

我的培訓師是一位有著20多年與0～3歲孩子相處經驗的英籍女士。她在澳洲長大，她告訴我，澳洲以及許多歐洲比較發達的地區，很多嬰幼兒日托中心正在給孩子使用能重複使用的布尿布。而在澳洲，父母可以申請免費領取政府資助的為6個月以內的小嬰兒外包的尿布清洗服務。

政府用這項措施鼓勵當地父母生育，同時也鼓勵人們使用可重複使用的布尿布。使用可重複使用的布尿布有成為新時尚的趨勢。

這些發展比較成熟的、托嬰體系比較完善的中心，為什麼要推廣布尿布呢？使用布尿布究竟有哪些好處？我想有以下幾個原因。

■ 1. 使用布尿布的兩大好處

(1) 布尿布更環保、更安全

我們平時用的普通類型的一次性紙尿褲，在垃圾填埋廠裡需要150年才能在地底下真正分解，這是一個驚人的數字！而每天都有數以萬計的一次性紙尿褲被扔進垃圾填埋場裡，數量非常大。加之分解的時間又長，容易造成環境汙染。

使用布尿布也存在一些汙染，主要是消毒液、洗滌劑這些對水的汙染，但是相比起一次性紙尿褲對環境的汙染來說那簡直不值一提。另外布尿布還有一個好處，就是它不含有害化學物質（如螢光劑等），給寶寶使用時更加安全、放心。

(2) 布尿布能幫助寶寶未來更好地學習如廁

對於小嬰兒來說，他們還沒有意識到排洩這件事。如果我們使用布尿布，每次寶寶排洩，我們就告訴他：「寶貝，你尿尿啦。讓我們換上乾淨的尿布！」如此，寶寶有了更多的機會，感受尿尿是什麼，明白尿布區溼溼的感覺和排洩是存在因果關係的。這樣有利於寶寶了解自己的身體發生了什麼。

而紙尿褲吸水性強、透氣性好，很難讓寶寶把排洩後溼溼的感覺和排洩這件事連繫起來。現在越來越多的紙尿褲可以做到吸收1升甚至更多的水分，讓我們感覺即使寶寶尿在紙尿褲上，晚點再換上乾淨的紙尿褲也沒有關係。

我們沒有對排洩物做出及時反應和行動，這就進一步弱化寶寶對排洩這件事的認知和判斷，從而使得現在的孩子普遍自主如廁的時間越來越晚。

寶寶的發展從來不是一蹴而就的。孩子今天重複練習所學的技能，是對昨天學到的知識的鞏固和精煉，同時也是在為明天如廁的新挑戰做預備。如果我們想讓孩子在3歲的時候學會獨立如廁，那麼在更早前就要去做孩子環境、心理各方面的準備。

使用布尿布，可以幫助寶寶更好地意識到如廁的過程，這包括如何使用正確的語言來描述，想如廁、看到大便扔進馬桶並用水沖掉、清理完畢後好好洗手等，這些都是寶寶未來如廁前必要的間接準備。

■ 2. 讓清洗布尿布變得更輕鬆、高效的五個方法

雖然布尿布經濟環保，但是因為新生兒需要換洗的布尿布數量很多，這讓許多想使用布尿布的父母望而卻步。以下有一些方法，或許可以幫助你，讓清洗尿布變得更高效、輕鬆。

第一章　0～2個月，建立起最初的安全感

(1) 使用尿布墊巾

尿布墊巾並不是隔尿墊，是沒有防水效果的。但它可以放在尿布的上面，產生隔離寶寶大便的作用。尿布墊巾通常有兩種材質，一種是棉布製作的，可循環利用，另外一種是由無紡布製作的一次性墊巾。若使用一次性的尿布墊巾，在寶寶大便之後，只需要丟掉墊巾即可，這樣我們清洗有大便的尿布就會輕鬆多了。

無論是一次性的還是可循環利用的尿布墊巾，同樣都有吸水的效果，它們在孩子的屁股和尿布中間產生了濾尿的作用。尿液會透過尿布墊巾滲入尿布，可以防止水分倒流，讓寶寶處於尿布區的地方保持相對乾爽的狀態。

(2) 使用尿布兜

尿布兜可以將尿布比較好地固定在寶寶的屁股上，並且可以兜住寶寶尿布裡漏出來的部分尿液。如果寶寶是在床上睡覺的話，需要在床上墊好隔尿墊，以方便更換，避免尿液滲透到床墊上。

(3) 集中清洗

計劃好清洗尿布的頻率，是半天清洗一次，還是一天清洗一次？根據清洗頻率可以計算出寶寶所需的尿布的數量，可以多準備一些尿布。有些時候因為天氣的原因，布尿布會出現乾不了的情況。將尿布集中起來放進洗衣機裡一起清洗，可以節省更多的時間。

(4) 使用帶蓋、密封性較好的容器暫時儲存髒尿布

使用一個帶蓋的或密封性較好的容器，專門儲存髒尿布，可以有效防止臭味散出以及細菌在空氣中傳播。可以在容器內套一個大開口並有

拉繩束口的網狀洗衣袋。

那麼在需要清洗尿布時，可以直接將整個網狀洗衣袋取出，將拉繩束口關上，直接放入洗衣機裡清洗。

(5) 高溫清洗更乾淨、更衛生

洗衣機清洗衣物時，水溫在攝氏 40～60 度左右可以清洗掉絕大多數的細菌，以保證乾淨和衛生的需求。現在很多洗衣機都有童裝煮洗或者烘乾的功能。比起手洗，高溫清洗其實更加衛生。如果尿布比較髒，也可以清洗兩次。

最後，不管選擇布尿布還是紙尿褲，都需要結合每個家庭的情況。好的家庭氛圍，是幫助寶寶健康成長的最堅實的基礎。我們不僅要照顧寶寶的需求，還要照顧成人的需求和感受。不管是布尿布還是紙尿褲其實都是一種工具，工具只有在適合的時候才能產生最好的效果。

第一章　0～2個月，建立起最初的安全感

第三節　這些「坑」，不要踩

嬰兒手套，包起的不僅是寶寶的手，還有探索的心

> 我們應該細心研究孩子說的話，以及他是如何運用雙手的。孩子的動作並不是偶然發生的，在自我的引導下，為了做出正確的有意義的行動，孩子將逐漸學會必需的協調動作。經過無數次的試錯，隨著心靈的發展，孩子終將學會運用、協調及組織其表達自我的器官。
>
> —— 瑪麗亞・蒙特梭利

小觀察

2個月的小霖霖很喜歡舞動自己的雙手，有時候揮著揮著，就把自己的小臉蛋撓傷了，寶寶好像也不知道疼。媽媽很心疼，為了避免寶寶再次受傷，於是媽媽用了一雙嬰兒手套，將寶寶的小手包裹起來。

■ 1. 手是寶寶工作的大腦

小寶寶痛感不強烈，經常被自己揮舞的小手撓傷。父母將寶寶的小手包裹起來，或許可以防止寶寶受到傷害，但是這樣做的同時會帶來許多意想不到的危害。

瑪麗亞・蒙特梭利在她的書籍《童年的祕密》裡曾說，人類的雙手是

那麼靈巧及複雜，不僅能夠傳達智慧，也能夠讓人類進入周遭環境的特殊關係中。

對於小寶寶來說，雙手既是感知器官，又是運動器官。用手觸控，是寶寶早期探索世界的重要途徑。如果用嬰兒手套將寶寶的手包起來，會限制寶寶雙手的運動空間、運動機會以及觸覺體驗，影響手的運動功能和感知功能的早期發展。

用嬰兒手套將手包起來，還有可能出現手套內線頭纏繞手指的風險。因為寶寶的手被手套包裹住了，往往大人發現的時候，寶寶的手很可能已經出現手指發黑、壞死的情況，得不償失。

■ 2. 讓寶寶盡情玩自己的小手

手的發展是從無意、不協調的大動作到有意控制、協調的精細動作，從手口協調到手眼協調到雙手配合，再到手指協調，這些過程不是自然而然熟練的，而是需要接觸各種刺激、各種運動。

> **小知識**
>
> 6 週大的寶寶，雙手通常呈握拳的姿勢。即便他的頭轉向手的一方，他也不會看。在 6～14 週的時候，寶寶才開始注視自己的手。有時是單獨注視，有時是用手觸控附近物體的時候注視。
>
> 到 3 個月的時候，寶寶會每次注視自己的手 5～10 分鐘，並且每天注視好幾次，這種對手和手指越來越關注的新習慣，通常出現在寶寶具備了視覺聚焦和能夠形成 3D 影像的能力之後。

第一章　0～2個月，建立起最初的安全感

> 當寶寶快滿 3 個月的時候，他能把一根手指放到嘴裡吸吮，而以前他只能吸吮整個拳頭。

吮吸手指，用手活動和摸索對孩子的大腦發育很關鍵。玩自己的手、把手放進嘴巴裡，是寶寶頭 3 個月愛玩的遊戲之一，而且這個遊戲對他來說很重要。寶寶有時候會透過「吃手」的方式來尋求自我安慰，獲得心理上的滿足。這是寶寶還在媽媽子宮裡時就學會的「技能」，如果吸吮的需求得不到滿足，寶寶會很容易感覺焦慮和不安。

寶寶對自己的手探索得越充分，他的手指就越靈活。對於新生兒來說，玩手意味著正在學習著為以後更自由地探索打下基礎。等到他可以爬行的時候，他就能自己去抓取看到的東西，並且進行探索。

因此，我們應該避免給寶寶使用嬰兒手套。我們只需要及時幫寶寶把手指甲剪短就可以了，這樣寶寶就不會抓傷自己了。父母可根據新生兒指甲的長短、指甲生長的速度來決定剪指甲的次數，一般每週 1～2 次即可。

安撫奶嘴，用還是不用？

要不要給寶寶使用安撫奶嘴，一直是一件備受爭議的事情。無論是醫生、父母、教育者還是心理學家，各個領域的人對給寶寶使用安撫奶嘴都有不同的意見。

許多機構認為，適當地使用安撫奶嘴可以有效安撫寶寶，有一些研究還指出，早產兒吸吮安撫奶嘴可以幫助其健康成長。而安撫奶嘴的反對者們則認為，寶寶使用安撫奶嘴弊大於利。

表6

支持使用安撫奶嘴的理由	反對使用安撫奶嘴的理由
·緩解寶寶焦慮、煩躁的情緒 ·降低嬰兒睡眠猝死症候群風險 ·滿足寶寶的吸吮需求 ·促進寶寶快速入睡	·使寶寶混淆乳頭，影響母乳餵養 ·過度使用會影響牙齒和口腔發育 ·過度使用會影響孩子語言的發展 ·影響寶寶表達的欲望 ·可能會增加寶寶患中耳炎的機率 ·使用過度會讓寶寶產生依賴

作為父母，我們既希望安撫奶嘴可以產生安撫寶寶的作用，但是又擔心安撫奶嘴會讓寶寶產生依賴，甚至引發其他不必要的隱患。那麼到底要不要給孩子使用安撫奶嘴呢？我來分享兩個原則性的判斷方法。

1. 是否給孩子使用安撫奶嘴，從兩個方面來判斷

(1) 關注孩子是否有強烈的吸吮需求

如果你的寶寶對吸吮有非常強烈的需求，比如吃飽之後，還仍然表現出焦慮的情緒，還想要繼續吸吮。

這個時候或許孩子並不是沒有吃飽，他只是喜歡吸吮的感覺，而這種感覺會讓孩子認為自己被安撫著。那麼，我們可以適當地給孩子使用安撫奶嘴。

(2) 關注安撫奶嘴是否影響了我們回應孩子的方式

對於可以讓父母非常輕鬆的「育兒神器」，我們需要保持一定的警惕。

如果你發現，寶寶哭了，我們的第一反應是「安撫奶嘴在哪裡？我

第一章 0～2個月，建立起最初的安全感

要趕快把它找出來給寶寶」，而不是靠近寶寶，看看他怎麼了。那麼安撫奶嘴就沒有產生讓親子關係更和諧的作用，它反而成了建立親子關係的障礙。

安撫奶嘴是一把雙刃劍，它可以讓父母帶娃更輕鬆，但同時我們也需要看到過度使用安撫奶嘴時帶來的弊端。

因此，安撫奶嘴不是一個照顧寶寶時必選的物品。如果我們準備給孩子使用安撫奶嘴，需要注意一些要點。

■ 2. 給寶寶使用安撫奶嘴時要注意三點

(1) 避免混淆乳頭

在寶寶出生的頭兩週，我們應該避免給寶寶使用安撫奶嘴。因為寶寶剛出生，此時的重點是多創造機會讓寶寶吸吮媽媽的乳頭，讓寶寶學習如何用正確的姿勢含乳、吃奶。如果過早使用安撫奶嘴，會讓寶寶把安撫奶嘴和媽媽的乳頭混淆起來，不利於媽媽順利用母乳餵養。

如果你的寶寶對吸吮的需求真的非常強烈，那麼也盡量在寶寶兩週後、母乳餵養比較順利之後給寶寶用安撫奶嘴。

(2) 避免過度使用

給寶寶使用安撫奶嘴的時候，還要注意使用的頻率和方式，避免過度使用。寶寶哭泣的時候，我們要先關注他的需求，而不是第一時間給安撫奶嘴。以下有兩個場景，是需要關注的：

◇ 在寶寶睡著後記得將安撫奶嘴取出，不要讓寶寶含著安撫奶嘴入睡；
◇ 避免長期將有奶嘴的奶瓶當作給寶寶餵水的水瓶。

在寶寶 2 個月之後，吸吮的條件反射會逐漸消退，他們對吸吮的需求不再那麼強烈了。因此寶寶 2 個月後，我們就應該有意識地減少使用安撫奶嘴的頻率，避免讓寶寶養成不良的習慣。

(3) 確保安全、合適

◇ 找適合寶寶年齡層的安撫奶嘴；
◇ 奶嘴應該是一體式的，不可以有可拆卸的部件，避免產生窒息風險；
◇ 寶寶 6 個月前，奶嘴要選擇可以用高溫清洗消毒的材質。

3. 三個技巧，平穩戒掉安撫奶嘴

(1) 使用帶凸起的橡膠球代替安撫奶嘴

帶凸起的橡膠球不僅可以滿足寶寶抓握和吸吮的需求，同時其形狀不能完全充滿寶寶的口腔，可以有效避免寶寶唇齒發音和臉部形態發生改變。

(2) 使用柔軟的小方巾或安撫巾代替安撫奶嘴

一塊巴掌大、薄薄的小方巾，是非常適合新生兒的玩具。寶寶可以抓在手裡揮舞，也可以放進嘴裡咬一咬。輕薄的布料在寶寶的臉上揮過時，寶寶還能感受眼前光影明暗的變化。

(3) 多擁抱，多關注，給孩子足夠的安全感

寶寶哭泣時，最需要的還是我們溫暖的懷抱和輕柔的話語。寶寶吸吮安撫奶嘴，更多是想尋求安全感，而日常父母給予寶寶足夠的陪伴和關注，可以幫助寶寶戒除奶嘴，與父母建立更親密的親子關係。

第一章　0～2個月，建立起最初的安全感

所謂的「哄睡神器」，不僅無益，使用不當還有害

現在我們照顧孩子比以前更加便利了，我們也擁有了更多所謂的「育兒神器」。很多媽媽有了孩子之後，希望能有一點自己的私人空間，因此各種廣告、各種「哄娃神器」應運而生了。

在我看來，現在很多母嬰產品都披上了「幫助你更高效帶娃」的虛假外衣，實際上這只是商家的廣告策略和行銷手段而已。我們在選擇母嬰產品的時候，更多需要考慮的是這些母嬰用品，是否真的適用於孩子自然的發展階段。

不合適寶寶的嬰兒用品不僅無用，還會阻礙孩子自然運動能力的發展。

比如：嬰兒搖搖躺椅，在上市的時候商家打的廣告語就是──不可思議的哄睡神器。這簡直直擊媽媽們的痛點，許多父母都面臨孩子「哄睡難」的問題。搖搖椅一經推出，廣受父母的追捧。誰不想寶寶自己入睡呢？但是這種搖搖椅存在許多設計上的缺陷，使用不當甚至有可能造成嚴重的後果。

當孩子兩個月左右會翻身的時候，搖椅凹陷的設計容易讓孩子在翻身時，臉部陷在搖椅裡面，造成窒息。美國兒科學會主席表示：這種有一定傾斜度的嬰兒搖床會讓嬰兒的生命處於危險當中。

另外，這種躺椅有一些帶有震動功能，聲稱可以更好地安撫孩子入睡。但是如果孩子真的需要躺在震動著的椅子上才能入睡，那說明什麼呢？我想這是一個不好的訊號：寶寶產生了不正確的「睡眠依賴」。

關於入睡這件事情，並不是誰天生就會的。寶寶們需要逐漸學習自我安撫的技巧，從而學習如何自我入睡。他們真正需要的，是一個安

靜、熟悉,並且能放鬆下來的環境,以幫助他們更好地進入夢鄉。

如果孩子每次都需要一個震動的搖搖椅才能入睡,會對孩子自我情緒的調整產生不良影響,給予孩子一個錯誤的資訊:不停地動,才能幫助自己安靜下來。

其實,對孩子來說,最好的安撫方式是成人的擁抱。

當孩子趴在媽媽的身上時,他可以感受到媽媽的心跳。當我們抱著孩子慢慢地走動的時候,能刺激孩子的前庭系統,孩子會感覺安全和舒適,並很快就能平靜下來。

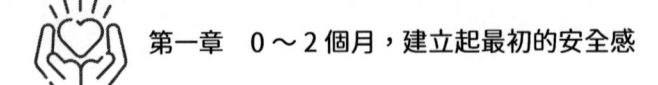

第一章　0〜2個月，建立起最初的安全感

第二章
3～5個月，
發現自己的手，有目的地和世界互動

寶寶開始發現自己的手，並將小手放入口中探索。這不僅讓他感覺放鬆，還能促進他和周圍環境的互動。這個章節，我們會提到如何有效解決寶寶厭奶，了解寶寶爬行等成長發育的關鍵變化，怎樣運用「鏡子地板時間」、C字(M)字形袋鼠背帶法，進階版的多感官吊飾和「多環相扣」，幫助孩子成為更積極、更快樂的探索型寶寶。

第二章　3～5個月，發現自己的手，有目的地和世界互動

第一節　4個問題，解讀寶寶成長變化的關鍵期

豎著抱還是橫著抱？
——父母照料方式不同，寶寶自信心發展大不同

抱寶寶，似乎是一件很簡單的事情，然而嬰兒雖然幼小，卻可以從被抱起的姿勢中感受到溫度和愛。想想看，我們提一袋子馬鈴薯、抱一個枕頭、拿起一塊稀世珍寶，我們用的姿勢是一樣的嗎？我們是否對待後者會更加小心翼翼？我們的姿勢會傳遞態度，寶寶會透過我們抱他的方式感受自己是否被愛，從而產生對自我的信任。

抱起和放下寶寶的技巧，我總結為兩個「不要」和三個「要」。

■ 1. 抱寶寶的兩個「不要」

（1）不要將嬰兒擺成他們自己無法做到的姿勢

在寶寶還沒有學會自主抬頭之前，應該避免豎著抱寶寶。因為小嬰兒的腦袋重量幾乎占整個身體重量的1/4，即使我們用手托住寶寶的脖子或者讓他們靠在我們的胸前，也只是卸掉了腦袋的一部分重量而已，寶寶的脊椎仍然會產生壓力。

雖然3個月的寶寶脊椎發育已較為完善，差不多可以支撐起自己頭部的重量，但是如果較長時間保持著豎直的姿勢，寶寶仍會感到頸部和

腰椎受到壓迫。而對小寶寶來說，他無法透過自主的動作來改變豎直的姿勢，他的焦慮只能透過哭泣來表達。

因此，對小嬰兒，我們推薦多用橫著抱的姿勢，讓寶寶的頭部、頸部和脊椎可以被完全支撐起來。

平時在寶寶清醒的時候，可以讓寶寶仰躺在軟度適中的活動墊上（不要太軟）。他的腰背可以感受輕微的壓力，手腳可以自由地活動，這些都可以促進寶寶自主動作的發展。我們可以透過和寶寶說話，並在他身體的兩側放上一些吸引他注意力的小玩具，鼓勵他轉動自己的脖子，使得寶寶頸部的力量得到協調和鍛鍊。

逐漸地，寶寶會透過轉動、側翻自己的身體來拿到想要探索的小玩具。這樣的方式比起我們將寶寶被動地「擺」成他還沒有自然發展出來的姿勢，寶寶更能自由地操控自己的身體，對自己的動作控制產生自信心。而生理上的自信，會潛移默化地轉化為「不焦慮」的心理自信。

當寶寶可以翻身的時候，他們對解鎖新姿勢會更有信心。比如他們學習從「仰躺」到「趴著」。當寶寶趴著覺得累的時候，會透過轉動身體，倒向一邊，讓自己可以得到適當休息。

(2) 不要抖、搖、晃寶寶

很多大人喜歡一邊抱著小寶寶，一邊哼著歌謠晃個不停，殊不知，這樣的舉動實際是對小嬰兒的傷害。因為當我們需要透過不斷地搖晃寶寶才能讓其入睡時，寶寶會養成習慣，以後每次入睡都需要搖晃。

而如果我們搖晃寶寶的動作幅度太大，可能會讓寶寶的腦組織水腫，顱內壓增高，引起「嬰兒搖晃症候群」。

第二章　3～5個月，發現自己的手，有目的地和世界互動

■ 2. 抱寶寶的三個「要」

(1) 要完全托住寶寶的頭部、頸部和脊椎─C形抱姿

嬰兒的脊柱是自然的C形，這和寶寶在母親子宮裡面的姿勢是一樣的。胎兒在子宮裡面空間受限，是蜷縮在子宮裡面的，身體的脊柱自然地變成C形。慢慢地，寶寶開始學習抬頭，頸部肌肉逐漸形成，脊柱的第一個自然彎曲──頸曲，也在慢慢形成。由於寶寶的脊椎還未能直立，所以如果我們豎直著抱寶寶，容易讓寶寶的頸部和脊椎受到損傷。因此抱寶寶時，我們需要完全托住寶寶的頭部、頸部和脊椎，讓寶寶呈現自然的C形姿勢。

> **C形抱姿四步驟**
>
> ①慢慢地靠近，讓寶寶看見你。
> ②右手手掌放在寶寶的胸口，告訴寶寶你要抱起他。隨後右手輕輕將寶寶往右側翻一點。
> ③左手手臂放在寶寶的後頸下。
> ④抽出右手，右手手臂放在寶寶的屁股處托住寶寶，然後抱起寶寶，將寶寶靠近我們的胸前。

(2) 抱起、放下寶寶時要提前告知他

每次移動寶寶的時候，如果我們能養成「提前告知」的習慣，寶寶會變得更專注、更有安全感，並願意和我們合作。我們慢慢地移動到寶寶身邊，溫柔地讓他知道我們在這裡，並與他目光交流，然後提前告訴寶寶，我們想要將他抱起，比如「我要抱你啦」或者「我要抱你去某某地

方,看某某東西」,寶寶會逐漸將語言和接下來的動作對應起來。

久而久之,當我們說「我要抱起你囉」,寶寶就會預測到接下來會發生的事情,他們會變得更加平靜,並且願意和我們合作。寶寶也會在我們的言談舉止間,感受到我們對他的尊重和愛。

(3) 抱起、放下寶寶時要給予寶寶反應的時間

值得注意的是,當我們告知了寶寶即將要發生的事情時,還需要稍微停頓一下,給予他反應的時間,然後再接著做抱起或放下的動作。

慢慢來,育兒不是賽跑,如果我們慢下來,會發現在我們說完話後,寶寶可能還會發出咿咿啞啞的聲音,他甚至還會揮動小手、踢動小腳。這些都是寶寶與我們互動的方式。

■ 3. 拍嗝

寶寶的胃部和喉部還沒有發育成熟,因此特別容易發生吐奶的情況。小嬰兒身體柔軟,怎樣拍嗝可以讓寶寶更舒服、更安全,爸爸媽媽更容易上手呢?

我推薦兩個拍嗝的方法,分別是「朝後豎抱拍嗝法」和「臉朝下趴大腿拍嗝法」。

(1) 朝後豎抱拍嗝法

這通常是新手爸爸媽媽給寶寶拍嗝的簡單方法。我們可以坐在一張可以向後傾斜的沙發椅上,使用一個沙發靠墊支撐腰部,把身體的重心盡量向後。把寶寶的臉朝向我們放在肩頭,讓他以斜著靠的姿勢,將頭部、脊椎的重心盡量分散在我們的身上。用同一側的手臂托住寶寶的屁股。然後用另一隻手從下至上輕輕拍或撫摸寶寶的背部。

第二章　3～5個月，發現自己的手，有目的地和世界互動

(2) 臉朝下趴大腿拍嗝法

還有一種方式是，讓寶寶的臉朝下趴在我們的大腿上，盡量靠近我們，讓他感覺更穩。使用一隻手固定寶寶，另一隻手輕拍或撫摸寶寶的背部。

寶寶先學坐還是先學爬？
──每個孩子都有自己的發展進度表

> **小觀察**
>
> 很多父母都有讓幾個月的孩子學著坐的經驗。在我的孩子大概 5 個月的時候，我試過將一個 U 形的哺乳靠墊墊在孩子的背後，讓孩子學著坐。孩子剛坐起來的時候很高興，可能是因為坐著視野比較寬廣吧，她很興奮，發出咿咿啞啞的聲音，感覺十分有趣。
>
> 但是沒過十幾秒，孩子的表情逐漸開始變得焦躁起來，嘴裡發出哭鬧的聲音，雙手還快速、用力地向下拍，似乎在說：「我坐不住了，腰堅持不了！趕緊把我放下來吧！」

■ 1. 先學坐還是先學爬？傳統的認知可能都錯了

長輩有句老話叫做「七坐八爬」，但是其實這是因為我們人為地在孩子還不會坐的時候就將孩子立著坐起來。當我們特意去使用肌肉力量的時候，這項能力就會被鍛鍊出來。學坐也是一樣，孩子的背部肌肉會提前髓鞘化，發展出「坐」的能力。

兒童行為研究人員觀察了上千個孩子，提出經歷自由活動發展而來的孩子，應該是先學會爬，再學會坐。一個沒有成人干預，在自由運動下發展的孩子，他們的大動作發展會非常自然、和諧。

在大動作自由發展的過程中，孩子依次學會的是「仰臥－側臥－俯臥」。他會使用不同的方式「捲動」自己的身體，實現從「仰臥」到「俯臥」的自由切換。然後，孩子開始向前挪動和爬，接著是「坐－拉起站起－扶站－獨自站－行走」。

當嬰兒能運用膝蓋的時候，就意味著他很快就能自己坐起來了。

剛開始的時候，他們一般採取「半坐」的姿勢，經常會用一隻手撐著地，來保持身體的平衡。慢慢發展到完全不需要用手支撐，就可以坐起來。在這之後，他們的身體不會因為支撐不起來而突然摔倒，也不會輕易磕碰到頭。因為他們可以自如地在「坐」和「跪」之間轉換動作。

寶寶爬和坐通常相隔的時間非常接近，有時這兩個動作甚至是同時進行的。可能當我們觀察到孩子學爬的時候，寶寶屁股往後一坐，就自己學會了坐。

■ 2. 寶寶過早學坐的三大危害

(1) 過早學坐，會增加寶寶受傷的機率

控制自己爬行的方向。在爬行一段時間，自己覺得累了之後，屁股自然向後坐，轉換成休息狀態，且動作非常自然。

就像我們做運動一樣，一個我們身體力所能及的動作，我們能控制得很好，那麼我們做這個動作就很安全。相反，如果一個動作超過了我們本身力量所能承受的，我們很可能會受傷。

當孩子還不能控制和平衡好腰背部的力量時，我們需要扶著他，或

第二章 3～5個月，發現自己的手，有目的地和世界互動

者拿靠墊支撐他，才能避免孩子坐著不受到傷害。人為地立起來坐的孩子，他的身體沒有太多練習的經驗，沒有辦法跟隨自己內在的感覺去摸索和發展，缺乏運用自己的力量找到姿勢轉換的要領。

(2) 過早學「坐」，可能會讓孩子跳過「爬」直接「站」

提前且經常處於人為學坐的孩子，他們的背部神經會提前髓鞘化，進而發展背部的肌肉。因此他們可能會在呈現坐姿的時候，直接拉起物品站立起來。

當他們站著開闊了視野，會刺激他們不斷重複練習站這個動作，你可能會看到一個孩子無論碰到什麼（沙發扶手、櫃子、牆等）都想扶著站起來。然後他們就開始扶著東西站，向左右兩邊水平移動，直接跳過爬學著走路了。

我觀察過很多不爬的孩子，這種情況有很大可能是父母以前提前讓孩子靠著學坐導致的。

當然這並不是絕對的，你可能會說，許多孩子以前也學過靠著坐，但後來爬行也挺好。確實，每個孩子的動作發展都是獨特的，動作的獲取是他自己內在的祕密，我們也無從知道。環境對動作的獲取會有一些影響，但是事實上孩子動作的獲取全憑他自己的感覺和經驗，就算我們不教孩子坐，他最終也能習得這個動作。

格塞爾「雙生子實驗」

1929 年，美國心理學家格塞爾對一對雙生子（雙胞胎，基因各方面趨於一致）進行實驗研究。他首先對雙生子 1 和雙生子 2 進行行為基線的觀察，認為他們發展水準相當。在雙生子

> 出生第 48 週時，對雙生子 1 進行爬樓梯訓練，而對雙生子 2 則不予相應訓練。訓練持續了 6 週，期間雙生子 1 比雙生子 2 更早地顯示出某些技能。到了第 53 週，當雙生子 2 達到能夠學習爬樓梯的水準時，開始對他們進行集中訓練，研究發現只要少量訓練，雙生子 2 就達到了和雙生子 1 一樣的水準。進一步的觀察發現，在第 55 周時，雙生子 1 和雙生子 2 的能力沒有明顯差距。

雙生子實驗告訴我們：孩子的學習和發展取決於生理的成熟。在生理成熟之前的早期訓練，對最終結果並不會有什麼顯著作用。而我們給孩子充足的時間去自由探索，他們最終也會達到發展的里程碑，同時在探索的過程中會顯示出更大的學習興趣和主動性。

孩子最後都能學會坐。與其讓成人架著坐，不如孩子自己學會坐，讓他坐得更自信、更安全，這樣不是更好嗎？

(3) 過早學坐，影響孩子自主性和自信心的建立

當我們強行把不會自己坐,的孩子立起來，教他學坐，那麼孩子呈現出來的動作，只是成人想要的動作，並不是孩子自己想要做成那個動作。這個動作並不是孩子獨立完成的，這在無形中奪走了孩子獨立完成「坐」這個動作的機會，忽視了孩子體驗能夠做到一件事情的感受。

孩子不需要為這個動作付出努力，他喪失了努力的機會，喪失了為完成這個動作而需要做的肌肉練習而帶來的內心的滿足和喜悅。這無形中影響了孩子的自主性和內在自信心的建立。如果我們總是讓孩子不需要努力，就可以獲得更開闊的視野（幫孩子靠著坐、扶著走等），那麼孩子可能就會對重複的動作失去興趣，也不想去努力。

第二章　3～5個月，發現自己的手，有目的地和世界互動

■ 3. 關注這兩點，比學坐更重要

不建議提前教孩子學坐，那麼我們可以做些什麼呢？我認為注意以下兩點就可以了：

(1) 多趴，感受身體的邊界線

一個趴著的孩子，可以覺察到自己的位置，以及意識到自己與所在空間的關係。孩子只有了解了自己的身體和空間的關係之後，才知道如何在環境中安全地移動自己的身體。

在那之後，他才能做到更安全地翻身、爬走、站立、行走。孩子會透過在環境中慢慢挪動自己的身體，了解自己「身體的邊界線」，從而做出更加正確的身體動作。

(2) 提供孩子自由活動的空間，感受「我能做得到」

給孩子提供一個軟硬適中的墊子和不遮擋視野的空間，讓孩子可以在上面自由活動。

當孩子還仰躺著的時候，他看到的通常是無聊的天花板和他眼前的事物；當孩子能翻身了，他視野的橫向面積加寬，能看到更多的人、事、物；當他能夠坐起來的時候，他視線的縱向面積加寬，範圍更廣了，他能看到更遠處的事物；當他會走路的時候，所及之處都是他能探索的事物。

對於孩子來說，每做出一個新的動作，就可以讓他看得到更寬廣的世界。這會刺激他練習翻身、坐、爬行和行走。正是這樣一種與生俱來地想要探索世界的欲望，讓他自發地練習動作，發展更多的平衡能力。

寶寶突然不吃奶了？
── 煩人的「厭奶期」，孩子需要暫停一下

很多孩子在 2～3 個月時，會出現食量突然減少的問題。這是為什麼呢？

■ 1. 寶寶厭奶的兩大原因

(1) 寶寶的腸胃需要「休息」

在孩子 3 個月之前，腸胃一直是高速運轉的，孩子容易產生疲勞，在 2～3 個月的時候，可能會出現吃奶的頻率和量降低的情況。這是寶寶的胃需要「休息」的表現，是他自行調整對食物的需求的結果。也有許多人將這種情況稱為「生理性厭奶」。

其實這種情況不能算是真正意義上的「厭奶」。我們可以觀察孩子各個方面的情況，如果孩子精神狀態好、尿量也正常，體重的增長曲線圖也處於相對正常的水準，那麼寶寶食量突然減少，是不用太多干預的，一般情況下順其自然地過 1～2 個月後就會有所好轉。

(2) 寶寶生理發展的正常表現

2～3 個月的孩子，和月子裡的寶寶已經不同了。已經有一部分寶寶可以在夜間睡 6 個小時不吃奶，他們的成長需求決定了這樣可以促進他們成長發育。因此寶寶 6 個小時不吃奶也是扛得住的，父母不用為孩子是否會餓著而擔心。

第二章　3～5個月，發現自己的手，有目的地和世界互動

> **孩子要吃多少奶才夠？**
>
> 　　美國兒科協會研究顯示：嬰兒的體重與每日食量的關係為每 453 克對應 75cc。但是孩子可能會根據個體需求不斷調整食量。所以不要太拘泥於某個定量，而是讓寶寶來告訴我們他是不是「吃飽了」。

　　孩子吃奶的量是有一定的浮動的，並不是昨天可以吃完 100cc 的奶，今天只吃了 60cc，明天也只吃了 60cc，我們就說孩子是厭奶。我們成人也有上個星期胃口好，吃得比較多，但是這個星期不知道怎麼就胃口不好，吃得少的情況。沒有一本書可以確切地告訴你寶寶每次應該吃多少，多長時間吃一次。但是隨著父母和寶寶互相了解，父母會逐漸找到明確的答案。

2. 寶寶「厭奶」嚴重，六大措施來幫忙

　　如果孩子因為厭奶使得生長發育受到了一些影響，我們確實應該採取一些措施。

（1）多觀察，盡量抓孩子的飢餓訊號

　　很多孩子在餓的初期，都會咂嘴巴，或者張嘴，將頭轉向兩邊，出現覓乳反射。這個時候試試給孩子餵奶，成功的可能性會較大。

第一節　4個問題，解讀寶寶成長變化的關鍵期

嬰兒餵食訊號

早期訊號
- 轉來轉去
- 嘴巴張開
- 轉頭；尋找

我餓了

中期訊號
- 伸展
- 動作增加
- 把手放進嘴裡

我真的好餓

晚期訊號
- 哭泣
- 焦慮不安的身體動作
- 臉色變紅

安撫我，然後再餵我

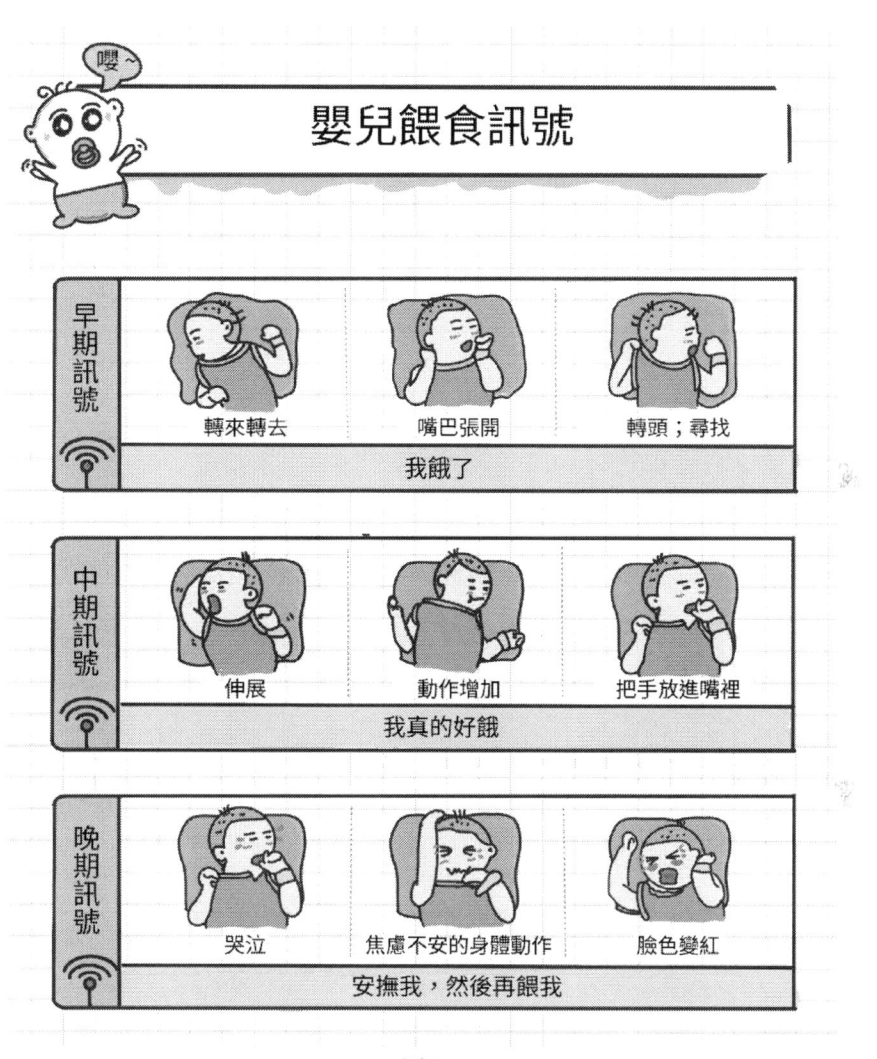

圖8

(2) 讓孩子主動含乳

可以將奶頭或奶嘴靠近孩子的上嘴唇，如果是母乳餵養可以先擠一兩滴奶掛在乳頭上，點一點孩子的嘴唇，鼓勵孩子自己含乳，不要強塞進去。用奶瓶也是一樣的道理。

第二章 3～5個月，發現自己的手，有目的地和世界互動

(3) 檢查奶嘴孔的直徑

如果孩子是瓶餵，父母需要觀察奶嘴孔的直徑是不是太小了，孩子很難吸出奶來。每個孩子的吸吮能力都有所不同，如果孩子每次都很難吸出奶來，吸吮不暢，他或許就不想再嘗試了。我們可以嘗試著換不同的奶嘴或尺寸。奶從奶嘴孔流出的比較理想的速度是 1 秒 1 滴，滴不出來或者滴得太快都會讓寶寶感覺不舒服。

(4) 使用一把固定的餵奶椅

盡量給自己和寶寶提供一個專門的餵奶空間。餵奶椅是一個很好的工具。我母乳餵養寶寶到 2 歲 8 個月，餵奶椅幫了我不少忙。因為不僅孩子需要一個安靜的吃奶空間，媽媽的需求也很重要。如果媽媽是放鬆的，那麼無論是親餵還是瓶餵都會變得容易。因為除了環境外，成人的情緒和反應也會影響孩子吃奶的意願。

圖 9　餵奶桌和餵奶椅

當孩子發出飢餓的訊號時，我們就帶著孩子坐到餵奶椅上，給孩子餵奶，並且堅持只在餵奶椅上餵奶。孩子會慢慢意識到：來到這個特定的地方，他的需求是可以得到滿足的。雖然他還沒有吃到奶，但他來到這個區域就已經不哭了，他會學會自我安撫。使用餵奶椅也可以幫助孩

子養成良好的吃奶習慣。

如果家裡沒有足夠的空間，可以在床上餵奶。但是肯定沒有專門有一個餵奶的地方那麼理想，因為小嬰兒容易混淆「吃奶」和「睡覺」。

在這把餵奶椅子裡，寶寶可以看到媽媽的眼睛，這是最好的交流方式，是給孩子愛和安全感的好機會。

(5) 少量多餐

孩子餓了，想吃就會吃。這次不吃，我們可以帶孩子在活動區域玩一玩，或者抱著他去外面看看花草樹木，一會兒再試試看。帶寶寶轉換環境稍做調節，這樣孩子和成人的情緒都會好一些，孩子情緒好了就容易接受吃奶。

(6) 必要時可以把輔食提上日程

關於輔食，美國兒科學會的研究是，在孩子不過敏的情況下，4～5個月可以開始新增一些輔食。如果你的孩子有過敏的情況，最好不要在孩子6個月之前新增輔食。

如果你的孩子厭奶十分嚴重，生長發育圖表也出現了低於平均線的情況，那麼這個時候把輔食提上日程或許是一個好的選擇，但要注意在孩子對食物不過敏的前提下。當然，孩子還是以奶為主，輔食也只是一天1次。或許他嘗到不同的味道，會對吃這件事產生比較好的感覺。

■ 3. 避免強迫性餵食，吃奶是有價值的社交經驗

強迫餵食對任何年齡的人來說，都是令人感覺糟糕的事情。

想一想，你會喜歡別人在沒有經過你同意的情況下把食物或者其他任何物品塞進你的嘴裡嗎？嘴巴是我們身體的開口，「開口」指的是我們

第二章 3～5個月，發現自己的手，有目的地和世界互動

頭部五官的七孔，加上排洩和生殖管道。這些開口都是我們與外在世界的邊防線，我們必須掌握他們，否則便會失去安全感。

喝奶對寶寶來說，不僅僅是為了生存，同時也是開啟人類社會生活的一種方式。

寶寶吃奶的時候，需與他人互動。這是他最重要、最有價值的社交經驗。

如果按照很多傳統意義上的餵養方式，每隔3個小時就餵孩子一次奶。這樣的方式其實沒有顧及新生兒胃的大小、吸吮的力度，以及媽媽產奶的情況。對媽媽和寶寶來說都是沒有好處的。

因此，我們應該提供時間和空間給孩子，按孩子的需求來哺乳。孩子可以依照自己的需求，盡可能地靠在媽媽的胸前，吸吮乳汁、聽母親的心跳、感受母親的擁抱以及母親溫暖的身體，讓孩子可以獲得與人互動的滿足感。

當孩子生理和心理上的需求都得到滿足時，孩子會很快樂，並且會積極尋求人際關係相處的樂趣。

要不要制止寶寶吃手？
—— 發現自己的手，自我認知和口腔期的新探索

手是人類最美的樂器和工具。當人類的雙手準備好了，大腦就準備好了。

寶寶剛出生的時候，眼睛就能看見了，雖然看東西模模糊糊，但能分辨光、形狀和動作，雙手則呈緊緊握拳的姿勢（反射性抓握）。他們無意識地揮動自己的手，並且動作不受自己控制。慢慢地，在寶寶2～3

個月的時候,他們對觀察自己的雙手會表現出非常濃厚的興趣。如果不干擾寶寶,他們每次會專注注視自己的手 5～10 分鐘。不用擔心寶寶會不會看出「鬥雞眼」,這只是這些小生命們發現了自己神奇的雙手(手眼協調)。對寶寶來說仔細觀察自己的雙手是很重要的,因為這為雙手之間的協調互動,以及未來手部精細肌肉的操控能力奠定了基礎。

寶寶對手的探索包括四個階段:

◇ 發現、看見自己的手;
◇ 吃自己的手(通常是大拇指或者兩三根手指);
◇ 用手抓起身邊能拿到的物品,並放進嘴裡探索;
◇ 換手(將物品從一隻手,轉移到另一隻手)。

寶寶觀察和玩弄自己的手的次數越多,手指就越靈活,你很快就會發現孩子能拿到的所有東西都成了他口中探索的「摯愛」。比如軟軟的桌布、會發出響聲的面紙盒、五顏六色的塑膠袋、長長的窗簾繩,還有大人的眼鏡、手機和遙控器。

寶寶特別喜歡把東西放進嘴巴裡探索,還「品嘗」得津津有味。如果我們把寶寶手裡的物品拿走,他還會用哭鬧來抗議。

1. 寶寶吃手、把東西放進嘴巴裡探索的兩個原因

孩子的行為和大腦的發展是息息相關的。他們探索物品、做出動作是為了獲得技能。整體而言,寶寶喜歡把東西放進嘴巴裡主要有兩點原因:

(1) 寶寶正在經歷口腔期

我們的嘴巴有一個重要的使命,就是感知外在的世界。最開始的時候,寶寶用嘴巴發出哭聲,引起父母的關注,接著寶寶會用嘴找到母親

第二章 3～5個月，發現自己的手，有目的地和世界互動

的乳頭，吸吮乳汁讓自己生存下來。

慢慢地，寶寶會透過吃手、吃腳來探索自己的身體。寶寶在焦慮不安的時候，吃手還可以讓他感覺安全舒適，做到自我安撫。寶寶學爬的時候，他探索的東西就更多了。

美國明尼蘇達大學教授朱迪恩‧加勒德博士認為：「寶寶習慣用嘴去感覺事物，這是他們了解外部世界的一種途徑，也是他們自我放鬆的一種方式。」

因此，把物品放入嘴裡探索，是寶寶生長發育必經的一個階段。當寶寶逐漸意識到自己可以用手拿到更多的物品，並且能良好地使用和操作時，用嘴探索物品的次數就會越來越少。寶寶2歲左右時，就很少會把不能吃的東西往嘴巴裡放了。

(2) 寶寶正在經歷長牙階段

開始長牙，也是孩子喜歡吃手指、把玩具放入嘴巴裡探索的原因。出牙一般是不疼的，但有些寶寶會感到不舒服和煩躁。小寶寶無法用語言表達自己的不適，而咀嚼一些冷的、硬的東西能緩解孩子出牙時牙齦的不適。

口腔期其實也是寶寶積極開啟感官探索的敏感期。如果這個階段寶寶的需求能夠得到積極的滿足，他們感知世界會更敏銳、更主動。

■ 2. 幫助寶寶順利地度過口腔期的五個原則

(1) 移除危險的物品

檢查我們的家庭環境，寶寶能觸碰得到的地方，有沒有不適合他玩耍的危險物品？與其告訴孩子「不可以」，還不如將這些危險的物品收起

來，或者放在孩子拿不到的高處。剛剛學習爬行和學步的孩子，是不能區分什麼東西是「安全」的，什麼東西是「不安全」的，他們只會把自己好奇的物品放進嘴裡「品嘗」。

當他們學會扶物站立的時候，我們還需要檢查是否有垂下的物品，比如桌布。避免孩子拉著桌布站立的時候，桌布上的物品掉下來傷到孩子，造成不必要的危險。

(2) 保持環境衛生和整潔

注意寶寶手部的衛生，我們可以用流動的水把寶寶的手清潔乾淨，也可以用乾淨的棉柔巾、細紗布巾沾上乾淨的水幫寶寶把手擦拭乾淨。如此，寶寶就可以自由地把手放進嘴巴裡愉快地探索。

寶寶觸手可及的東西都要保證足夠的乾淨和整潔，尤其是寶寶的玩具，最好是每天都簡單擦拭一下。避免使用高濃度的消毒劑，以免消毒劑殘留在玩具上對寶寶造成危害。

(3) 滿足孩子探索的欲望

我們很容易就可以為孩子提供豐富的感官刺激，這並不需要任何昂貴的設備。我們可以給寶寶提供一個籃子，裡面裝上兩三個乾淨的水果，如檸檬、蘋果、梨子，讓孩子聞一聞、摸一摸。這種方法不僅安全，而且孩子還可以體驗不同的質感，看見不同的顏色、觸控不同的形狀、品嘗不同的味道。

我們還可以提供寶寶一些方便小手抓握的牙膠和小玩具，滿足孩子口腔期探索的需求。

第二章 3～5個月，發現自己的手，有目的地和世界互動

(4) 父母要注意態度

當寶寶把危險的東西放進嘴巴裡時，我們可以溫和地將孩子的手拿開，告訴他不可以觸碰或者不能放進嘴巴裡。但是因為我們需要鼓勵孩子去觸碰其他的物品，所以要避免說「不要碰」這樣的話，而要說「不要吃這個花」、「不要吃樹葉」這樣具體的話來指導孩子，以免孩子感到困惑。（見第一章第二節）

當孩子的手越來越「功能化」，孩子就會從口的敏感期慢慢過渡到手和動作的敏感期。

第二節　8個技巧，培養愉悅而主動的寶寶

「地板時間」和鏡子 —— 從了解自己到了解世界

在家裡開闢一個小區域，寶寶睡醒後可以在這個小區域裡玩耍。在這個固定的小區域裡，靠牆鋪上一塊軟硬適中的墊子，供寶寶在地板上自由活動。在這個區域玩耍，我們可稱為「地板時間」。在墊子的一側牆面，固定一塊橫放的鏡子，寶寶可以在這個小區域裡看吊飾，也可以在這裡趴著練習自由運動，還可以從鏡子裡看到更廣闊的空間。

在這個小區域裡，他的眼睛、鼻子、耳朵和指尖都變得敏感起來，感知和接受著周圍的事物。

■ 1. 使用鏡子，有四個好處

(1) 從環境中得到自我回饋

在活動空間裡，寶寶需要眼睛和身體相互配合。透過鏡子，寶寶可以觀察自己的身體是如何移動的。幾個月的寶寶還不能分清楚鏡子中的小朋友就是自己，但是他會發現，自己做什麼，鏡子裡的寶寶也做什麼。這也是環境給予寶寶的一個正向回饋。

第二章　3～5個月，發現自己的手，有目的地和世界互動

(2) 觀察到更廣闊的空間

還沒有解鎖爬行技能的寶寶，視野相對比較受限，只能依賴大人，才可以看到更寬廣的空間。但是透過鏡子，寶寶可以自主觀察到更廣闊的空間。

(3) 給予孩子獨立的、能自由活動的空間

在「地板時間」裡，寶寶不再被大人緊緊抱著，而是有了可以獨立玩耍和自由活動的空間，他能夠觀察自己的身體是如何協調運作的。

(4) 幫助孩子發展秩序感和安全感

這個活動區域，與寶寶吃奶、睡覺的地方都不同，是寶寶專門玩耍、活動的地方。對於低年齡層的寶寶來說，活動空間越固定，越能讓其產生秩序感。這種秩序感可以幫助寶寶預測接下來會發生的事情，使寶寶作息更規律，內心更有安全感。

■ 2. 要注意的四點

◇　鏡子需要上牆釘好，並且足夠穩固；
◇　墊子軟硬要適中；
◇　使用足夠大的鏡子，最好與活動墊長度相當；
◇　這是一個給予孩子獨立玩耍的空間，但不代表大人可以離開。

使用鏡子的四大好處

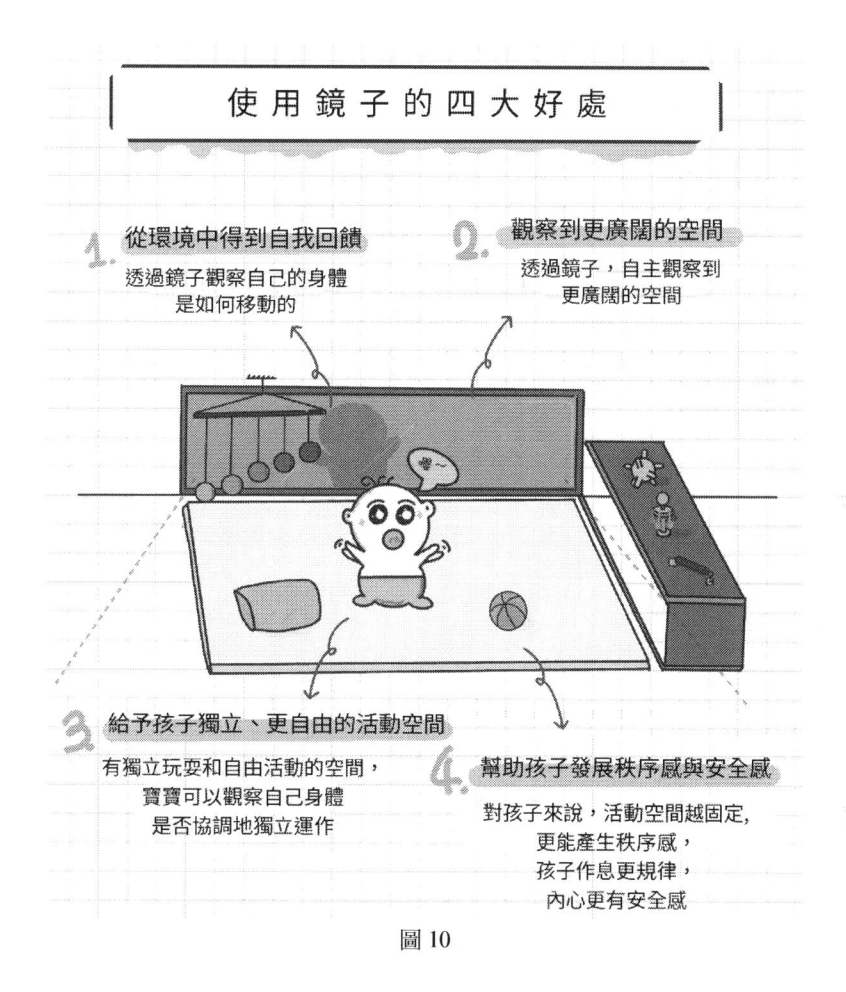

1. 從環境中得到自我回饋
透過鏡子觀察自己的身體是如何移動的

2. 觀察到更廣闊的空間
透過鏡子，自主觀察到更廣闊的空間

3. 給予孩子獨立、更自由的活動空間
有獨立玩耍和自由活動的空間，寶寶可以觀察自己身體是否協調地獨立運作

4. 幫助孩子發展秩序感與安全感
對孩子來說，活動空間越固定，更能產生秩序感，孩子作息更規律，內心更有安全感

圖 10

■ 3. 兩個延伸活動

◇ 鏡子旁可以準備一個敞開的兩層櫃子，如果在客廳，也可以用電視櫃代替。在這個櫃子裡放幾個孩子最喜歡的玩具。

◇ 在孩子學著扶物站立的時候，可以將鏡子從橫放調整為豎放，這樣可以幫助寶寶更好地看到全身是如何協調運動的。在鏡子的兩側可以加一條穩固的橫桿，寶寶可以學習扶物站立。

家庭日用品籃 —— 每一個物品都有一個名稱

生活，就是寶寶最好的早教。從小小的搖籃到認知世界，寶寶總是先從家庭中最常見的事物開始，逐漸去探索更廣闊的世界。而語言認知和動手掌控的技能，則是寶寶探索世界的兩把重要的鑰匙。

我推薦使用家庭日用品籃，作為寶寶學習語言和開發智力的啟蒙小遊戲。

準備一個精緻小巧的籃子，裡面放置3～4個寶寶可以接觸的日常生活用品。比如：短柄的木湯匙、蜂蜜棒、小罐子、完全密封的寶寶乳液瓶等。當寶寶拿起物品玩耍時，我們可以自然地說出物品的名稱。這就相當於給予寶寶學習語言的經驗，讓他知道，每一個物品都有一個名稱。

與此同時，寶寶可以練習抓握的動作，學習如何傳遞物品，把東西從一隻手換到另外一隻手。

因此，家庭日用品籃並非只是一個普通的玩具，更是一個能對寶寶的語言和精細動作產生教育意義的工具。

你的寶寶可能還會將這些小物品饒有興趣地放入嘴裡探索，因此，提供給寶寶的物品，必須要經過我們的篩選。

■ 1. 家庭日用品籃裡的物品篩選原則

表 7

物品篩選原則	目的
選取的物品是生活中寶寶會用到的東西	幫助寶寶把物品名稱和相應的物品對應起來，為日後寶寶口語表達奠定基礎。 例如：對寶寶說「請把湯匙遞給我」，並指著湯匙示意寶寶。
比較小，適合寶寶用手指抓握的尺寸	鼓勵寶寶鍛鍊小手的精細肌肉。 例如：這些物品會幫助寶寶做出抓、捏、換手、敲等動作。
物品要光滑、安全、沒有可拆卸的零部件	鼓勵寶寶進行多感官探索。 例如：小小的木湯匙，摸起來粗粗的；不鏽鋼的小湯匙，摸起來冰冰涼涼的。

■ 2. 延伸活動：「已知物品籃」，幫助寶寶自己做選擇

「寶寶，你可以把湯匙給媽媽嗎？」

當寶寶對物品比較熟悉了，並且可以將相對應的物品遞給你的時候，我們可以將這個物品放在另外一個「已知物品籃」裡區分開來，並在「家庭日用品籃」裡補充新的物品。

這樣區分可以帶來三點好處：

◇ 讓寶寶對「家庭日用品籃」裡的物品保持認知新鮮感和興趣度。
◇ 透過選擇「已知物品籃」裡的物品，培養寶寶自己做選擇的能力。
◇ 寶寶會學習自主放手，把不喜歡的物品放下，拿起自己真正想要的物品。

第二章　3～5個月，發現自己的手，有目的地和世界互動

寶寶在剛出生的時候，並不會自主放手，無論是什麼物品，他經常都是緊緊地握在自己的手心裡。隨著寶寶生長發育，他可以能動地區分「這是什麼」「我想要什麼」。

如果寶寶的手已經抓握住了物品，無法抓取其他東西來探索了，這時對他來說放手就是擁抱新事物。「已知物品籃」裡有限的小物品，都是寶寶熟悉的，正好可以幫助寶寶在有限的物品裡做出自己的選擇。而獨立，首先就是能夠自己做決定。

進階版吊飾
── 提供手、眼、足三者協調合作的最初經驗

大約在寶寶 3 個月的時候，會不再滿足單純的觀察。他們不僅喜歡用眼睛看，還喜歡用手和腳進行抓握、觸碰。

因此在寶寶 3～4 個月的時候，我們可以給他提供能夠觸碰和聆聽的吊飾，這樣可以豐富孩子的觸覺和聽覺經驗。我們只需要將吊飾穩固地懸掛在孩子前方，就會收穫一個手舞足蹈、想要觸碰吊飾的積極探索的孩子。有三種進階版的吊飾可以提供給寶寶：三色球體吊飾；布條懸鈴吊飾；布條懸環吊飾。

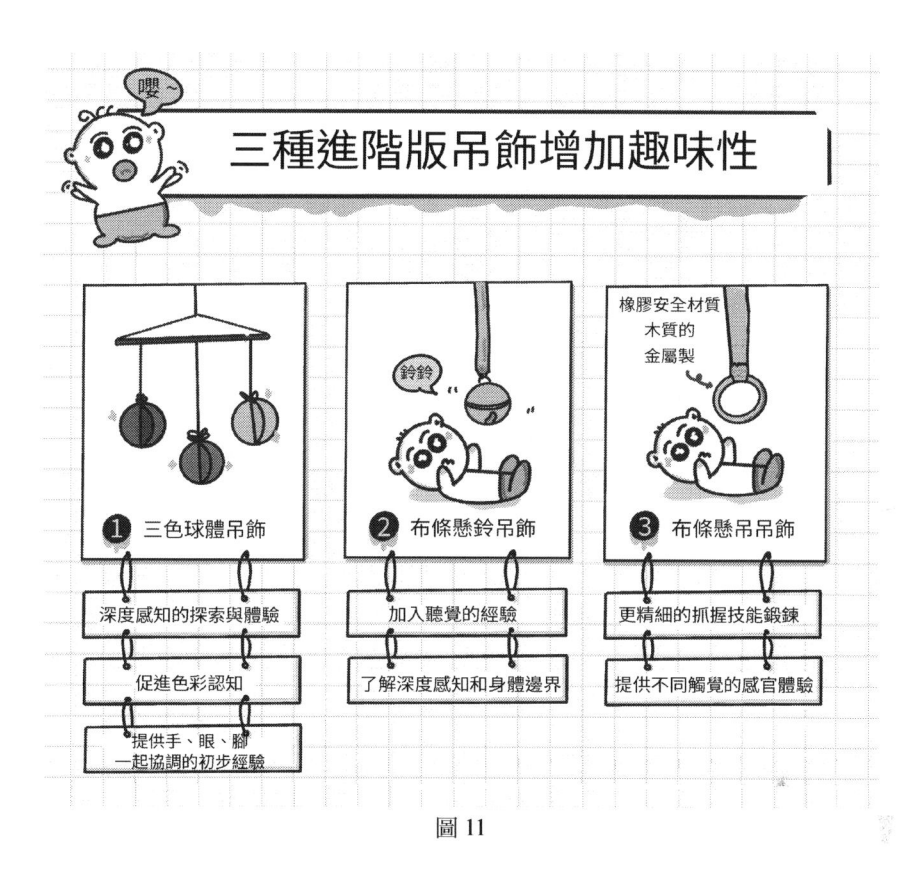

三種進階版吊飾增加趣味性

① 三色球體吊飾
- 深度感知的探索與體驗
- 促進色彩認知
- 提供手、眼、腳一起協調的初步經驗

② 布條懸鈴吊飾
- 加入聽覺的經驗
- 了解深度感知和身體邊界

③ 布條懸吊吊飾（橡膠安全材質、木質的、金屬製）
- 更精細的抓握技能鍛鍊
- 提供不同觸覺的感官體驗

圖 11

這組進階版的吊飾和新生兒吊飾最大的區別在於以下兩點：

◇ 基礎版的新生兒吊飾主要用來給寶寶觀察，懸掛的位置較高；進階版的吊飾是懸掛在孩子胸前能夠用手搆得到的位置的，寶寶可以抓握並放進嘴裡探索體驗。

◇ 進階版的吊飾，增加了一條具有彈力的鬆緊帶。寶寶在觸控時，吊飾會有彈性和節奏地搖動，增加了探索的趣味性。

下面我們就來分別介紹一下這三種吊飾：

第二章　3～5個月，發現自己的手，有目的地和世界互動

■ 1. 三色球體吊飾

我們在一根較粗的小木棍上掛上紅、黃、藍三原色的木球體，並使用膠水黏牢。木棍的兩頭用兩條棉線連線，尾端固定在一條鬆緊帶上。將它掛在孩子仰躺時揮手搆得到的地方，這樣一個簡單的三色球體吊飾就製作完成了。

吊飾作用：

◇　進行深度感知；
◇　促進顏色認知；
◇　提供手、眼、腳協調合作的最初經驗。

三色球體吊飾使用小撇步：

◇　掛在中間球體的線最長，掛在兩邊球體的線較短，可以提供孩子抓握不同高度物品的體驗。
◇　寶寶更容易看見對比度強的紅色或藍色，因此中間的球體優先選擇這兩個顏色，如此，寶寶能夠順著明顯的顏色觀察到對比度較弱的黃色。
◇　寶寶的抓握力氣很大，所以務必要將吊飾掛穩。在天花板上掛一個掛鉤，懸掛一條延長線，可以方便懸掛和更換吊飾。
◇　吊飾有小零件，寶寶探索吊飾時需要大人的陪同。

隨著孩子的發展，我們會發現孩子的視覺和抓握能力逐漸協調。這是一個很棒的發展里程碑，這意味著孩子意識到了自己的手，並且開始進行深度感知——我的手要伸多遠，才能搆到物品呢？

2. 布條懸鈴吊飾

布條懸鈴吊飾就是在一條漂亮的絲帶上掛上一個大鈴鐺，絲帶的一頭連在鬆緊帶上，掛在寶寶胸前的位置。

吊飾作用：

◇ 加入聽覺的經驗；
◇ 了解深度感知和身體邊界。

寶寶很快會發現：自己小腳一踢，能聽見鈴鐺清脆的聲音，小手一抓，就可以夠到鈴鐺。孩子會非常樂於觸碰、抓握布條懸鈴吊飾上的鈴鐺。不固定、搖擺的布條增加了孩子觸碰鈴鐺的難度和趣味性。他們甚至會不時踢動自己的小腳丫，就為了觸碰布條懸鈴吊飾上的鈴鐺，聽到清脆的鈴聲。

這些都為孩子提供了手眼協調、手腳協調的最初經驗，同時能幫助孩子了解深度感知和身體的邊界線。最重要的是，這種喜悅的感覺會豐富孩子的感官和動作，讓他產生安全感，保持對世界的好奇心。

3. 布條懸環吊飾

寶寶的小手抓握能力變得越來越好，他們能夠協調使用手指和手掌的力量握住小環。使用一個大約內徑為 7 公分的小環，用一條顏色漂亮的絲帶掛起小環。絲帶的一頭連在鬆緊帶上，懸掛在寶寶胸前的位置。

吊飾作用：

◇ 更精細的抓握技能鍛鍊；
◇ 提供不同觸覺的感官體驗。

第二章　3～5個月，發現自己的手，有目的地和世界互動

布條懸環吊飾不僅可以讓寶寶抓握，寶寶還可以放到嘴裡探索。因此我們可以選用不同材質的小環，如木質的、金屬的、橡膠的等安全材料，給予寶寶更多的感官探索和體驗。

小小的背巾 ── 讓孩子變身「袋鼠寶寶」看世界

背巾是所有寶寶用品中最值得被推薦的單品。當大人把寶寶用背巾背在胸前，並緩慢地移動，寶寶很容易被安撫。

正如英國神經生理學及神經心理學博士莎莉・戈達德・布萊斯在他的著作《平衡良好的孩子》(*The Well Balanced Child*)中提到的：

> 輕柔的前庭刺激有助於讓嬰兒溫和平靜，讓孩子更快進入睡眠。

要想很好地使用背巾就要學會正確的綁法，並且保證寶寶的臉是朝內的。目前市面上的背巾種類各異，總體來說，使用背巾需要遵循兩大原則。

■ 1. 使用背巾的兩大原則

(1) 寶寶還不能很好地控制頭部肌肉時，採用 C 字形背巾法

C 字形背巾法也稱為搖籃法，我以軟布類的背巾為例，帶環和不帶環的都可以，將背巾調整成袋狀，把寶寶裝入袋中。讓寶寶的頭頸部、脊椎、臀部、大腿都可以被完美地支撐。寶寶的身體呈一個 C 形，這個姿勢對於脊椎還沒有發育完全的寶寶來說，不會讓脊椎被強行拉直，造成損傷。

C 字形背巾法應用的場景很多，不僅可以解放父母的雙手，讓寶寶窩

在父母的懷抱中，還可以在帶寶寶外出時，當作可遮擋的餵奶巾使用。

使用 C 字形背巾法需要注意將寶寶的臉部和小腿從背巾裡露出來，同時確保嬰兒的口鼻不被遮蓋或者搗住。此外，不要長時間使用，避免對大人的肩頸、腰脊造成太多壓力。

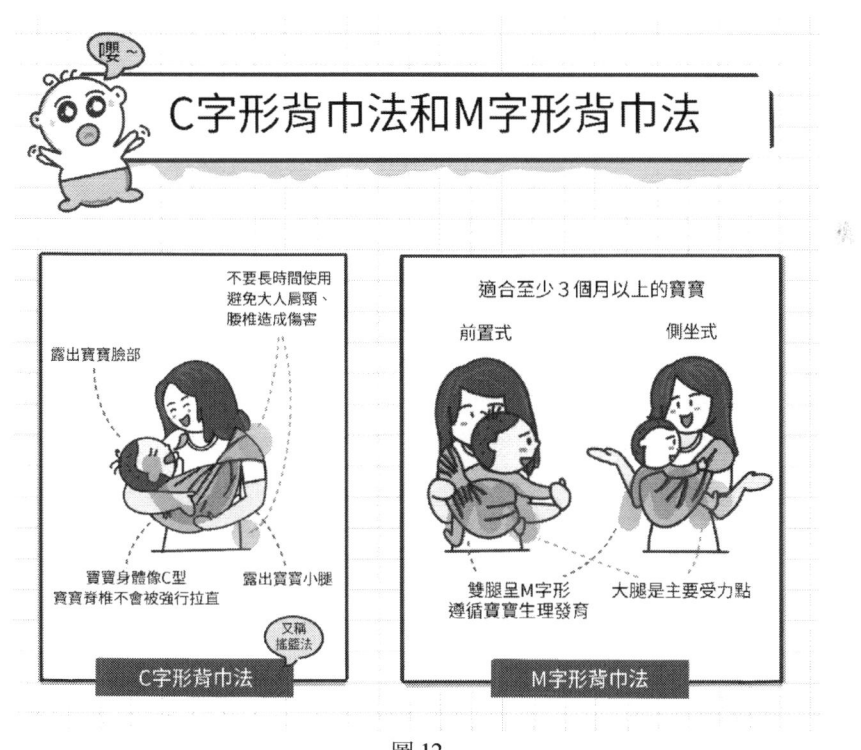

圖 12

(2) M 字形背巾法

M 字形背巾法，適合至少 3 個月以上的寶寶，可以使用到 2 歲。這種背法可以保證當孩子坐在背帶裡時，大腿像青蛙一樣開啟，膝蓋彎曲，呈「M」形。寶寶骨盆傾斜，背部彎曲，屁股低於膝蓋。雙腿呈 M 字形遵循寶寶的生理發育特點，有利於骨骼的健康生長。

上圖右邊是 M 字形背巾法的正確示範，從圖中我們可以看到，寶寶的大腿是最主要的受力點，而髖關節受力較少，這種方式對寶寶骨骼的發育最為安全。若寶寶的身體力量受力點集中在髖關節，髖關節脫臼的風險就會提高。除了標準式 M 字形，還可以根據寶寶的喜好和媽媽的需求調整為側坐式 M 字形。

■ 2. 如果寶寶睡著了

有一部分家長發現，寶寶在背巾裡很容易睡著。這和背巾狹小的空間（和在子宮裡一樣）以及寶寶能聽到媽媽的心跳聲，緩慢走動時帶給寶寶的前庭刺激都有關係。從這個角度上講，背巾還真是寶寶的「哄睡神器」。

值得注意的是，我們要盡量在寶寶瞇著眼睛，快要入睡的時候就將他放上床，而不是等寶寶完全睡熟了再放。如此，我們就可以讓寶寶把睡眠和床關聯起來，逐漸學習在床上自主入睡。

我比較推薦大家使用軟布料結構的背巾，因為可以在不解開背巾的情況下把寶寶放到床上睡覺。

不解開背巾放下寶寶，有五個技巧：

◇ 俯身先把寶寶的頭和身體放在床上；
◇ 停留一會兒，讓寶寶熟悉在床上的感覺；
◇ 將手從背巾裡抽出，接著，身體離開背巾；
◇ 寶寶的背巾不用取出，可以蓋在身上當成小毯子；
◇ 可以開啟冷氣或者給寶寶蓋上小毯子，調整睡眠環境的溫度。

嬰兒健身架 —— 看、踢、抓樣樣精通

嬰兒健身架是一個非常實用的寶寶玩具。大約在寶寶 3 個月的時候，我們可以將寶寶仰躺在嬰兒健身架的下面，寶寶可以運用手腕和手指的力量抓、握、轉、拉，逐漸讓手和眼睛相互配合，協調工作。揮動的小手在抓握搖搖擺擺的玩具時，還可以增強寶寶手臂肌肉的力量。

有一些健身架的底部還會有音樂鍵盤，寶寶踢動時會發出悅耳的聲音。剛開始的時候，寶寶並不知道這個聲音是自己踩音樂鍵盤發出來的，慢慢地，寶寶在不斷地重複中開始意識到自己的「主觀能動性」——咦，我一踩，就會有聲音！我再踩一次，聲音會再一次出現！這個聲音就像一個積極、肯定的訊號，讓寶寶在「再確認」的過程中收穫自信，樂此不疲地重複探索。

嬰兒健身架上懸掛的小物品，通常是能促進寶寶視覺、觸覺、聽覺等不同感官發展的物品，比如環形的、球形的、反光的、響聲紙的，讓寶寶保持對世界的好奇心。

在寶寶學爬的時候，健身架上的小物品可以取下來。我們將小物品放在寶寶的前方，鼓勵他自己伸手夠一夠、抓一抓。寶寶會對這些顏色鮮豔、形狀各異、不同材質的小玩意感興趣。

使用嬰兒健身架需要注意以下兩點：

◇ 嬰兒健身架上懸掛的小物品要繫緊，避免寶寶用力拉扯時掉下來被砸傷。
◇ 儘管寶寶可能會很專注地玩健身架上的玩具，但是父母不可以離開，不能留下寶寶獨自一人玩耍。

第二章　3～5個月，發現自己的手，有目的地和世界互動

飄蕩的小泡泡
——鍛鍊視覺追蹤和手眼協調的歡樂神器

五彩斑斕的泡泡，是每個孩子童年彩色的回憶，不僅為低齡的孩子帶來歡樂，還是很好的感官遊戲，能促進孩子多元發展。

■ 1. 泡泡遊戲的三點益處

(1) 飄蕩的泡泡鍛鍊寶寶的視覺追蹤力

泡泡在自然光下折射出的顏色、緩慢飄動的速度，能鍛鍊寶寶的視覺追蹤能力，為寶寶手眼協調打下良好的基礎。吃輔食、撿起小豆子、刷牙、穿衣、閱讀、寫字，都需要手眼的協調來幫助。

(2) 抓泡泡促進寶寶專注力發展

手就是寶寶心智的工具。當寶寶的手和眼睛協調工作時，孩子就更容易達到「心流狀態」。[02]

(3) 抓泡泡鼓勵寶寶探索事物的「因果關係」

很多寶寶喜歡用手指戳泡泡，因為輕輕一碰，泡泡就在手中破了。有些孩子會用手接住泡泡，對他們來說讓脆弱的泡泡停留在手中是一件很奇妙的事情。

就算孩子什麼都不做，只觀察泡泡，他們也會發現泡泡落在地板上後會破碎，在接觸的地面上會留下痕跡。

---

[02] 心理學家米哈里・契克森米哈伊在他的著作《心流：高手都在研究的最優體驗心理學》中，將心流定義為一種將個人力完全投注在某種活動上的感覺，心流產生的同時會有高度的興奮及充實感。「心流」是指我們在做某些事情時，那種全神貫注、投入忘我的狀態。這種狀態下，你甚至感覺不到時間的存在，在這件事情完成之後我們會有一種充滿能量並且非常滿足的感受。

■ 2. 吹泡泡要注意的事項

①選用無毒、安全的泡泡水。吹泡泡應由大人操作,避免泡泡進入寶寶的眼睛。

②吹泡泡的時候不要一次吹出太多。太多的泡泡會讓寶寶困惑,不知道該看哪裡。

③不打斷孩子,鼓勵孩子看自己視線範圍內的泡泡,而不是我們引導他看「我們看到」的泡泡。

④鋪一個小墊子,在墊子上吹泡泡,可以有效避免掉落的泡泡太滑發生意外。

■ 3. 自己製作泡泡水

材料:嬰兒肥皂片、杯子、攪拌工具。

製作步驟:

◇ 切幾片嬰兒肥皂;
◇ 將肥皂片放入杯子,用溫水泡至軟爛;
◇ 加入適量的冷水;
◇ 把泡泡水攪拌均勻。

接下來,用不同的吹泡泡工具,和寶寶一起享受五彩斑斕的泡泡世界吧!

第二章　3～5個月，發現自己的手，有目的地和世界互動

寶寶小樂器 —— 聽覺訓練和音樂啟蒙的開始

感官教育，是心理活動發展的基礎。感官教育可以培養寶寶感官的精確度和敏銳度，鼓勵寶寶觀察、比較、分析、判斷，促進智力的發展。

聽覺遊戲，能給予寶寶感官上的全新體驗。隨著寶寶的成長，他不僅喜歡聆聽父母說話的聲音，還對生活中物品發出的聲音感興趣。如果我們可以給孩子提供適合他們抓握的小樂器，就能幫助他們向更廣闊的世界積極探索。

這些孩子抓握後能發出聲響的玩具。不僅可以幫助寶寶發展小手的精細肌肉，促進寶寶聽覺系統的發展，還可以幫助寶寶發展出對「因果關係」的理解。

寶寶會發現，搖一搖小手，玩具就能發出聲音。不停地搖，可以不停地發出聲音。如此，寶寶會開始認識自己的身體，逐漸運用自己的雙手做事情。

■ 1. 選擇寶寶小樂器的標準

◇　搖桿直徑要小，易於小手抓握；
◇　天然的材質更好（如木質、銀質）；
◇　安全，沒有毛刺和可以被拆出來的零件；
◇　整體小而輕，可以練習雙手互換取物（長度 6～8 公分為佳）；
◇　聲音清脆悅耳，但音量不會太大。

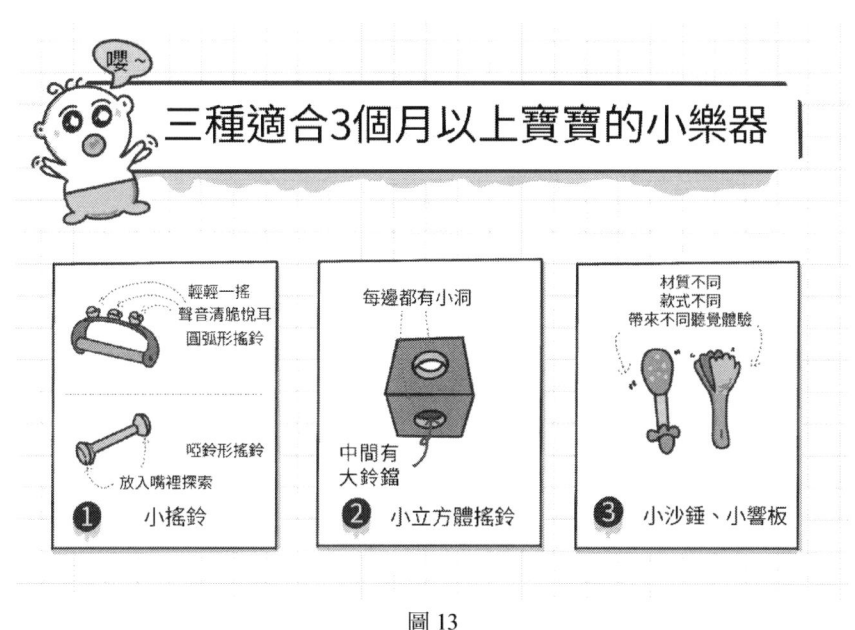

2. 三種適合 3 個月以上寶寶的小樂器

圖 13

(1) 小的圓弧形搖鈴、啞鈴形搖鈴

小的圓弧形搖鈴，帶有一個小搖桿，兩頭由一條皮帶連線，皮帶透過螺絲撐到木頭裡。皮帶上帶有一些由魚線縫製上去的小鈴鐺。輕輕搖一搖，聲音清脆悅耳。

抓握的搖桿直徑要足夠小，大約 1 公分，這樣寶寶才可以很好地抓握和學習雙手互換取物。

而啞鈴形搖鈴顧名思義就是像啞鈴一樣，兩頭大，中間有一條細長的搖桿供寶寶抓握。兩頭凸起的部分，寶寶還非常喜歡放入嘴巴裡探索，感受不同的觸覺。

第二章　3～5個月，發現自己的手，有目的地和世界互動

(2) 小的立方體搖鈴、球體搖鈴

給寶寶用的立方體搖鈴的尺寸也是非常迷你的，邊長大約是 5 公分。這個木質的空心立方體的每一個面都有一個圓形的小洞，中間有一個能發出清脆聲音的大鈴鐺。圓洞直徑比較小，大鈴鐺不會掉出。小小的圓洞會促使小寶寶用一根或者兩根小手指抓起搖鈴，幫助寶寶靈活運用手指。除了立方體搖鈴外，還有球體搖鈴，也是非常適合寶寶的。

(3) 小沙錘、小響板

小沙錘和小響板可以從市面上直接購買，材質不同、款式不同，使用起來就像在進行有趣的打擊樂重奏，給寶寶帶來不同的聽覺體驗。

3. 自製沙錘小樂器

材料：三四個透明小罐子，搖晃時可以發出聲響的填充物，如豆子、小米、稻米、小石頭、細沙子等。

製作步驟：

◇ 將透明小罐子清洗乾淨，風乾無水分；
◇ 罐子中分別裝入不同大小的豆子、小米、稻米、小石頭、細沙子；
◇ 旋緊蓋子，確保填充物不會撒出。

這樣一個簡單的沙錘小樂器就製作完成了。搖一搖，不同的小罐子會發出不同的聲音，有的悶、有的響。寶寶還能將不同的聲音和可視的填充物對應起來，了解事物之間的因果關係。

不同顏色的豆子和沙石，給了寶寶不同的顏色視覺刺激。當小罐子滾動的時候，裡面的豆子和沙石會跟隨著緩慢滾動，你會發現寶寶很喜歡觀察這一過程。

如果寶寶趴著，滾動的小罐子還能幫助寶寶協調身體，鍛鍊平衡能力。他可能會伸直一隻手臂去觸控小罐子，這也為寶寶的爬行和平衡，奠定了良好的基礎。

播放一段寶寶喜愛的音樂，拿著小沙錘一起輕輕地搖動起來吧！

「多環相扣」、帶有小球的圓柱體 —— 被動的玩具，培養主動的孩子

隨著寶寶的心智和手部精細動作的發展，寶寶開始用手拿自己喜歡的玩具，抓住後放在嘴裡探索。慢慢地，他開始對自己的手腳感興趣，開始用手抓腳。接著，他會進入一個新的發展階段，開始把玩具從一隻手傳到另一隻手。

學習換手，代表著寶寶心智的發展。曾有科學家表明：負責控制手部動作的是大腦的最高區域 —— 皮層的條形區，這一區域橫跨了整個大腦，手上的動作越細緻，需要呼叫的腦區就越大。

在寶寶 3～5 個月的時候，我們可以給寶寶提供一些安全的小物品，幫助他們更好地學習抓握，以及把物品從一隻手傳遞到另外一隻手。

■ 1. 兩種幫寶寶學習換手的小物品

(1) 多環相扣

這是一個由 3～4 個環組成的小物品。每個環的內徑大約是 5 公分，環與環之間連線在一起。我們一般使用金屬或者木質的安全材料。

移動多環相扣的時候，小環之間會摩擦發出清脆的聲音，寶寶會感覺非常新奇。

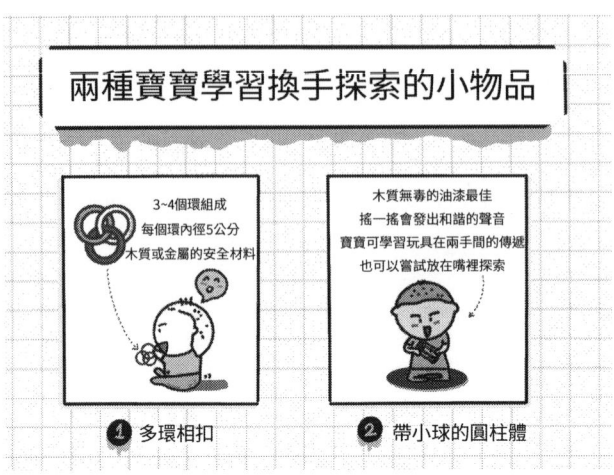

第二章　3～5個月，發現自己的手，有目的地和世界互動

兩種寶寶學習換手探索的小物品

3~4個環組成
每個環內徑5公分
木質或金屬的安全材料

❶ 多環相扣

木質無毒的油漆最佳
搖一搖會發出和諧的聲音
寶寶可學習玩具在兩手間的傳遞
也可以嘗試放在嘴裡探索

❷ 帶小球的圓柱體

圖 14

(2) 帶小球的圓柱體

這個小物品和撥浪鼓有許多相似之處，是由一個小的圓柱體，上面掛著一些木質的小球構成的。搖一搖，木質小球相互碰撞間會發出自然和諧的聲音。

這樣類似搖桿的小物品，寶寶可以很方便地抓著，學習把玩具從一隻手遞到另外一隻手，並且能放在嘴巴裡探索。多個小球的設計，會給小寶寶帶來特別的口腔探索經驗。

材料選擇木質是最好的，同時要經常檢查木珠是否被穩穩地固定在圓柱體上，避免發生被寶寶吞嚥的危險。

■ 2. 換手探索，背後隱藏著三點好處

(1) 換手的過程，可以促進寶寶左腦和右腦共同工作

換手時，寶寶跨越了身體的中線，中線一般指的是「從頭到腳將身體分成左右對稱兩部分的中軸線」。跨越中線能力是孩子一側的手、腳或

112

眼睛可以自主地跨過中軸線，到身體的對側區完成各種任務的能力。換手時，左腦和右腦透過胼胝體傳遞資訊，從而做出更為複雜的動作。

(2) 觀察寶寶的慣用手

這個時期，父母可以觀察寶寶習慣先用哪隻手拿玩具，這隻手可能就是寶寶的慣用手。

(3) 為更精確的手部動作打基礎

除了換手的動作，有些寶寶還會出現「對指」的行為，也就是拇指和其餘四指相對，或者拇指和食指相對拿起物品。這些動作都能為未來寶寶更靈巧地使用雙手打下良好的基礎。

因此，上述的小物品能給予寶寶換手和抓握的經驗，使他們進行更加積極的探索。我們推薦「被動」的玩具，而不是過於「主動」的「聲光電」玩具。越來越多的研究證明，玩具越「主動、活躍」，寶寶反而越被動。聲光電玩具比較單一，玩法上的創新不足。一開始，寶寶可能會被聲音和動作吸引，但寶寶專注的時間不會太長。

每個寶寶專注玩耍的時間各不相同，有些寶寶或許玩一會兒就會把玩具放下，去探索其他的物品，這非常正常。

在寶寶玩的過程中，要讓寶寶感受到我們對他的尊重和愛。他可以隨意選擇玩的材料（在我們提供給寶寶的安全選項中），他可以決定玩的時間長短。充滿愛的陪伴，將會為寶寶未來與他人社交互動奠定良好的基礎。

第二章　3～5個月，發現自己的手，有目的地和世界互動

第三節　這些「坑」，不要踩

避免使用學坐椅

父母都希望孩子能健康成長，但在生活中出於對孩子的保護，如果我們使用了不恰當的方法和工具，反而會阻礙孩子的成長發育。比如學坐椅，就是其中的一種。

學坐椅通常是由海綿填充而成，市面上也有一些產品是空氣填充的。學坐椅的作用就是把坐得還不怎麼穩的寶寶，放在椅子裡固定其身體，使其腰背坐直起來，不會因坐不穩而倒向一邊導致摔倒和碰傷。

為什麼有些父母要用學坐椅呢？原因通常有以下幾點：

◇ 認為寶寶不能自己學會坐，需要大人幫扶著才能學會；
◇ 學坐椅可以「解放」大人的雙手；
◇ 認為學坐椅看起來比較安全，可以最大限度避免寶寶碰傷。

那麼，我們就來看看使用學坐椅，和不使用任何工具、自己學會坐的寶寶之間的區別。

■ 1. 寶寶使用學坐椅學坐和自由運動學坐的區別

表 8　學坐椅寶寶和自由運動寶寶的區別

學坐椅	自由運動
被裝在一個「容器」裡，身體活動有限	可以學習從仰著到趴著，再從趴著到仰著，甚至開始爬行
被動支撐著，腰背部有壓力	寶寶做自己力所能及的動作，沒有過多的肌肉壓力
在自己坐不住的時候，因為無法改變姿勢，會焦慮地哭	可以自由地轉換身體的姿勢
寶寶探索外在世界的機會減少	寶寶有更多主動探索外在世界的機會

對於腰部力量還沒發育好的孩子來說，學坐椅增加了他們的背部和腰部的壓力，並減少了孩子趴和爬行的時間。當孩子頻繁地坐在學坐椅裡，腰被迫直立，他們很容易跳過爬的階段，直接扶著物品站立起來，並很快學走路。

爬行對孩子的發展是很重要的。越來越多的科學研究證明，爬行的時候孩子身體兩側同時協調運作，對感覺統合和左右腦的統合有非常積極的影響。

我們應該遵循孩子自然的發展節奏，不做提前的訓練。揠苗助長，並不會給孩子帶來超前的能力，甚至會帶來不良的身心壓力，影響寶寶健康成長。

第二章　3～5個月，發現自己的手，有目的地和世界互動

就像潘妮·布朗利[03]在她的書籍《與我心靈共舞》(Dance with Me in the Heart)裡說的：

如果從苗圃裡買回來一棵幼小的樹苗，把它種在地裡，你我都不會用棍子去支撐它，再把花園長椅放在它的上方。因為我們知道這樣樹苗不會按照它自身應有的方式長成參天大樹。

每個寶寶都有自己的發展節奏，或快一些，或慢一些，因為每一個寶寶都是獨一無二的，正如每一粒種子開花結果的時間各有不同。

2. 學會觀察，移動就是寶寶在玩耍

對於年幼的寶寶來說，自由移動是非常重要的。因為玩耍就是寶寶在移動，移動就是寶寶在玩耍。透過自由移動自己的身體，寶寶開始了解自己的身體，了解自己與外在的連繫。

既然如此，我們為何要著急呢？一項在日常生活中觀察兒童大肌肉運動活動的研究，指出了自由運動的孩子學會獨坐的時間：3%～25%的孩子，在34～40週已經學會獨立坐；25%～50%的孩子，在43～47週已經學會獨立坐；50%～75%的孩子，在47～52週已經學會獨立坐；75%～97%的孩子，在52週～16個月已經學會獨立坐。

晚點學會坐，並不會影響後續他們大運動的發展。相反，孩子走路更穩，對身體的控制更自如、更有自信。

了解孩子的生理發育有一定的差異和規律之後，我們可以透過以下幾點，來真正幫助孩子大運動的發展：

◇ 在寶寶能夠獨立做出某一動作之前，我們不應把孩子被動地擺成某一個姿勢；

---

[03] 紐西蘭教育家，皮克勒理念的推廣者。

◇ 給孩子自由運動的空間和時間；
◇ 觀察孩子「坐」的四個階段（能力呈現）。

表9

第一階段	半躺半坐
第二階段	獨立坐
第三階段	坐著玩耍
第四階段	坐在椅子上

觀察的重點不是寶寶什麼時候學會坐，而是我們透過觀察寶寶，發現他是怎樣表現坐的意願，以及如何學會坐的。比如：孩子坐著玩的時候在玩什麼，孩子是如何坐在椅子上的。

這些可以幫助我們了解孩子的動作發展過程，給予孩子更加符合其發展的恰當輔助。

教育就是在不斷地觀察中陪伴，我們不著急讓寶寶完成一個又一個的里程碑，可以在陪伴中享受寶寶成長的每個過程。

寶寶會對每一個能自主完成的動作表現出喜悅，而我們也會感到幸福。

寶寶不會被「寵壞」

絕大多數人對「寵壞」、「慣壞」孩子的行為很敏感，有一部分父母甚至會擔心，如果自己無限制地滿足哭鬧的寶寶，以後寶寶會養成不好的習慣，變得難以管教。

第二章　3～5個月，發現自己的手，有目的地和世界互動

■ 1. 寵≠寵壞

事實上，對於幾個月的小嬰兒來說，父母所謂的「寵」就是及時地回應他們的需求，而回應需求並不會把寶寶寵壞。如果我們仔細觀察，就會發現小年齡層的寶寶不會無緣無故哭鬧，他們只有最基本的生理需求和對照顧者的精神需求。

表 10

生理需求	精神需求
餓了	感覺到害怕、恐懼、不安
睏了	缺乏安全感
尿布有分泌物	想要與他人互動（說話、擁抱）
身體不舒服（腸絞痛、長時間保持一個姿勢而給身體帶來壓迫）	想要與新的環境互動（對固有的空間和玩具失去興趣）
溫度過高、過低（衣物太多、太少）	
環境不適（聲音吵鬧、光線刺眼）	

無論是寶寶生理上的需求，還是精神上的需求，寶寶哭鬧更多是在發出一種「本能的訊號」──讓自己得以生存。如果我們對孩子發出的訊號能夠做到及時和耐心的回應，寶寶就會更容易與我們形成良好的依戀關係。

英國精神分析學家唐納德‧溫尼科特提出，這個世界上不存在嬰兒，只存在母嬰。也就是說，幾個月的嬰兒和母親是難以分割的，他們彼此依附、相互依戀。當幾個月的寶寶餓了，需要喝奶時，即使母親不在寶寶的身邊，也會漲奶（分泌乳汁）。及時回應寶寶，與其說是母親對寶寶

的本能反應，不如說是對大自然生存法則的「順其自然」，因此不存在寶寶會被寵壞的說法。

就像威廉‧西爾斯說的：

寶寶最終會斷奶，有一天他會徹夜睡覺，這種高需求的育兒階段很快就會過去。寶寶在妳床上的時間、在妳懷裡的時間、吃奶的時間，非常短暫，但是愛與信任的記憶會持續一生。

■ 2. 寵≠無節制、單純地用抱或餵奶回應寶寶

當然，回應寶寶，不代表我們只要聽到寶寶哭，就立刻衝上去，抱起寶寶或者給他餵奶。

每個寶寶都是特別的，他們的哭聲是向外界傳遞資訊的訊號。我們應該慢下來，透過觀察寶寶的動作、接收他們的訊號，了解寶寶到底是餓了、睏了、疲憊了，還是無聊了。只有真真切切地了解寶寶哭泣的原因，我們才能滿足寶寶真正的需求。

如果寶寶一哭，我們就把他抱起來或者給他餵奶，這其實不是滿足孩子的需求，相反，有時這僅僅是滿足大人的需求。因為只要抱起寶寶或者給他餵奶，寶寶往往就能很快停止哭泣，大人就能「省事」。

有些時候，寶寶哭泣只不過是因為睏了、累了，需要睡覺休息一下。此時我們只需要靠近寶寶，溫柔地安撫他，然後把他放在床上輕輕地拍一拍，你會發現寶寶的哭泣聲會逐漸減弱，他因得到安撫而漸漸進入夢鄉。

如果每次我們都只以寶寶的哭為訊號，而不是以他真正的需求作為訊號去安撫寶寶的話，那麼久而久之，寶寶的行為習慣就會跟著調整，凡事都用哭來表達。

第二章　3～5個月，發現自己的手，有目的地和世界互動

正確、積極地回應孩子，讓寶寶感受到自己的重要。他知道自己的需求被人關注著，他是這個世界上獨一無二的小寶貝。

第三章
6～12個月，
從自主探索中收穫自信心和掌控感

　　隨著孩子的爬行技巧越來越純熟，他們開始扶站、扶走、獨立學步，寶寶正式進入了自主探索的黃金塑造期。在本章節，大家能了解「前語言期」的四大啟蒙原則可以為寶寶奠定語言基礎，「BLW自主進食法」讓寶寶成為不挑食的「小吃貨」！「物體恆存盒」能幫助孩子順利過渡「陌生人焦慮」，「一橫一豎」的蒙氏活動空間，讓寶寶探索時更自信。

第三章　6～12個月，從自主探索中收穫自信心和掌控感

第一節　破解寶寶的迷惑行為，這樣帶娃更輕鬆

寶寶開始認生了——「陌生人焦慮」不是洪水猛獸

> 兒童的心靈是敏感的，它是為著接受一切美好的事物而敞開的。
>
> ——瓦西里・亞歷山德羅維奇・蘇霍姆林斯基

大約在寶寶七八個月時，原本誰都可以抱的孩子，開始有了「陌生人焦慮」，一看到陌生人，孩子就把頭埋進父母的懷裡，尤其是面對那些打招呼比較熱情的陌生人，孩子的第一反應是迴避，然後哇哇大哭。孩子變得十分黏人，只要父母一走開，就嚎啕大哭。

■ 1. 孩子產生「陌生人焦慮」的兩個原因

(1) 孩子的認知發展進入新階段：開始區別熟悉的人和陌生人

孩子之所以會產生「陌生人焦慮」，是因為他們的認知發展到達了一個新的階段。他們能夠區分父母和陌生人，開始學習自我保護了。

而父母走開，孩子會哭鬧的原因則是，孩子不確定父母離開，是不是永遠不回來了。因此寶寶會透過哭鬧，反覆確認父母的存在。

(2) 孩子的情感發展進入新階段：我不喜歡你！

在孩子能區分熟悉的人和陌生的人後，他的情感發展也進到一個飛速發展的階段。看到熟悉的人，會微笑、手舞足蹈，而面對陌生的人進入自己熟悉的領地，對他來說就像一場「入侵」。

孩子並不知道「敵人」會做出什麼事情，而自己也不能請他離開。這種失去掌控的感覺，會讓孩子很焦慮。我們會看到寶寶本能地避開與對方進行眼神交流，甚至會把頭埋在父母的懷裡。如果陌生人採取了進一步的「侵犯」措施，寶寶還會啟動「哭泣炸彈」模式。

如果我們知道這只是孩子的認知和情感進入一個新階段，那麼我們就明白孩子焦慮是正常的表現。這不代表孩子小氣、缺乏安全感，而且也並不是每一個孩子都會有這樣強烈的表現。

■ 2. 兩個維度，幫助孩子平穩過渡「陌生人焦慮」

(1)「一抱、二看、三介紹」，給予孩子時間和空間來適應陌生人

- ◇ 一抱。當有朋友來訪，我們可以抱著孩子與朋友開心地交談，但是孩子仍然需和朋友保持著距離。
- ◇ 二看。孩子會透過觀察我們對他人的態度，自己進行判斷。
- ◇ 三介紹。我們可以向孩子介紹朋友，觀察孩子的反應後，再決定是否讓孩子接近陌生人。如果孩子不願意，就及時打住。

(2) 巧用遊戲互動，幫助孩子理解

看不見的東西依然存在父母相比孩子有更多的認知經驗，我們可以把這些經驗以合適的方式傳授給孩子，比如用遊戲的方式，提高孩子的認知能力，引導孩子心靈成長。

第三章　6～12個月，從自主探索中收穫自信心和掌控感

◆ 遊戲一：親子躲貓貓

我們可以透過和孩子玩「躲貓貓」的遊戲，培養孩子的認知能力，讓孩子逐漸意識到，用絲巾把臉蓋住，雖然看不見臉了，但是臉並不是消失了，當把絲巾取下來，臉蛋又重新出現了。

這樣的遊戲會讓孩子非常雀躍，孩子會逐漸理解「客體恆存性」，即明白物品看不見了不代表消失了。

◆ 遊戲二：「我聽到媽媽的聲音了！」

我們還可以逐漸拉遠和孩子的身體距離，從孩子的房間慢慢走到另外一個房間，同時與孩子說話。讓孩子看不見我們，但是還能聽到我們的聲音，這些都可以讓孩子了解客體恆存。

以後若媽媽有事要出門，孩子會逐漸明白，媽媽離開不是消失了，她還會回來的，這在一定程度上能降低孩子的分離焦慮。

◆ 遊戲三：「猜猜在哪隻手裡？」

將寶寶平時喜歡的小物品放在一隻手的手心裡藏起來，然後兩隻手握拳，讓寶寶猜玩具在哪隻手裡，接著逐一開啟手心。這個遊戲可以讓寶寶體驗物品從消失（看不見）又重新出現的過程，不僅可以提高孩子的認知力，減少危機焦慮，還可以讓他們以更加積極的狀態與環境互動。

整體而言，孩子黏著父母，做什麼事都要父母陪，是因為他和父母建立起了親密的依戀關係。孩子把父母定義為「安全基地」，只要看到家人在，他就感覺很安心，可以放心做事情。「陌生人焦慮」只是孩子認知發展的一個特點，隨著孩子認知能力的提升，這種焦慮會在孩子1～2歲之後消失。

圖 15

寶寶真的可以自己吃輔食嗎？
——BLW 自主進食法，讓寶寶成為「小吃貨」

隨著寶寶一天天長大，大約在寶寶五六個月時，只吃母乳或者嬰兒配方奶已經無法滿足寶寶的營養需求了，因此給寶寶吃輔食也就被提上了日程。

第三章　6～12個月，從自主探索中收穫自信心和掌控感

讓孩子吃輔食不僅是為了給孩子補充營養，還意味著孩子開始接觸其他食物，並且與他人一起進食（餐桌文化）也是一種社交行為。對於輔食新增的方式，寶寶的態度是積極主動還是消極被動，對他的情緒和行為會產生深遠的影響。

關於寶寶輔食的新增，我推薦以「寶寶為主導」的方式逐步向孩子介紹食物。

■ 1. 突破傳統，以寶寶為主導的輔食新增方式

與傳統的輔食新增模式相比，以寶寶為主導的輔食新增方式 Baby-led Weaning（寶寶自主進食簡稱 BLW），更尊重孩子自己的選擇，並且該方式著重培養孩子的咀嚼能力。

使用 BLW 輔食新增方式，給孩子提供相對軟爛、大塊的食物，讓嬰兒自己進食，而不是給傳統的泥狀輔食並餵食。

使用這種餵養方式，需要滿足以下幾個條件：

◇ 孩子已經能夠獨坐了，並且能用手抓食物放入嘴裡。（通常在 6～8 個月）
◇ 食物需要煮熟且非常軟爛。（避免噎住）

看到這裡，部分父母會有疑問，沒長牙的孩子，怎樣咀嚼大塊的食物？孩子會不會噎住？

如果我們細心觀察孩子，就會發現孩子在五六個月的時候會對食物產生強烈的興趣（咀嚼嘴、流口水），雖然孩子還沒有長牙，但是他們的牙床非常有力。只要食物適合，他們就可以用牙床咀嚼。

如果孩子吃大塊的食物時作嘔，這其實是一種正常的咽喉保護機制，避免過大的食物吞進去，並不會對孩子的身體健康產生任何影響。

有研究顯示，在孩子發展出能夠準確抓住食物的能力之前，他們沒有咀嚼吞嚥的能力。

在沒有完全獲得這種咀嚼能力前，孩子會用牙床把食物咬碎，在口腔前部用舌頭攪動。他們不能有意識地把食物送到口腔後部進行吞嚥，而是會吐出來。在這個過程中，孩子會學習判斷，什麼食物嚥不下去，什麼食物咀嚼到一定程度後可以嚥下去。隨著孩子的咀嚼和吞嚥能力越來越強，他們最終會學會吞嚥進食。

■ 2. 輔食新增沒有一刀切，適合自己的最重要

根據家庭情況，可實行傳統餵養和 BLW 餵養相結合的方式。餵養沒有一刀切的方法，適合家庭和孩子的就是最好的。

比如：有些孩子自主能動性很強，對吃飯非常感興趣。那麼對於這樣的孩子，6 個半月時就可以給他嘗試大塊軟爛的食物。當然，在孩子 8 個月前，我們使用 BLW 的餵養方式，讓孩子自己吃東西還是比較難的，為了保證孩子能攝取足夠的營養，我們也可以同時給予孩子一些泥狀的食物，比如米糊、粗糧粥、優格等。

■ 3. 給孩子一把湯匙

當我們用湯匙餵孩子糊狀食物時，孩子可能會和你搶湯匙。那麼，我們在餵食的時候也可以給孩子一把湯匙，讓他自己試試看。在這個過程中，因為孩子已經有用手指抓食物的經驗了，用手使用工具的能力增強了，慢慢地可以更精準地用湯匙把食物送到自己的口中。

第三章　6～12個月，從自主探索中收穫自信心和掌控感

所有餵養方式的基本原則都是根據孩子的能力情況，滿足其基本的營養需求，不強迫孩子，用尊重和愛，讓孩子自主掌握進食的速度，獲得自主進食的能力。

■ 4. 讓寶寶成為「小吃貨」的三個原則

怎樣讓孩子成為「小吃貨」呢？以下有幾個小撇步：

(1) 給予孩子種類豐富的食物，豐富其味蕾體驗

讓孩子食用豐富多樣的食物能幫助孩子未來養成良好的飲食習慣，基本的原則是從一到多，營養搭配。孩子1歲前不給其食用新增鹽和調味料的食物，讓孩子感受食物本來的味道。孩子的味蕾早期接觸的食物種類越多，未來對不同味道的食物接納度就越高，適應性也越快。

(2) 逐一呈現食物，幫助孩子更專注地品嘗食物

在給予孩子食物時，我建議在餐盤上只放一兩種食物，並觀察一下孩子的反應，鼓勵他抓一抓、嘗一嘗。接著父母可以再給孩子提供另外一種食物。這樣做的好處是，避免孩子因看到太多種類的食物，而不知道如何選擇。

(3) 考慮食物的形狀，幫助寶寶更好地抓握和自主進食

以下這些食物能鼓勵孩子更好地抓取食物，積極進食：

◇ 煮熟或者蒸熟的蔬菜，切成條狀（如紅蘿蔔、櫛瓜、地瓜、南瓜）。
◇ 形狀和紋理有趣的食物（花椰菜、酪梨塊）。
◇ 柔軟熟透的水果（香蕉、梨、奇異果、桃子、煮熟的蘋果）。
◇ 軟爛的肉丸子或者煮得比較爛的雞肉。

- ◇ 粒狀的義大利麵，或者比較小段的軟爛麵條。
- ◇ 米飯握成小飯糰。
- ◇ 各種沾醬，用水果蘸著吃（煮熟的豆子和酪梨碾碎、番茄煮熟作為蘸醬）。

■ 5. 孩子出現「厭食」怎麼辦？

孩子對某種食物產生排斥，這是非常正常的現象。有研究顯示：孩子對一樣新的食物，需要嘗試 8～16 次才能真正接受這種食物的味道。

我們要用積極樂觀的心態，去面對孩子偶爾的挑食行為。

(1) 放下焦慮，不給孩子貼標籤，給予他們更多樣的選擇

孩子生來就有一套滿足其正常發育需求的精妙生理機制。也就是說，寶寶清楚自己想吃什麼，該吃多少。父母不需要刻意把孩子暫時不喜歡的食物去掉，可以透過多種方式「呈現」這些食物。

(2) 避免食用過多高糖分的零食

如果孩子不好好吃飯，我們也要考慮孩子平時攝取的食物糖分是否過高。許多零食中糖和鈉的含量都非常高，這種食物攝取多了，孩子消耗不了，就會影響其正常的用餐。

第三章　6～12個月，從自主探索中收穫自信心和掌控感

開始扔東西 —— 正確引導，了解事物的因果關係

手是心智的「抓握器官」。

—— 瑪麗亞・蒙特梭利

隨著孩子雙手的發展，他們的能動性越來越強。有些父母看到孩子喜歡扔東西，不知如何是好，應該由著孩子「破壞」，還是應該適當引導？孩子扔東西的背後，究竟代表著什麼？

其實孩子 3 歲前表現出的那些很「特別」的動作，絕不是偶然或一時衝動做出來的。這些動作是在「內在我」的引導下，為了做出正確的、有意義的行動而練習的過程。

很多孩子是在 5～7 個月的時候開始扔東西的。這個年齡層是絕大多數孩子新增輔食的時間，而許多孩子特別愛做的一件事就是扔湯匙。

> **小觀察**
>
> 　　有一次，7 個月的小西瓜在短短半個多小時的用餐時間裡，扔湯匙的次數達到了 13 次，直到父母將湯匙收走後他才結束了扔的動作。
>
> 　　每次吃輔食，他總愛把湯匙一把抓過來，放在嘴裡啃一啃，而沒一會兒工夫湯匙就被他扔到了地板上。如果你把湯匙撿起來給他，他會重複扔的動作。就這樣撿起來，扔下去，再撿起來，再扔下去，孩子可以樂此不疲地重複做下去。

■ 1. 寶寶扔東西的背後，蘊含著兩個我們看不見的祕密

(1) 扔東西是寶寶對因果關係的初體驗

孩子在扔東西的過程中，不斷地探索因果關係。美國兒科學會育兒百科中曾提出，孩子在 4～7 個月的時候，會開始理解一個重要的概念──因果關係。這階段的孩子透過某個偶然的機會，理解了這個概念。他發現在桌面上敲打某個東西，或者把東西丟到地板上可以引發身邊一連串反應。

孩子故意扔東西，就是為了讓你把它撿起來。這其實是孩子學習因果關係以及表達自己能影響周圍環境的重要方式。「看，我一扔，東西就掉下去了」、「我手一推，球就會滾動」。

(2) 孩子一邊扔，一邊調整動作以及發展創造性

孩子在反覆扔東西的時候，會發現：扔不同的東西，需要不同的力氣；扔不同的東西，會產生不同的效果。

有些東西輕輕一扔，就可以扔出去很遠，有些東西卻不行（重與輕）。湯匙「咣」的一聲掉在地板上了，是向下落，而不是向上飛（重力和地心引力）。積木扔到地板上會發出清脆的聲音，小球扔到地板上不會發出太大的聲音但是能回彈（硬和軟）。

孩子會在扔東西的過程中，學習觀察，學習認清事物之間的因果關係，自己與物品之間的空間關係，以及如何協調自己的身體做出動作使物品動起來等。

孩子在不斷地練習扔時，會用腦思考，用手學習，發展自己的運動計畫。在《伯克畢生發展心理學》中有這樣一句話，6 個月時，孩子以單

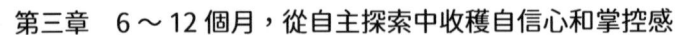

第三章　6～12個月，從自主探索中收穫自信心和掌控感

調的方式向下扔東西。18個月時，孩子扔的動作已經變得更精細且具有創造性。

孩子會把各種東西從臺階上滾下來，把一些東西拋向空中，把一些東西拋向牆壁讓其彈回來。他會輕輕放一些東西，重重放另一些東西。很快，他不再單純用物體進行操作，而是在行動之前進行思考。

因此，孩子在不斷地練習扔的過程中，會逐漸明白扔什麼東西會導致什麼後果，接下來要做什麼、不要做什麼。他們會開始發展邏輯思維，做出創造性的動作以及制定運動計畫。

■ 2. 三個要點，引導孩子正確扔東西

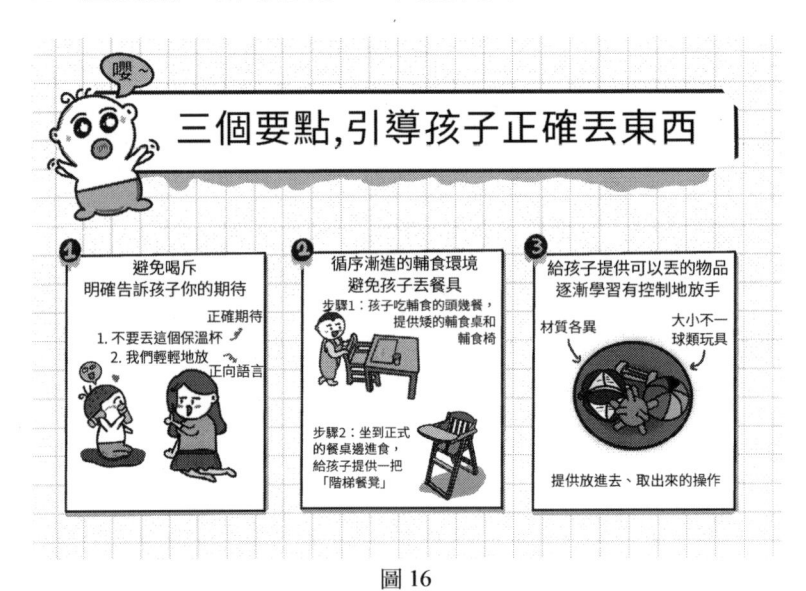

圖 16

（1）避免喝斥，明確告訴孩子你的期待

5～7個月的孩子剛剛嘗試到扔東西帶來的喜悅，此時扔東西對他們來說更多的是一種探索和學習，因此父母不需要禁止和喝斥孩子。

我們可以將危險的、易碎的物品暫時收起來。如果孩子正在扔一個你認為不可以扔的物品，比如一個保溫杯，那麼比起簡單地說「不要扔」，我們不如說出不能扔的物品的具體名稱，這樣可以讓孩子更容易理解我們的期待。

比如我們可以說：「不要扔這個保溫杯。」（表達正確的期待）「我們輕輕地放。」（使用正向語言）

(2) 循序漸進的輔食環境，避免孩子扔餐具

剛開始吃輔食的孩子，他們最經常扔的物品就是吃輔食要用的湯匙和碗。雖然孩子只是在探索，但是扔食物和餐具並不是我們所期待的。我推薦以下兩個方法，幫助孩子循序漸進地學習正確的餐桌禮儀。

◆ **孩子剛開始吃輔食時，為其提供矮的輔食桌和輔食椅**

這種輔食桌椅的特點就是低、矮。桌子的面板平而寬，可以相當程度上避免孩子因抓不住餐具，餐具向下掉落在地板上發出響亮的聲音，讓孩子把這件事當成遊戲探索。當然，使用這種輔食桌椅是在孩子能獨坐的前提下。

我們要把孩子的進食當作一件有儀式感的事情，進食不僅是孩子在補充營養，同時孩子也在學習餐桌上的禮儀和文化，以及學習在餐桌上如何與他人社交。使用這種低矮的輔食桌椅，孩子吃飽了之後可以自己起身離開，而不需要成人的協助。

孩子在這裡吃了幾次輔食之後，了解了餐桌上的禮儀，就可以到我們成人的餐桌邊和成人一起進食了。

第三章　6～12個月，從自主探索中收穫自信心和掌控感

◆ 到正式的餐桌邊進食，提供孩子一把「階梯餐凳」

這種餐凳一般是由木頭或者竹子製作的，易清潔。椅子上帶有1層或2層小階梯，孩子可以自由上下。

我們將階梯餐凳的蓋板拿起來，讓孩子靠近餐桌坐下，孩子可以和我們一起在餐桌上分享食物。

透過我的觀察，依次使用以上兩種方法，孩子在餐桌上扔食物、扔餐具的情況會好很多。

(3) 給孩子提供可以扔的物品，讓其更好地控制雙手

孩子把東西拿起來，又扔掉，不斷地要求父母將他扔掉的「玩具」撿回來，接著又扔掉。這個過程是孩子在不斷學習「按照自己的意願放開手指」。如果這項技能得不到發展，那麼孩子很難獲得一雙靈巧的手。

我們可以給這個階段的孩子提供材質各異、大小不一的球類玩具，讓孩子可以抓握，並學習放手將它們滾動起來。我們還可以給孩子提供「放進去、取出來」的遊戲。

孩子在扔的過程中，能夠使有目的的動作得到發展，學習控制自己的動作，讓自己的動作越來越精細化。慢慢地，孩子學會了控制雙手拿取、放下物品，甚至可以用小手抓取黃豆粒大小的物品。

手指越靈活，大腦神經通路建立得越強壯；而強壯的神經通路，能讓大腦釋放更精準的指令，讓我們做出更加精細、準確的動作。

透過不斷改善自己的動作，孩子會從獨立活動中獲得喜悅。

需要替孩子報早教班嗎？
—— 早期教育不是超前教育

教育，首先是關懷備注地、深思熟慮地、小心翼翼地去觸覺年輕的心靈。

—— 瓦西里・亞歷山德羅維奇・蘇霍姆林斯基

> 小測試
> - 孩子 5 個月了，是否該教孩子學坐？
> - 孩子 7 個月了，是否應給孩子報個親子游泳班？
> - 孩子 10 個月了，是否該教孩子學走路？

隨著社會發展，人們生活水準提高，各種早教班如雨後春筍般出現在人們的視線中。經常會有父母問我，如果家庭條件還 OK，需要替孩子報早教班嗎？問題之外伴隨的是父母的焦慮。

「周圍的同事和朋友都把孩子送去上早教課程了，搞得我很心慌！」不報早教班，是不是自己的孩子就落後了？是不是會錯過孩子成長的敏感期和關鍵期？會不會輸在起跑點上？

■ 1. 人們對早教班的兩大誤解

(1) 早教就是避免孩子輸在起跑點上

這個說法是錯誤的，孩子的成長掌握在孩子自己的手中。

有一些早教班，缺乏對孩子能力的觀察，在孩子很小的時候就讓寶寶靠著學坐。孩子的腰部力量還沒有完全發育好，坐不穩容易向兩邊

第三章　6～12個月，從自主探索中收穫自信心和掌控感

倒，坐久了還會焦慮和哭泣。後來孩子終於學會獨坐了，成人又開始架著寶寶學走路，最後卻發現孩子自己走的時候，平衡感不好，走不穩，容易摔倒。

無論是訓練孩子的體能還是認知能力，這些其實都是「超前教育」，並不是正確的「早期教育」。我們應該相信孩子，信任孩子能夠按照自己的節奏發展。每個孩子的成長節奏都不一樣。有些孩子 5 個月就會爬行，而有些孩子 8 個月才會爬，還有些孩子甚至到 10 個月才能爬得比較好，但是當他們成年後，你看不出任何差別，他們都能很好地行走。

小案例

女兒 2 歲的時候，我曾帶她去上過體能課程。課程裡有一個「寶寶吊單槓」的活動，每次參加這個活動，女兒總往後躲，一直喊著「不要，不要」。

我知道女兒屬於比較慢熱、適應性比較弱的孩子，所以也沒有勉強她。但是已經上了五六節課，孩子仍然不願意嘗試。老師也在一直鼓勵她。

慢慢地，當我看到其他的孩子做得很好，所有人都替他們鼓掌時，我也產生了困惑：為什麼其他的孩子可以做到，而我的孩子卻做不到呢？

孩子對父母的消極情緒是非常敏感的，女兒很快也感受到了我的焦慮，再加上在這個環境下人們給予的高期待，女兒更加不願意去上這個課程了。

這個案例說明了，如果早教的課程不以孩子具體的能力為導向，不能做到因材施教調整難度，那麼「高期待－低能力」的狀況必然會對教育

孩子產生反效果。

好的早教啟蒙課，能夠建立孩子的安全感，促進孩子之間的交流，最重要的是能幫助我們與孩子建立良好的親子關係。而不是為了讓孩子贏在所謂的「起跑點」上，機械化地完成某一個死板的目標。

只要我們為孩子提供豐富的生活環境，給予孩子自由移動的空間，他們自然可以習得這些技能。孩子的發展具有個體差異，節奏快一些或是慢一些，都是孩子自己決定的。孩子的內心深處有一位老師，指導他們什麼時候會做什麼事情。

我們必須要謹慎地挑選早教課程，尤其是一些專門訓練嬰兒某方面技能的課程，比如游泳課、音樂課、舞蹈課、體操課等。這些課程對老師的觀察能力以及老師的判斷能力要求比較高，如果老師不能根據孩子的情況因材施教，很容易就會變成「訓練」孩子。當老師設定的目標太高，又不能靈活調整時，孩子和父母會很容易焦慮，這反而不利於孩子的健康成長。

(2) 早教班主要是教父母

早教班的主要教學對象是父母和照料者，早教班最大的意義在於父母找到了一個良好的社群組織，多了一個管道能和專業人士以及同年齡層的爸爸媽媽們進行交流。

有時候我們會在養育孩子的過程中遇到難題而產生焦慮，而其他同年齡層的孩子的父母可能也會有類似的困惑。大家多交流、多探討也就沒那麼焦慮了。

當我們和孩子在早教班時，我們會預留出時間，陪伴孩子盡情玩耍。這也就相當於創造了一個非常有效的親子互動時間。

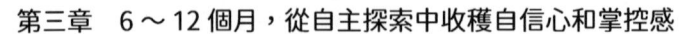

第三章　6～12個月，從自主探索中收穫自信心和掌控感

那麼我們可以在早教班裡具體學習什麼呢？

◇ 學習如何觀察孩子的行為，判斷孩子的喜好；
◇ 學習如何在家和孩子開展適齡的、同類型的遊戲；
◇ 學習小朋友之間發生衝突和爭執的時候，作為父母應如何引導。

當然，這些知識並不一定要從早教班裡獲取，早教班只是獲取早教知識的其中一個管道。孩子的成長是建立在父母的自我成長之上的，對孩子進行的所有教育，都是父母思想的展現。即使我們選擇了早教機構，我們也不應該把希望全部寄託於此，而是要更多關注自我的實踐以及自我的成長。

2. 選擇早教中心要考慮的兩個方面

如果經濟條件允許，我們當然可以和孩子一起去上早教課。我們可以透過考察早教中心，為孩子選擇更適合其發展的早教課程。總體來說，我們考察的方面主要有兩點，早教環境和對兒童的友好度。

(1) 早教環境

關於早教環境我們主要考察以下兩個方面：

◆ 光線、通風和格局

比如：教室光線是否充足，教室裡是否有窗戶可以通風。教室的吊頂高度要適中，如果太高，孩子找不到在教室裡的定位，容易沒有安全感，也增加了孩子在教室裡跑動、坐不住的機率。吊頂如果太低，又容易讓孩子感到壓抑。

◆ 衛生和安全性

考察早教中心使用的器械和玩具是否符合國際安全標準和認證，了解早教中心的消防安全防護措施是否符合當地相關部門的要求。如果早教中心提供餐點服務，我們還需要考察其是否有準備餐點的資格等。

(2) 對兒童的友好度

對兒童的友好度是我們篩選早教班的一個非常重要的方面。友好度看不見也摸不到，具體要如何衡量呢？我們可以根據幾個具體的情況來做出判斷。

表 11

人的環境
・寶寶享受和我們的互動嗎？（如上音樂課的時候，他是否享受跟我們一起唱唱跳跳以及聽音樂？上運動類課程時，寶寶是否開心地練習翻跟斗、在沙發的墊子上爬來爬去、在走廊裡來回奔跑？）
・這門課會讓寶寶感覺感官疲勞嗎？（太吵、人太多）
・老師尊重孩子嗎？
・老師是否能提供寶寶、父母循序漸進的指導？
對兒童的友好度
・寶寶可以自主活動嗎？
・寶寶不會被期望去做那些別人認為有意義的事情吧?
・寶寶能夠自己選擇做什麼、什麼時候做以及怎麼做嗎？
・環境裡的人在幫助孩子做完全超出他能力值的事情嗎？

第三章　6～12個月，從自主探索中收穫自信心和掌控感

對兒童的友好度
・環境裡陌生的工作人員看到寶寶會打招呼嗎？
・環境的設計是否能鼓勵孩子自己做事情？

如果以上十點，有七八個甚至更多都是正面的回答，那麼恭喜你！你可能找到了一個特別適合孩子的早教班。

當然，早教並不是什麼高大上的課程，更不是揠苗助長的超前教育，而是我們和孩子生活的點點滴滴。

瑪麗亞・蒙特梭利曾說：「兒童應該得到成人的愛，但不是得到成人忙於生活所殘餘的愛。」在父母教育孩子以及與孩子相處中，早教班只是提供了一個管道，給予孩子更多父母的陪伴。在此過程中，父母學習更細緻地觀察孩子，更耐心地陪伴孩子。而父母所做的這一切，都會回歸到父母的自我成長中。

要不要和孩子說「寶寶語」？
—— 正確的語言啟蒙，寶寶會照單全收

> **小測試**
>
> 以下哪種說話方式是「寶寶語」？
> A.「寶寶，到時間吃飯飯、洗澡澡、喝ㄋㄟㄋㄟ、睡覺覺囉！」
> B. 誇張地模仿寶寶發出的聲音。

我們和小寶寶玩耍的時候，經常會情不自禁地變得「可愛」起來：說話時音調變高、語速變慢、面部表情變化明顯。有時我們甚至會模仿寶寶的聲音，發出一些沒有具體含義的語音。這樣的「寶寶語」似乎更能吸引寶寶的注意力，常常逗得他哈哈大笑。

而看到寶寶露出快樂的神情，我們就像接收了一個積極的訊號，促使我們繼續發出誇張、有趣的聲音和寶寶互動。

■ 1. 寶寶語：充滿熱情的說話方式

有些父母擔心，使用寶寶語和孩子說話，尤其是說奶聲奶氣的疊字（吃飯飯、睡覺覺、喝水水）會讓寶寶學習了錯誤的說話方式，以後再要糾正過來就麻煩了。

說到這裡，我們就不得不提孩子語言學習的兩個階段了。

(1) 前語言階段（出生～1歲）

在寶寶學習說話之前，需要經歷一個比較漫長的準備階段，我們把這一階段稱為前語言階段，通常是從寶寶出生到他能說出第一個有真正意義的詞為止。當寶寶能說出第一個能夠被別人聽懂的詞時，才正式進入語言階段。

在前語言階段，寶寶語言啟蒙的重點就是我們用充滿熱情的說話方式和寶寶交流，刺激寶寶產生與我們溝通的欲望，我們用孩子可以聽懂的方式、喜歡的方式和他們進行交流，對孩子來說是很重要的。事實上，很多咿啞學語是沒有具體的語言含義的，然而，刺激孩子產生溝通的欲望對孩子未來用語言進行表達能發揮至關重要的作用。

第三章　6～12個月，從自主探索中收穫自信心和掌控感

(2) 語言階段（1～3歲）

這個階段是寶寶語言表達飛速期，他們每天都會說出新的詞彙，學習語法並開始說出完整的句子。

語言的學習是孩子從吸收到表達的過程，前語言階段產生了非常重要的作用。如果寶寶在前語言階段，能受到足夠多的語言刺激，處在豐富的語言環境下，那麼在語言階段寶寶的表達會更出色。

因此，在孩子1歲之前的前語言階段，語言啟蒙的重點是刺激孩子產生與我們溝通的欲望。在這個階段疊字並非不可以使用，但我們應該把重點放在如何讓孩子產生溝通的欲望，以及交流時愉快的氛圍上。音調高、語速變慢、面部表情更明顯，這些都能讓寶寶對說話這件事產生興趣，並且學習成為一個交流者。

而到孩子1歲之後，他開始說出別人能聽懂的詞，孩子不斷地吸收環境裡的語言並學著表達。此時，我們在環境中正確地使用語言變成了重點。孩子就像複讀機一樣，你說什麼，他便說什麼。那麼在這個時候我們應該注意不要過多地使用疊字，盡量使用完整的、豐富的語言與寶寶溝通。

一篇針對幼兒疊字使用的論文提到：「在不同的年齡階段，疊字對兒童語言發展的影響也有所不同。大量疊字的輸入有助於1～2歲兒童的語言習得，但會阻礙2歲以後兒童的語言發展。」

當孩子能夠使用更正式的語言表達自我的時候，疊字就應該慢慢退出「舞臺」。

■ 2. 前語言期，語言啟蒙四大原則

前語言時期的語言啟蒙四大原則

給予刺激、形式多樣
- 生活中的口語
- 有旋律的歌謠
- 朗朗上口的詩詞
- 繪本裡的文字

放慢節奏、敘述活動
讓寶寶看到嘴巴如何發聲
對寶寶描述我們的活動

認真傾聽、不刻意糾正
寶貝，你是要讓媽媽拿玩具小刀給你嗎？
小膏

表現「共同注意」
寶寶在看花嗎
這是鬱金香哦

圖 17

（1）給予刺激、形式多樣

語言刺激模式不僅是生活中的口語，還包括有旋律的歌謠、朗朗上口的詩詞，以及繪本裡的文字。孩子逐漸明白，即使書面語言和口語表達的意思是一致的，但是用詞的分量和感覺並不相同，加入了旋律的歌謠更加悅耳動聽，並且更容易被記住。

(2) 放慢節奏、敘述活動

和寶寶說話的時候語速慢一些，讓他看到我們的嘴巴是如何發出聲音的。向寶寶敘述我們的活動，比如：在洗澡、吃飯或娛樂時，告訴寶寶你在做什麼。給寶寶唸書，並和他講書中敘述的事情。

我們還要學習看著孩子的眼睛說話，溝通並不僅是口語的交流，還是情感的流動。

(3) 認真傾聽、不刻意糾正

孩子有些時候說話並不標準，他可能會把「小刀」說成「小膏」，這是很正常的現象。不要刻意地糾正甚至取笑孩子，這會打擊他的自信心和說話的欲望。我們只需要說出正確的讀音即可。比如：「寶寶，你是讓媽媽拿玩具小刀給你嗎？」

(4) 表現「共同注意」，創造交流的氛圍

寶寶4個月左右，開始會表現出「共同注意」，目光會朝向成人所看的地方。我們可以追蹤寶寶的視線，告訴他們看見的東西是什麼。

這種「共同注意」能有效地創造交流的氛圍。比如：「寶寶在看花，這是玉蘭花。」這能幫助孩子更有效地做出有意義的動作（如用手指）、更快地說出相對應的詞語。

第二節　8個錦囊，有掌控感的寶寶更自信

開放式的小矮櫃和活動空間
—— 讓寶寶有自主學習的「地板時間」

很多父母都喜歡給寶寶買玩具，隨著家裡的玩具越來越多，父母的困惑也隨之而來。家裡的玩具多到已經能夠堆成一座小山了，但是孩子喜歡玩的卻寥寥無幾。孩子每次玩的時候也並不專心，隨便擺弄一下就沒有興趣了。

大家有沒有想過，如果我們稍微控制一下玩具呈現的數量，並對玩具擺放收納的方式稍做調整，可能會呈現完全不同的效果。我非常推薦大家使用開放式的小矮櫃。

■ 1. 小小矮櫃，大大用途

蒙特梭利矮櫃一般為2層或是3層，根據不同的使用場景，有一些矮櫃背部有背擋，有一些則沒有。與絕大多數抽屜式收納櫃不同，蒙特梭利矮櫃更為開放，寶寶可以很容易地看到櫃子裡放置的物品。

我們一般將矮櫃放置在寶寶日常活動的區域裡，配上軟硬適中的地墊，方便孩子在這個小小的「地板空間」裡活動。如果家庭的空間有限，也可以利用電視櫃充當矮櫃（需移走多餘的物品）。

第三章　6～12個月，從自主探索中收穫自信心和掌控感

使用蒙特梭利矮櫃，會帶來三點好處：

(1) 幫助寶寶自主選擇想要玩的玩具

我們給予寶寶開放式矮櫃，代表著我們對寶寶能力的肯定和尊重。我們讓寶寶自己做選擇，讓他們根據自己的興趣去挑選自己想玩的玩具。

矮櫃的高度對寶寶非常友好，孩子可以自主地扶著矮櫃進行水平移動，拿到自己想要的物品。這不僅能鍛鍊寶寶的體能，也能讓寶寶更加獨立和自信。

(2) 更好地培養寶寶的秩序感

瑪麗亞・蒙特梭利曾說，0～4歲的孩子，正處於秩序感發展的關鍵期。由此可知，孩子的秩序感是自小開始，從生活中的點點滴滴進行培養的。一個有秩序的環境，可以幫助孩子更好地認識事物、熟悉周圍的環境。開放式矮櫃上的每個玩具都有其固定擺放的位置，散亂的小玩具可使用一個小托盤或籃子裝起來。這樣不僅有序、美觀，還可以鼓勵寶寶每次玩完後物歸原位，幫助寶寶從小養成獨立自主收拾玩具的好習慣。

(3) 讓寶寶更專注玩耍

對於低齡的孩子來說，他們「有意注意」和「持續專注」的時間要比成人短得多。如果一次性呈現太多的玩具，反而會干預孩子對單一玩具的深度探索和玩耍。

■ 2. 三個原則讓寶寶玩耍更專注

圖 18

(1) 物品少而精，根據孩子的月齡逐漸增加玩具的數量

我們可用少量而精美的玩具，代替大量的、品質一般的玩具。根據我的實踐經驗來看，在這樣的方式下寶寶玩耍得更專注。

一般來說，每一層矮櫃可以放置 4～5 個寶寶的玩具，整體不要超過 12 個。

當然我們也可以根據寶寶的月齡來決定玩具的數量。比如：寶寶 8 個月的時候，矮櫃上放置 8 個玩具，然後每一個月增加一個玩具。寶寶 1 歲之後，我們可根據孩子的情況擺放玩具，但不要一次性擺放過多，最好不超過 12 個，其他多餘的玩具可以暫時存放起來。

第三章　6～12個月，從自主探索中收穫自信心和掌控感

(2) 根據孩子的能力和興趣進行動態調整

孩子其實並不需要那麼多的玩具，他更需要的是成人有意識的觀察和陪伴。在陪伴孩子時，我們需要觀察，這個玩具的難度符合孩子的能力嗎？孩子對這個玩具感興趣嗎？該玩具是否可以激發孩子自主動手探索？然後根據觀察到的情況進行動態調整。

太簡單的玩具，由於缺乏挑戰性，孩子玩得並不專心，甚至一兩週都不會拿起來玩耍。這個類型的玩具，我們可以先收起來，看看孩子會不會來找。如果一兩週後孩子也沒有來找，我們可以和孩子溝通，將玩具清理或者送人，並補充新的玩具。這樣一來，孩子對玩具始終能保持一定的新鮮感，可以發展其持續專注玩耍的能力。

對於難度太高、不符合孩子認知和抓握能力的玩具，孩子玩耍時容易產生挫敗感。這類型的玩具也可以暫時收起來，過段時間再拿出來，效果會大不同。

(3) 選用環保、經濟的教具和玩具

矮櫃上的物品盡可能地選用天然的材質，比如木製的、銀質的。家庭環境中也沒有必要購買太昂貴的、托育中心裡採購的教具，因為低齡的孩子對物品感興趣的時間是很有限的。

我們可以使用家庭中常見的小物品作為孩子探索的玩具。比如：清洗乾淨的寶寶乳液瓶子，孩子可以練習開啟和關上蓋子；在鞋盒上挖一個小洞，孩子可把東西放進去或拿出來；用收納廚房紙巾的長棍子底座，配合幾個木環當套圈使用等。

「一豎一橫」── 看，我是這麼站起來的

你要教你的孩子走路，但是，應由孩子自己去學走路。

── 拉爾夫・沃爾多・愛默生

我們曾提到在孩子活動墊的旁邊放置一面橫著擺放的鏡子，可以幫助孩子更好地進行自我探索。寶寶還處在俯臥、仰臥、翻身、爬行和學坐階段的時候，橫著的鏡子可以讓寶寶看到更廣闊的空間，滿足其擴大視野的需求。

然而隨著寶寶的發展，原有的環境已經不能滿足孩子的需求。比如：寶寶會開始想拉著物品站起來，或者已經有扶著物品走路的行為。

我們可以運用「一豎一橫」的方法，對原有的環境進行調整，創造更適當的環境，以滿足寶寶的需求。

■ 1.「一豎一橫」，幫助寶寶學步

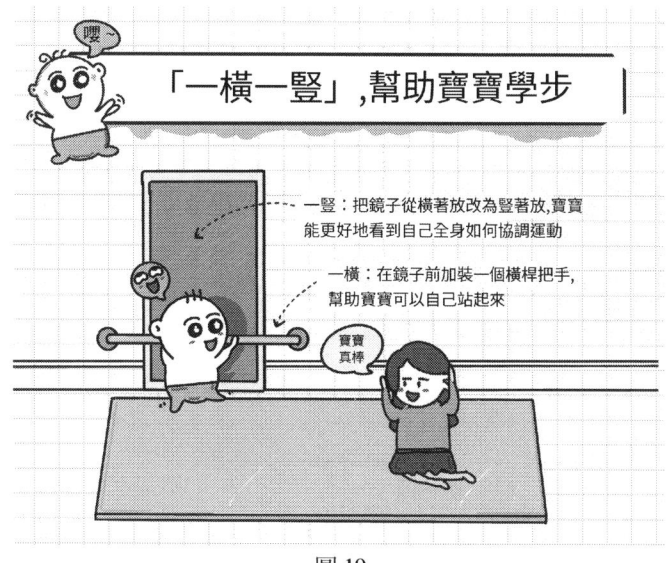

圖 19

(1) 一豎：把鏡子從橫著擺放，改為豎著擺放

我們將鏡子從原有的橫著擺放調整為豎著擺放，可以讓寶寶更好地看到自己是如何協調身體進行運動的。這可以幫助孩子對運動有更清晰的認知，做出更好的運動計畫。

(2) 一橫：在鏡子前加裝一個橫桿把手

一旦寶寶「解鎖」了站這個技能，那麼他能扶著的所有物品，如架子、桌子、沙發椅子的邊緣、茶几等全部會成為他扶物站立的「借力工具」。

寶寶不斷重複動作，是為了獲取新技能。因此，在家庭環境中，我們可以在鏡子前設定一個橫桿把手，幫助寶寶自己站起來。寶寶可以在鏡子前觀察自己是如何拉著物品站立的，這不僅可以幫助寶寶認識自己的身體，同時也可以增加寶寶重複練習動作的趣味性。當他看到鏡子裡的自己做出同樣站立的動作，就像一個積極的訊號，鼓勵他重複練習這個動作。

橫桿把手很適合寶寶用手抓握，他可以學習向左或向右平行扶著走。當他有了平行移動的經驗，會更加順利地過渡到獨自站立和學步。

■ 2. 做好這四點，寶寶學站更順利

(1) 購買安全的鏡子，並非常穩固地固定在牆上

購買兒童使用的安全鏡子，在鏡子的背面貼上美工膠紙，可以避免鏡子不小心被打碎後，有細小的碎片掉出。同時，鏡子需要十分穩固地固定在牆上。

(2) 把手不宜太粗，以寶寶的小手能以 C 字形抓握為宜

把手可以選擇木質的或者不鏽鋼的。如果是木質的，需要確保包面已經被打磨平整，光滑不刺手。和鏡子一樣，把手一定要確保被穩固地固定在牆上。

(3) 當孩子還不會站立時，不要人為地將孩子的手放在橫桿扶手上學站

我們安裝橫桿扶手並非是要訓練孩子學站。事實上，我們無法教會孩子學習站立，這個技能是孩子自己摸索出來的。安裝方便寶寶抓握站立的把手，只是我們對環境的預備以及對寶寶練習的動作的輔助。

(4) 避免在橫桿把手上放置玩具

剛學步的孩子走路還不太穩，他們還在學習如何平衡自己的身體。如果在橫桿把手上放置玩具，孩子或許會將注意力放在玩具上，為了拿到玩具而移動身體。

這樣容易妨礙孩子本身對「扶站」和「扶著走」的專注探索，而且一手拿玩具，一手抓把手，對剛剛開始學步的孩子來說容易失去平衡，增加摔倒後玩具打到自己的風險。

寶寶大動作的學習，是從簡單到複雜的過程。準備符合寶寶動作發展的環境，是對他們成長的輔助，這會讓他們在「解鎖」新動作的過程中獲得自我肯定。這種生理上的自信，會逐漸轉化為心理上的自信。他們會相信自己是一個有用的人，並且帶著這份自信去「解鎖」更多新技能。

第三章　6～12個月，從自主探索中收穫自信心和掌控感

加重的小推車 —— 我開始學走路了

當寶寶會扶物站立和扶著物品水平移動時，會迫不及待地向更寬廣的世界移動和探索。對寶寶來說，向左或者向右平行移動是遠遠不夠的，他會想朝更多的方向行走。

這時，一個有一定重量、穩固又能幫助寶寶移動的小推車就是很好的輔助工具。

■ 1. 小小的推車，帶寶寶去任意方向

市面上的寶寶小推車形態各異，有木質的、塑膠的，有一些推車上面還有音樂按鈕、互動遊戲。我個人認為，選擇木質的、功能單一的小推車效果更佳。

因為木質的推車質感更好，也比較穩固，沒有花俏的外觀和比較多餘的裝飾。小推車有太複雜的功能會模糊寶寶使用推車的焦點。我們提供寶寶小推車，最主要的目的就是讓寶寶不用藉助大人的手，可以自由地移動到自己想去的地方。

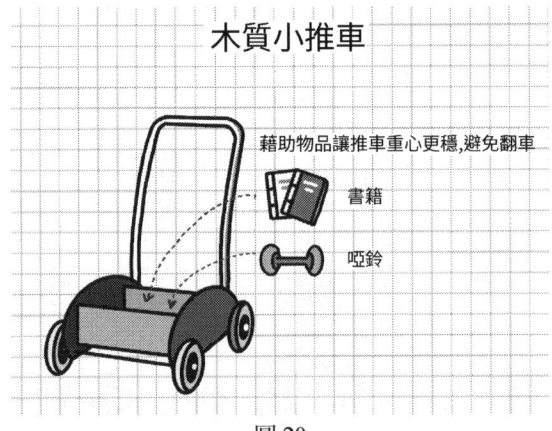

木質小推車

藉助物品讓推車重心更穩,避免翻車

書籍

啞鈴

圖 20

使用中間鏤空的小推車是不錯的選擇，我們可以在推車裡面放入比較重的書籍或啞鈴，讓推車的重心更穩固，避免出現翻車的情況。寶寶可以將一些物品放進去、拿出來，還可以把推車從一頭推到另外一頭。寶寶非常喜歡這樣「繁忙」的小遊戲。在這個過程中，寶寶的動態平衡力能夠得到鍛鍊，這也為他獨立行走奠定堅實的基礎。

　　我們可以將家裡的活動墊移除，開拓一定的空間讓寶寶推著小推車學步，在暖和的天氣，給寶寶提供赤腳走路的機會。這樣可以使寶寶腳底的肌肉得到更多的刺激，獲得更多感官的鍛鍊。我們也可以帶寶寶去平坦、安全的戶外，讓其感受更廣闊的空間和大自然的美妙。

　　在寶寶推動小車時，需要注意給寶寶穿上合適的衣物，太緊太厚的衣服不利於寶寶自由活動身體。

一把椅子 ── 學習自己換衣物

　　當寶寶能夠獨坐之後，換洗臺就不再適合寶寶使用了。換洗臺的高度一般在大人的腰部上下，這樣的設計方便大人不用彎腰就可以完成幫寶寶換洗的工作。但是隨著寶寶的行動能力增強，我們在換洗臺上幫寶寶換洗衣物，寶寶會有從高處掉下的風險。

■ 1. 一把椅子，讓寶寶變得更獨立

　　我們可以把換洗臺替換成一把小椅子。這把椅子的高度是適合孩子的，有一個小靠背，椅面足夠寬敞。當寶寶穩穩地坐在上面時，他的腳趾可以觸碰到地板，不至於懸掛在空中。我們可以將這把小椅子放在以前給寶寶換洗衣物的換洗臺附近，在他需要換尿布或者尿布的時候使用。

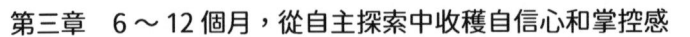

第三章　6～12個月，從自主探索中收穫自信心和掌控感

寶寶可以穩穩地坐在椅子上，自己把褲子脫下來。剛開始寶寶可能做得並不是很好，需要我們的輔助。但是沒有人一開始就能很好地完成一件事情。孩子只是需要我們提供一個環境，讓他們可以不斷地去鍛鍊，並在這個過程中習得技巧和能力。事實上，如果我們給寶寶提供必要的幫助，他們就可以做得十分出色。他們也會因此認為自己是一個非常能幹的人。

在椅子的周圍，我們還可以準備幾樣小物品：

◇　裝髒衣物的髒衣籃；
◇　帶蓋子的垃圾桶；
◇　孩子可以自己拿到的乾淨衣物和尿布。

為了讓寶寶可以更好地參與進來，我們要盡量為寶寶選擇簡單、寬鬆的衣褲，以便孩子坐在椅子上可以練習自己穿脫。避免讓孩子穿著連體褲、牛仔褲等難以穿脫的衣物。我們還可以鼓勵寶寶將換下來的衣物和尿布自己放入髒衣籃和帶蓋的垃圾桶裡，在這個過程中，寶寶能學習如何照顧自己和照顧環境。

寶寶的智力發展不取決於某一個玩具或者活動，而取決於人際互動、遊戲玩耍，以及像換衣服、如廁訓練和餵食這樣的生活小事。寶寶越能自主參與進來，他就越能感受到尊重，也就更願意和我們一起合作，這也為寶寶後續能夠順利學習如廁奠定基礎。

自製蒙氏「物體恆存盒」
—— 間接理解「看不見媽媽，不代表媽媽消失」

如果我們把玩具用毯子蓋住，8～12個月的孩子可以有目的地移開毯子，並抓住玩具。「移開」和「抓住」這一系列的動作圖示，被著名教育學家讓‧皮亞傑認為是孩子解決所有問題的基礎。他們會反覆練習這項技能，讓動作更加熟練且精確。

孩子能找到藏起來的物品，這也是孩子認知的更新——了解「客體永存性」的概念。這個概念讓寶寶了解事物消失了並不代表不存在，明白父母暫時的離開並不是拋棄他，父母還是會回來的。

蒙特梭利教具中有許多類似的「物體恆存盒」。例如：一個木質的盒子，上面有一個小洞，將小球塞進洞裡，讓孩子感受小球消失了，接著從盒子中拿出小球，讓小球重新出現在孩子的視野範圍內。這樣的小遊戲不僅可以增加孩子的認知能力，讓他們了解「看不見的東西不代表不存在」，以此減少他們與父母暫時分離的危機焦慮，同時可以讓他們的雙手更靈活，以更加積極的狀態與環境互動。

■ 1. 自製一個簡易版的「物體恆存盒」

市面上可以購買到很多現成的「物體恆存盒」，我們也可以用日常生活中的小物品進行改造。小年齡層的孩子保持專注的時間很短，他們玩耍的時間並不長，因此自製一個「物體恆存盒」是一個不錯的選擇。

適用年齡：8個月左右，孩子能獨坐。

材料：一個鞋盒、幾個木球和膠帶。

第三章 6～12個月，從自主探索中收穫自信心和掌控感

製作步驟：

◇ 將鞋盒倒扣，用鞋盒蓋當托盤。
◇ 將鞋盒的右側裁去 1/3。
◇ 在留下的鞋盒底部，裁剪出與球大小相當的圓洞，使球可以順利透過。
◇ 將裁剪好的鞋盒以及鞋盒蓋用膠紙黏好。
◇ 用一個硬點的卡紙，在鞋盒裡做一個向下的小斜坡，使球投入鞋盒時可以滾動到鞋盒蓋上。

如此，孩子就可以看到球從消失到重新出現的過程。

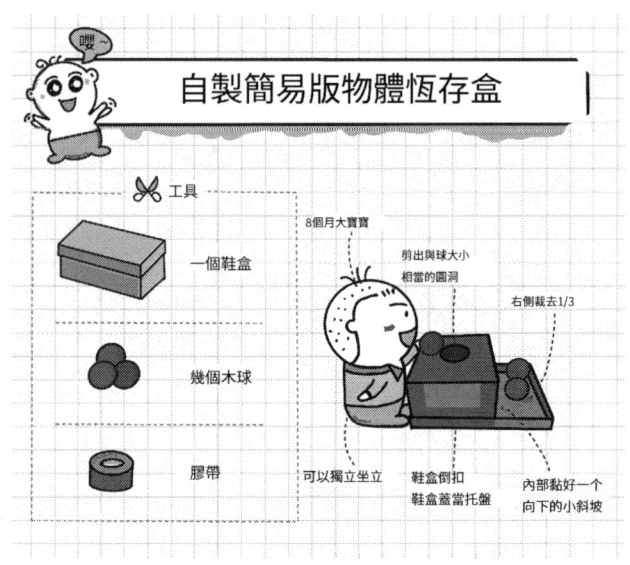

圖 21

　　生活中常見的面紙盒也是一個很好的「物體恆存盒」材料，只需要在紙巾盒的一個側面剪開一個「門」即可。寶寶會很欣喜地開啟「小門」，找到被藏起來的小球。

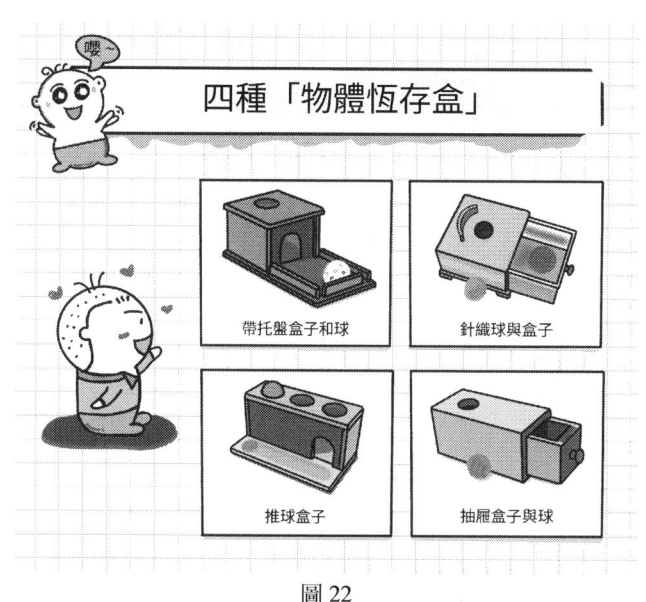

■ 2. 四種市售的「物體恆存盒」，給孩子更多元的挑戰

圖 22

市場上的「物體恆存盒」款式多樣，一般來說頂部都會有一個小洞，或者帶有一個抽屜。小球落入洞口後，需要寶寶用手拉出抽屜才可以拿出小球。這能發展寶寶的雙手協調配合能力。

同時，寶寶知道玩具在櫃子裡面，拉開抽屜的動作是一種記憶能力的展現，他記得有小球在裡面。

當寶寶探索了一段時間後，我們還可以更換不同材質的球體，提高寶寶的興趣和持續專注探索的能力。比如把木球換成針織球，或者更換針織球的顏色，提供更多數量的球等。

第三章　6～12個月，從自主探索中收穫自信心和掌控感

自製蒙氏玩具「開和關」 ── 好奇寶寶更有自信和掌控感

或許你會注意到，我們的好奇寶寶已經開始對櫃子、開關等產生了濃厚的興趣。櫃子一拉開，就可以看到琳瑯滿目的生活用品；開關一按，燈就開啟（關上）了。真好玩！寶寶翻箱倒櫃，樂此不疲。

■ 1. 給孩子一把鑰匙

我們用一條漂亮的絲帶串上鑰匙，掛在房間的門上或者櫃子的鎖銷上，給寶寶示範如何把鑰匙插進鎖芯裡。絲帶的長度不要太長，避免產生帶子纏繞寶寶脖子的風險。當寶寶能扶著門站起來的時候，剛好能夠到鎖銷。鑰匙對準鎖芯，插進去，再拔出來，重複多遍。對寶寶來說這是一個非常有趣的活動。

一般來說，1歲前的寶寶還不會360度轉動鑰匙把門鎖上，但是寶寶在做這個遊戲時，爸爸媽媽還是需要陪伴在寶寶的身邊，避免出現意外。

■ 2. 開啟我的「潘朵拉盒子」

給寶寶準備一個小籃子，裡面放入4～5個可以開啟和關上的物品。比如：使用完的乾淨的口紅盒子、帶有小拉鍊的首飾袋、迷你的小木盒等。我們給寶寶示範用一隻手扶住物品，另外一隻手開啟，看看裡面有什麼，然後再將物品關上。

寶寶在重複開和關的動作時，可以很好地鍛鍊手指和手腕，讓它們更靈巧，以此讓寶寶獲得一種掌控感。而開啟和關上一件物品，其形態是不一樣的，這會讓寶寶覺得自己的動作可以對外界產生積極的影響。

當寶寶從籃子裡拿出物品時，我們還可以說出物品的名稱。如此，還可以加強寶寶對物品的認知，以及提高寶寶的口語表達能力。

觀察寶寶的行為和興趣，適當更換籃子裡可以開啟和關上的物品，保持寶寶對這個遊戲的興趣。

寶寶透過協調自己的雙手，從心理上了解到自己可以使用雙手改變環境。這對孩子心理的衝擊是非常強烈的。想像一下，如果我們現在還可以有這種心理衝動，那麼我們可以更積極地探索世界。

當然，我們為孩子提供這些遊戲，主要目的並不是讓寶寶專注玩很長時間，而是幫助寶寶獲取動作技能。當他習得了這些技能後，可能很快就會失去興趣，但是他可以將這些技能運用在日常的生活中。比如：把吸管插進牛奶裡，讓自己可以喝到牛奶；開啟蓋子，取到裡面的物品。他會逐漸變成一個有能力、獨立、自尊又自信的人，而這些，就是我們給予孩子成長的輔助。

坐上爸爸媽媽的「小飛機」—— 親子感覺統合體驗

我認為，父母和孩子之間的有愛互動，是世界上最幸福的體驗。

■ 1. 親子「小飛機」

我們在地面鋪上一塊運動墊，和寶寶面對面坐下，將寶寶舉起，接著順勢躺下並將寶寶舉到上方，握著寶寶的腋下保持平衡，讓寶寶趴在我們的小腿上，然後我們輕輕地上下襬動膝蓋。注意在這一過程中，我們和孩子要保持眼神交流。隨著我們上下輕微的擺動，會刺激寶寶的前

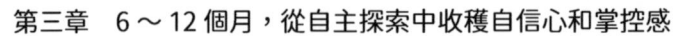

第三章　6～12個月，從自主探索中收穫自信心和掌控感

庭系統，鍛鍊孩子的身體平衡力，並讓寶寶感到愉悅。

和抱著孩子走動不同，「小飛機」上下搖擺的形式更富有親子娛樂性，當我們做這個遊戲時，我們和孩子四目相對，我們的雙手、雙腳都參與到和他玩耍的過程中。因為沒有手機、電子設備的干擾，我們很容易就能創造出一個輕鬆愉快、無拘無束的氛圍，增加親子之間的親密感。

■ 2. 加入音樂和動作，獲得更多響應和互動

我們還可以給孩子更多的響應和互動。在遊戲中加入歌謠是一個很好的方式。而四四拍的歌曲和沒有旋律的念謠，因為朗朗上口，且節奏穩定，很適合小年齡層的寶寶作為語言啟蒙和親子互動遊戲。

> **唸唱歌謠〈我飛得很高〉**
>
> 　　我是一個小寶寶，飛得高又高。
> 　　地板怎麼上天了，天空顛倒了。
> 　　我像小鳥和蝴蝶，飛得高又高。

唸唱一首小歌謠，可以讓氣氛變得更好，鼓勵寶寶更好地和我們互動。當寶寶發出聲音並揮動自己的小手時，別忘記保持延伸交流，積極回應寶寶。

我們還可以在歌曲結束後給寶寶一個驚喜的結尾：將我們的小腿伸直、抬高，握著寶寶的腋下讓寶寶慢慢地滑落在你的胸前。

放進去和拿出來 —— 我的小手真能幹

寶寶會把框子裡的玩具全部拿出來,再放進去,再拿出,再放進去……反反覆覆擺弄玩具很多遍。寶寶進入了動作敏感期,透過不斷做出動作學習確定空間的「裡面」和「外面」。隨著寶寶的小手越來越靈巧,我們可以提供孩子更多符合他們能力的小遊戲,讓他們玩耍時更專注。這些手部遊戲能為寶寶日後書寫、閱讀、獨立做事情打下基礎。

我推薦兩個遊戲,投入式遊戲和套入式遊戲:

■ 1. 把東西投進去 —— 投入式遊戲

投入式遊戲,是指寶寶使用小手將一個或若干個小物品投入一個小容器裡的活動。讓寶寶感受到移動物品的樂趣,同時慢慢學習瞄準和有控制地放手。根據這一重點,我們可以在家庭生活中利用一些常見的小物品,隨時隨地開展這樣的活動。

三種自製的投入式遊戲

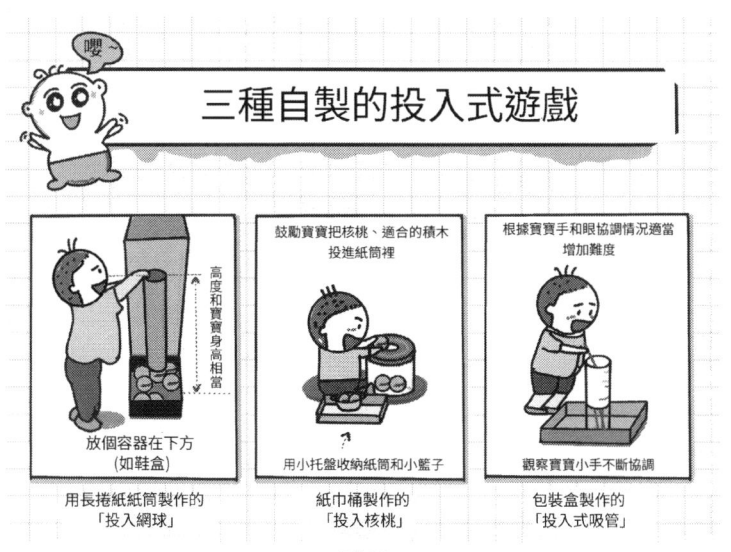

用長捲紙筒製作的「投入網球」	紙巾桶製作的「投入核桃」	包裝盒製作的「投入式吸管」
高度和寶寶身高相當;放個容器在下方(如鞋盒)	鼓勵寶寶把核桃、適合的積木投進紙筒裡;用小托盤收納紙筒和小籃子	根據寶寶手和眼協調情況適當增加難度;觀察寶寶小手不斷協調

圖 23

第三章　6～12個月，從自主探索中收穫自信心和掌控感

比如：將長的捲紙紙筒固定在櫃子或牆上，紙筒的高度與寶寶的身高相當，在紙筒下方放置一個容器（如鞋盒），提供寶寶可以順利穿過紙筒的小球（如網球、木球）。這樣一個簡單又有趣的投入式遊戲就完成了。

圓形的紙巾筒也是一個極好的容器，準備一些核桃，用小籃子收集起來，鼓勵寶寶將核桃投入紙巾筒裡。根據寶寶感興趣的程度，更換不同的材料（如合適尺寸的積木），讓寶寶保持興趣，同時讓寶寶獲得不同材質、重量的感官體驗。

使用一個小托盤，將小籃子和紙巾筒收納在一起，可以讓玩具呈現變得更加有序、整潔。

當你發現寶寶的手和眼睛的協調感越來越好時，可以適當地增加難度，將洞口變得更小，鼓勵寶寶投入更加精細的物品。比如：長條形、稍硬點的吸管。你會發現寶寶小手的五根手指頭在不斷地協調，寶寶可能會用三根手指甚至更少的手指抓握住物品，投入相對應的容器中。

■ 2. 把東西套進去 ── 套入式遊戲

套環在蒙特梭利教具中是一種很常見的教具，如搖晃底座的套環、穩固底座的套環，以及不同寬度、不同尺寸的漸層套環。

套入式遊戲顧名思義就是用一個物品將另一個物品套住。套環的尺寸越小，孩子瞄準和放入就越有挑戰性。套入式活動可以幫助孩子更專注地瞄準、測量物品，讓自己「放」的動作越來越精確，在提升精細肌肉的同時幫助孩子專注力得到發展。

套入式遊戲：套環

提升精細肌肉，幫助孩子發展專注力

| 穩固底座套環 | 寬邊套環 | 漸層套環 | 搖晃底座套環 |

（可利用天然資源：木質紙巾架）

套環尺寸越小，瞄準和放入就越有挑戰可以從1個環開始，逐漸增加到2個、3個

圖 24

最開始可以從 1 個套環開始，逐漸增加至 2 個、3 個。我們還可以充分利用天然的資源，隨時隨地開展套入式遊戲。比如：使用一個木質的紙巾架，將長條形的架子鋸短、打磨，再搭配幾個木圈，就是一個極好的套入式遊戲。

孩子最開始使用時，可能需要我們的示範。在示範時，我們盡量把動作慢下來，讓寶寶更容易觀察和分解我們的動作。很快，寶寶就會自己開始獨立探索，並創造出自己的抓握和玩耍技巧。

第三章　6～12個月，從自主探索中收穫自信心和掌控感

第三節　這些「坑」，不要踩

學步車，並不能幫助寶寶學步

學步車，並不能幫助寶寶學步。如果你細細觀察，會發現孩子在使用學步車時，身體是向前傾斜的，他們經常用腳尖點地，當他們要移動自己的身體時，只要踮腳尖輕輕向後一劃，就能夠輕易地讓自己「漂移」起來。

這樣的方式會給孩子造成一種錯誤的「運動基模」[04]和「身體認知」。

我因為工作的原因和學習的要求，觀察過很多習慣用學步車的孩子。我發現，當父母把這些孩子從學步車裡抱出來後，他們正常走路時，也是身體向前傾斜——就像在學步車裡面一樣。這樣的孩子不容易平衡自己的身體，特別容易摔倒。

當孩子使用學步車時，撞到牆上，學步車會自動停止，不會磕碰到孩子。正常來說如果我們撞到牆，感覺疼痛，下次就會長教訓，並格外注意。但很顯然，學步車並不能支持這樣的學習，孩子會覺得自己那樣走路也是可以的。

---

[04]　「基模」最早是認知心理學的一個重要概念，是瑞士心理學家讓‧皮亞傑在研究兒童成長和認知發展過程之際提出的一個概念，後來被延伸為指代人的認知行為的基本模式。

> **小數據**
>
> 　　加拿大醫院傷害報告和預防計畫中的一項數據顯示，1999年4月到2002年4月，有1935名5～14個月大的嬰兒因為使用學步車而受傷住院。這項數據最終促使了加拿大政府在2004年4月釋出禁令：禁止銷售、廣告宣傳以及進口嬰兒學步車，即便是在二手貨市場上也全面禁止銷售。
>
> 　　美國兒科學會的調查也顯示，在1990年到2014年，美國大約有230,676名小於15個月的寶寶因為使用學步車而受傷。其中90.6%的孩子因為學步車而接受急診治療，96%的嬰兒頭頸部受傷，74.1%的嬰兒因為使用學步車從樓梯上跌落而受傷。

　　家長將孩子放在學步車裡時，經常會放下警惕心，而危險通常就是在我們疏忽大意的時候發生的。1歲前，寶寶的頭部重量占身體總重量的比重過大，加上當孩子在學步車上面滑行時，速度可以比原來他移動的速度快很多，這就容易導致上重下輕，遇到臺階的時候就很容易倒翻。

　　其實，孩子的成長都遵循著大自然的規律。孩子有自己的成長法則，驅使他和世界互動，以及學習用雙腳探索更廣闊的世界。只要孩子身體健全，我們能夠提供給孩子適當的鍛鍊和學習機會，孩子會走路是一件自然而然的事情。

讓寶寶自己走

　　有人說，如果不用學步車，那麼牽著寶寶的手教寶寶走路，或者用學步帶固定在寶寶的胸口牽著他走，是不是更好呢？

　　其實這兩種方式也存在一定的安全隱患：

第三章　6～12個月，從自主探索中收穫自信心和掌控感

■ 1. 牽著寶寶走路，有三個風險

(1) 牽著寶寶走路，不利於孩子養成良好的走路習慣

　　牽著寶寶走路，會讓寶寶更容易踮著腳走路，不利於孩子平衡感和控制感的發展。孩子總是要被牽著才能走路，會讓孩子認為：有父母扶著，自己才能走路，自己一個人走的時候容易摔跤。這會讓孩子產生「我做不到、做不好」的想法，父母過多干預容易讓寶寶產生很強的依賴心，不利於自信心的發展。

(2) 拉著寶寶走路，容易增加寶寶手腕受傷的風險小

　　年齡層的孩子，肌肉和骨骼正在發育中，拉著他走路，稍不留意就容易對寶寶的骨骼造成傷害，增加脫臼的風險。

(3) 對大人的腰椎造成傷害

　　長久牽著寶寶走路，大人就需要彎腰駝背，不正確的走路方式對大人的腰背也會造成一定的傷害。

■ 2. 避免使用學步帶

　　育兒用品能夠在市面上存在和銷售，必定是有一定的需求的。然而，學步帶的使用弊大於利。長長的帶子容易增加繞脖的風險。

　　除了安全問題外，學步帶綁著孩子，也限制了孩子掌握平衡和探索環境的自由，並且不利於培養孩子的自信心。我們需要做的，絕不是避免孩子摔倒。事實上，所有的孩子都需要經歷摔倒的過程，這樣他們才能學會走路，在長大的時候走得更穩。

■ 3.「一扶、二搬、三停下」，跟隨孩子去散步

那麼作為父母，我們應該怎麼做更好？我推薦「一扶、二搬、三停下」這三種方法：

(1)「一扶」：給孩子提供可以扶的物品，幫助孩子可以自己扶著走路

橫桿、沙發椅、茶几、比較穩固的物品，都是很好的支撐物。千萬別低估孩子的能力，他們非常喜歡扶著物品站起來，並移動自己的身體。

蹣跚學步的孩子需要非常多的練習，我們可以帶孩子去公園、遊樂場，這些都是非常好的場地，供孩子學習走路。

(2)「二搬」：讓孩子有搬運物品的體驗

慢慢地，你會發現，孩子特別樂衷於搬動物品，他們會將買來的東西從車裡搬進家、把髒衣服拿到洗衣機旁、把髒的尿布扔進垃圾桶裡。讓孩子做力所能及的事，可以增加孩子的自我能動性。

好不容易學習了走路的技能，他們會希望用更加多元化的方式使用它、強化它。孩子會透過做很多的事來強化自己學習到的技能。如果我們能夠相信孩子、鼓勵孩子自己做事情，他們會更容易成為一個自尊、自信、快樂且樂觀的人。

(3)「三停下」：跟隨孩子的步驟停下來

陪孩子散步，是一件有趣的事情。蒙特梭利曾說，要跟隨孩子，意思就是說，當我們和孩子一起散步的時候，不是牽著孩子往前走，而是陪同他，跟隨孩子的腳步調整自己的腳步。孩子可能會對感興趣的東西東摸摸、西看看，我們也要配合孩子的興趣停下來和孩子一起觀看、討

第三章 6～12個月，從自主探索中收穫自信心和掌控感

論。這可比只走路有意思多了！

即便是年齡很小的孩子，在他學會了走路之後，也可以按照他的速度走上一段距離。「陪孩子走路」和「帶孩子散步」是不一樣的。如果我們牽著孩子的手，讓他們跟著我們的步調和方向走路，孩子很快就會累，並且吵著要父母抱。

而如果我們可以配合孩子的意願，走向他關注的方向，讓孩子自己控制什麼時候走、什麼時候停，我們就可以和孩子非常開心地走上一段很長的路。

彈跳椅不是「放電神器」，用多了可能還有害

教育技巧的全部奧祕就在於如何愛護兒童。

―― 瓦西里・亞歷山德羅維奇・蘇霍姆林斯基

曾經有家長告訴我，他找到了一個很適合寶寶的「放電神器」——彈跳椅。孩子可以在裡面蹦躂十幾二十分鐘，能有效消耗孩子的體力，幫助他更好地入睡。那麼事實果真如此嗎？

彈跳椅的款式有很多，有的是底部有一個圓環底座作為固定，有的是懸掛在空中的彈簧繩。無論是哪一種，許多商家都會打上「鍛鍊腿部肌肉、增強體能運動」等賣點。

然而，過度使用彈跳椅，可能會帶來三點危害：

(1) 給孩子的脊椎帶來壓力，習得錯誤的運動姿勢

彈跳椅讓孩子一直處於直立的狀態，讓還沒有完全掌握站立能力的孩子產生自己可以站立的錯覺。

用彈跳椅彈跳與人類正常彈跳的感覺是不同的，會讓孩子在早期對肌肉的發力和對身體的平衡上產生錯誤的認知，習得錯誤的姿勢。另外，提前訓練孩子站立，會減少孩子趴和爬行的時間，可能會導致孩子跳過爬直接學走。

(2) 破壞了孩子的運動自主性和自信心

彈跳椅就像一個容器，限制了孩子的自由運動。當孩子覺得累了，他不能自主調整自己的姿勢坐下來休息。他們只能無助地發出哭聲，向成人求助，這不利於孩子發展生理自信。

相信「我能做到」是一種美好的感受，彈跳椅在無形中把孩子自由運動帶來的喜悅剝奪掉了。

(3) 增加孩子過度興奮的可能性

彈跳椅上下跳彈的速度很快，幅度較大，容易讓孩子特別興奮。這也是很多人覺得彈跳椅可以消耗孩子體力的原因。然而，這樣過早的、強烈的感官刺激，可能讓孩子對比較安靜的活動和事物失去興趣。

除了適當動態的體能鍛鍊，孩子還需要一些靜態的活動，比如：閱讀繪本、搭建靜態積木、專心做一件事情等，這些都需要相對靜態的活動以及一定的專注力。

如果真的想消耗孩子多餘的體力，鍛鍊其體能，那麼不如帶孩子去戶外走走，這會是更自然有效的選擇。大自然有著更廣闊的天地，花的香氣、風吹拂臉龐的感覺、小鳥嘰嘰喳喳的鳴唱、雨後草地裡鑽出來的蘑菇、緩緩爬行的蝸牛⋯⋯這些對孩子來說都是特別新奇的感官探索經驗，他們會被這些景象深深吸引。

美國詩人威廉・卡倫・布萊恩特曾說，「到廣闊的天地中去，聆聽大

第三章 6～12個月，從自主探索中收穫自信心和掌控感

自然的教誨」。這就是告訴我們，養育一個孩子，我們並不需要太多的「育兒神器」，更多的時候，教育需要返璞歸真，回歸到人與大自然的互動以及親子的陪伴上。

孩子雖然走得慢，但是我們願意陪著他慢慢走。在大自然中，孩子和我們都會有成長的收穫以及心靈的滋潤。

第四章
1～1.5歲，自我意識初萌芽

　　1歲，是孩子成長的一個重要里程碑。隨著孩子學會了走路，他們探索的範圍逐漸擴大了，自我意識也逐漸萌芽。孩子開始喜歡說「不」，而對自己愛做的事情會樂此不疲地重複。在這個章節，我們會了解孩子在自我意識萌芽期出現的「白熊效應」、孩子重複做事情和玩遊戲背後的圖式密碼。透過創設蒙氏小桌椅的家庭環境，給予孩子豐富的音樂卡片和語言材料，以及定格舞蹈、膝上歌謠、開關盒子等有趣的地板遊戲，讓孩子的專注力、自制力和表達力得到全面發展。

第四章　1～1.5歲，自我意識初萌芽

第一節　解讀孩子自我意識萌芽期時，父母的 5 個疑問

寶寶吃飯難怎麼辦？
── 不吼不罵幫寶寶培養良好的習慣

看見＋懂得＋陪伴，是比愛更重要的事情。

> **小觀察**
>
> 1 歲的天天，每次吃飯都讓人傷透腦筋。
>
> 天天平時不好好吃飯，總是挑食還吃得到處都是。沒辦法，爺爺奶奶只能哄著、追著他吃飯，或者在他看卡通時趁機餵他吃飯。慢慢地，天天養成了不哄不餵就乾脆不吃的用餐習慣。
>
> 眼看孩子吃飯沒規矩，天天的父母決定調整孩子的用餐習慣。當孩子不吃飯時，他們就強硬地讓他餓上一兩頓，希望下次孩子能夠好好吃飯。結果孩子產生了對抗情緒，就是不吃。沒辦法，總不能讓孩子什麼都不吃，營養跟不上。最後，父母只好妥協，重新回到哄著餵、追著餵的模式。

這是我曾經在一個家庭觀察中遇到的真實案例，隨著觀察的對象越來越多，我發現這樣的孩子並不是個例。在養育孩子的過程中，「反抗吃

飯」絕對是讓很多父母焦慮和頭痛的問題。隨著孩子逐漸長大，他有了自己的想法，想要自己決定吃什麼、不吃什麼。

在和孩子吃飯問題的情緒對抗中，「吃飯」變成了每日都會上演的惡性循環，變成了父母和孩子之間的權力之爭。

孩子不肯吃飯，有各式各樣的原因。我們可以透過下面這張「自查表」，根據孩子的用餐習慣以及我們給孩子準備的食物這兩方面，找到孩子不吃飯的原因。

表 12

類型	具體表現	是／否
用餐習慣	孩子餐前從沒參與過食物製備的相關活動	
	主要是大人餵著吃，孩子很少有機會自主抓握食物進食	
	孩子很少有自己抓握湯匙或者叉子的機會	
	為了讓孩子吃飯時不跑動，孩子一邊看電子產品一邊吃飯	
	正餐前兩小時給孩子吃熱量較高的零食或甜品	
	如果孩子說「飽」了並拒絕吃，大人仍然會給孩子多餵一點	
	大人和孩子並不同桌同時用餐，經常是先「搞定」孩子，大人才開始吃	

第四章　1～1.5歲，自我意識初萌芽

類型	具體表現	是／否
食物種類	孩子經常吃流質和糊狀類食物（如特別軟爛的麵條）	
	孩子接觸的食物種類比較單一	
	孩子吃過一種食物表示「不愛吃」，此後大人就很少做	

上述表中，如果回答為「是」，則得 1 分，「否」則不加分。

用餐習慣（0～1 分）表示孩子有較好的用餐習慣，要繼續保持。

用餐習慣（2～3 分）表示部分用餐的習慣需要調整。

用餐習慣（4～7 分）表示需要更多關注孩子對吃飯的參與度，讓孩子養成良好的吃飯規矩和習慣。

食物種類（0 分）表示提供給孩子的食物種類比較豐富。

食物種類（1～2 分）表示需要調整部分提供給孩子的食物。

食物種類（3 分）表示需要更關心提供給孩子的食物，豐富食物的種類。

孩子不愛吃飯的原因，除了用餐習慣和給予的食物種類外，還和我們營造的餐桌氛圍有著千絲萬縷的關係。父母放下焦慮，不強迫孩子用餐，營造輕鬆、和諧的用餐氛圍，在相當程度上會影響孩子對吃飯的態度。

■ 1. 三個方法，不吼不罵讓孩子好好吃飯

(1) 讓孩子參與餐前準備活動

在孩子 1 歲左右時，開始學習獨立走路了。當他們的雙手不再需要撐在地板上保持平衡時，解放出來的雙手就可以做更多事情。在吃飯問題上，如果能讓孩子幫忙選擇吃什麼，或者讓他參與準備食物，能提高孩子吃飯的積極性。這個階段孩子可以做的事包括但不限於以下幾點：

①撕各式各樣的菜葉（顏色、味道、手感各有不同）。

②攪拌各種食材（如水＋麵粉，感受食物形態變化）。

③用工具擠壓檸檬、香橙等水果，製作果汁或「有味道的水」（用雙手創造食物）。

④使用安全但不割手的圓頭小刀，將長條的食物切成小塊（練習工具的使用）。

⑤剝雞蛋（專注力、精細肌肉鍛鍊）。

⑥擺餐桌（基礎的數學概念，根據吃飯人數判斷需要多少餐具）。

⑦在大人的幫助下洗米、煮飯（高階的控制能力，倒水而米粒不撒出）。

⑧用洗杯刷清洗自己的杯子。

圖 25

第四章　1～1.5歲，自我意識初萌芽

這些活動都可以讓孩子的嗅覺、視覺、味覺、觸覺多感官得到發展。當他參與到日常生活中的食物製備時，他就像我們的小幫手，孩子會覺得很有成就感，吃飯「倍香」。

不知不覺，孩子在做事情的過程中會喜歡上吃飯這件事。

(2) 不給孩子貼「挑食」標籤，豐富食物的種類和形態

美國著名兒科醫生、心理學家班傑明・斯波克先生，透過長期研究指出，每個兒童生來就有一套自行調節進食數量和種類、滿足正常發育需要的精妙生理機制。

也就是說，寶寶清楚自己想吃什麼，該吃多少。因此當孩子不愛吃某種食物，或者吃得很少時，我們不需要太焦慮，因為孩子慢慢地自然會告訴我們答案。我們要做的，是不刻意讓孩子暫時不喜歡的食物消失，並透過多種方式把孩子不喜歡的食物呈現出來。

◆ **改變食物的形態**

比如：孩子不愛吃酪梨，可能不是因為酪梨的味道，而是不習慣滑滑的口感。而我們用酪梨和牛奶做成奶昔，孩子就可能會喜歡吃酪梨。

◆ **靈活調整，營養搭配**

我們不用過分擔心孩子會因為偏食而營養不良，因為總有營養相近而口味不同的食物。家長若一直擔心和焦慮，並給孩子貼上「他就是不愛吃飯」的標籤，這種方式只會讓孩子更加抗拒吃飯，認為自己確實是一個「問題寶寶」。

健康的飲食搭配，會把食物分成幾大類：穀物主食、蔬菜、水果、奶製品、肉類、禽類和豆製品。我們要替孩子盡可能選擇多樣、豐富的食材，並靈活調整，孩子就不會出現營養不良的問題。

(3) 給孩子吃飯的自由，也要給孩子吃飯的規矩

自由和規矩並不是衝突對立的關係，而是相輔相成的關係。我們要給孩子自由，這展現在孩子有選擇自己想吃的食物的權利，他也有選擇吃多吃少的自由。當他說「我吃飽了」，那麼孩子就可以不吃了。

對於一兩歲的孩子來說，「吃多了會撐，吃少了會餓」這樣的感覺如果沒有親身體會，是很難懂得的。我們要學習相信孩子的感覺，相信他會在不斷體驗中掌握食物攝取的量。

這和「孩子不吃就讓他餓幾頓」是截然不同的兩種態度。我們並非刻意懲罰孩子，「看看你能撐多久」和「我相信你的感覺，你會在吃多吃少上做出判斷」是兩種育兒方式。前者是我們和孩子對立起來，後者則是把吃飯的主動權給孩子，我們只給予必要的輔助。

當然，孩子享有吃飯的自由，與之相伴，也要遵守吃飯的規矩。這樣的規矩和秩序越早建立起來，孩子就能越早養成良好的用餐習慣。下面是一些常見的吃飯的規矩：

◇ 飯前兩小時不吃零食；
◇ 吃飯時不能離開餐桌，離開就代表吃飽了並且要等到下一餐才有正餐（孩子實在餓了的話，期間可以吃點水果或無糖的優酪乳）；
◇ 吃飯時不可以玩玩具、不可以看電子產品；
◇ 每天控制高糖分、高熱量食物的攝取，尤其是果汁、甜品，避免影響孩子正常的正餐飲食。

每個家庭的文化不同，規矩也各不相同。而要求孩子遵守這些規矩的一個大前提，就是照顧孩子的大人首先要以身作則，並且堅持原則，不會因為孩子的一哭二鬧，或者為了讓自己「輕鬆一下」，就率先打破規則。

第四章　1～1.5歲，自我意識初萌芽

　　吃飯不僅僅是解決溫飽和營養的事情，它還是一種家庭文化，以及我們與世界互動的方式。如果父母能在早期幫助孩子養成一個良好的用餐習慣，相信這會對孩子產生積極的影響。

說「不」，怎麼成了孩子的口頭禪？——拒絕寶寶會促發「白熊效應」

　　風可以吹起一大張白紙，卻無法吹走一隻蝴蝶，因為生命的力量在於不順從。

—— 馮驥才

　　隨著孩子逐漸成長，許多父母發現孩子 1 歲後開始變得難「管教」了。孩子特別愛唱反調，越讓他做什麼，他越不做；而不讓他做的事，他反而越來勁。

> **小觀察**
>
> 　　1 歲 2 個月的小考拉，特別喜歡扔東西。無論手上拿的是什麼，沒玩一會兒就會往下扔。媽媽說「別扔」，小考拉反而變本加厲了。
>
> 　　有時候奶奶替洗完澡的小考拉穿衣服，她說不穿就不穿。如果大人再穿，她就拚命哭，根本不聽大人的話。「我不、我不、我不」簡直是孩子的口頭禪。

■ 1. 1歲後，孩子為什麼變得「不聽話」？

1歲後，孩子的生理和心理都進入一個嶄新的時期，無論是語言、體能還是情感，每天都在發展。孩子變得「不聽話」，主要有以下兩點原因：

(1) 說「不」，是孩子的「自我意識」開始萌芽

孩子的自我，是從說「不」開始的。孩子剛出生的時候，還沒有個體「我」的概念，他們需要透過與環境的互動發展自我。而這個互動的一部分，便是和父母「抗爭」。

有研究顯示，18個月大的兒童已經表現出明確的自我感，他們會逐漸把自己看成一個唯一、獨特的個體。

也就是在這個階段，孩子開始和我們「叫起板來」。其實如果仔細觀察就會發現，在1歲前，孩子已經開始為「叫板」做準備了。

3個月時，平時喝母乳的孩子，給他奶瓶餵養，他可能會扭過頭去，拒絕吃奶嘴。

7個月時，孩子遇到自己不喜歡的食物會皺眉頭，你再次把食物放在他的嘴邊他會搖頭，發出聲音表示拒絕。

10個月時，孩子發現自己可以碰倒玩具和物品，於是重複這一動作。

孩子逐漸意識到自己發出的聲音和做出的動作，是可以影響周圍環境的，這為後期孩子做出的自我意識發展奠定了基礎。

對於3歲以下的孩子來說，他們很難聽從父母的建議，他們更遵從自身內在的引導。若一個兩三歲的孩子聽從我們的指令，做我們希望他做的事情，或許他並不是真正意義上的「服從」我們。只不過是我們提供孩子的活動，恰好滿足了孩子內在成長的需求而已。

第四章　1～1.5歲，自我意識初萌芽

(2) 父母的引導方式觸發「白熊效應」，孩子更叛逆

美國哈佛大學社會心理學家丹尼爾・魏格納曾經做過一個實驗，實驗要求參與者可以隨意想像，但是不要想像白色的熊。結果參與者的思維出現強烈反彈，很快在腦海中浮現出一隻白熊的現象。

所以可想而知，在日常生活裡，當我們對孩子說「不要跑」，孩子聽到的是「跑」；當我們對孩子說「不要大吼大叫」，孩子會叫得更大聲；當我們對孩子說「不許碰」，孩子更想拿起來摸摸看。

「不要這樣做」、「不准那樣做」的語言模式，很容易觸發「白熊效應」：你越不想要的東西，反而越會占據你的思想。

我們糾正的念頭越強烈，孩子感受到的是更強烈的反差迴響。這也是父母越不讓孩子做一件事情，他卻「越起勁」的原因。

■ 2. 三個方法，避免和孩子「叫板」，成為成長型父母

和孩子「硬碰硬」，不僅於事無補，而且容易加劇孩子和我們的衝突。我們不僅要看到孩子的發展需求，還需要調整我們和孩子互動的方式。成為一名成長型的父母，避免和一兩歲的孩子產生衝突，我們可以試試以下幾個方法：

(1) 是 A 還是 B？說明客觀事實，給予孩子有限的選擇

若我們和孩子回到家，準備洗手。如果你直接命令孩子洗手，很有可能得到的回應是「不要」。

與其和孩子僵持，不如試試這麼說：「終於到家啦！回到家的第一件事是洗手，保持衛生！你要先去上廁所，還是我先去？」

總結一下就是：陳述客觀事實＋給予孩子一個選擇。

這樣的溝通方式正向、簡單有效，符合孩子的認知和心理發展特點，當我們把養育的重點放在如何讓孩子更好地動手做，而不是替他做、命令他做時，孩子的積極性會提高，我們也會更輕鬆。

(2) 動作的敏感期：讓孩子多參與日常活動

我們要意識到孩子本身就是一個有能力的人，他們處於動作的敏感期，並且內心有非常強烈的探索需求。我們需要考慮孩子和我們對抗的背後，其動作發展的需求是否有被滿足。

孩子的動作發展需求可以透過參與家庭日常活動得到滿足。很多時候，只要我們稍微考慮一下家庭環境的布置，從孩子的角度思考他們的參與度，就可以讓孩子有事可做，減少我們與孩子的衝突。

①在洗手臺下面加一個踩腳凳，孩子可以自由上下盥洗，不需要父母扶著洗。

②使用小號的倒水壺，方便孩子雙手抓握自己倒水喝，不需要父母提醒喝水。

③進門玄關處安裝與孩子身高匹配的、矮的掛鉤，孩子可以自己脫下冬天的帽子和外套掛好。

④減少衣櫃裡衣服的數量，讓孩子更容易管理自己的物品，更好地選擇今天穿什麼。

透過模仿大人的行為，孩子發現自己可以照顧自己，甚至可以照顧身邊的人，他感受到自己是一個有能力的人。他可以為家庭、為其他人貢獻自己的力量，找到自己的歸屬感和價值感，也會減少與我們的對抗。

第四章　1～1.5歲，自我意識初萌芽

圖 26

(3) 管教有度，提前告知，明確規則

在一次次的經驗中，孩子會更加了解自己，明白如何與他人、環境更好地互動。對於會威脅到孩子安全的事情，父母要做到向孩子反覆明確規則。比如：孩子走崎嶇不平的路時，必須牽緊父母的手，平時不玩廚房裡的明火開關、不把手放在插座的洞裡等。

帶孩子去參觀博物館或者去拜訪朋友時，也需要提前告知孩子什麼樣的行為是可以的，而什麼樣的行為是不被允許的。做到心中有規則，行為有忌憚。

至於那些不會對孩子造成重大人身安全的事情，則可以讓孩子適當承擔後果。比如：孩子鞋子穿反了，但是他執意要出門。我們可以尊重孩子的決定，讓他自己承擔隨之而來的後果。他或許會覺得腳不舒服，或許會摔倒，但這都是他成長的體驗。

孩子更親近老人，怎麼辦？
—— 隔代育兒不是難唸的經

人們的生活壓力越來越大，越來越多的家庭不得不選擇隔代育兒的生活方式。為了讓子女更好地兼顧家庭和工作，許多家庭的老人自然承擔起了照顧孩子的工作。

然而，隔代養育的問題層出不窮，年輕人覺得老人帶孩子用的是老方法，不科學；老人又看不慣年輕人所謂的與時俱進的育兒方式。平時老人陪伴孩子的時間更長，很容易形成孩子和老人更親密的現象。

說起「隔代育兒」的問題，其中父母們共鳴最大的就是「如果老人帶孩子比較多，孩子會變得不親近父母」。這一部分父母認為：孩子更親近老人，是因為老人事事順著孩子，但真的是這樣嗎？

1. 孩子為什麼會更親近老人？

孩子更親近老人，主要有兩點原因：

(1) 不是更親近老人，只是孩子處於不安全依戀中

美國發展心理學家瑪麗·愛因斯沃斯跟其同事為了測試嬰兒與母親的關係，專門設定了一個陌生情境實驗。

這個實驗主要是將一名嬰兒帶到一間不熟悉的、擺滿玩具的房間裡，然後觀察：當母親在身邊時孩子對環境的探索情況；當陌生人進來，母親離開時孩子的反應；當母親重新回到房間時孩子的反應。

瑪麗·愛因斯沃斯將幼兒的不同反應歸類為以下幾類：

第四章 1～1.5歲，自我意識初萌芽

◇ 安全型依戀。母親離開時會難過，母親回來時會去接近母親並感到快樂。
◇ 迴避型依戀。母親在時不會關注母親，母親離開時也沒情緒變化，母親再次回來也不會尋找母親。
◇ 拒絕型依戀。母親離開時會大哭，母親回來時會生氣，可能會推打媽媽。
◇ 紊亂型依戀。母親在時也會不安，母親不在了會找母親，母親回來了會跑開或突然哭泣。

簡單理解就是，安全型依戀的孩子把媽媽當成了安全堡壘，媽媽是孩子內心安全感的來源，但「不安全依戀」（迴避型依戀、拒絕型依戀和紊亂型依戀）的孩子無法透過媽媽獲取安全感，他更容易對新鮮事物的探索表現出害怕和猶豫。

而幼兒對外的探索離不開內在安全感的建立，如果媽媽不能給予幼兒安全感，那麼孩子就會透過其他方面來獲取安全感。

所以「更親近老人」的孩子，只不過是「不安全依戀」下對安全感的自我選擇。

(2) 親近老人是孩子的成長需求

美國心理學家哈洛的「恆河猴實驗」透過給恆河嬰猴兩個不同材質的「媽媽」來研究親子關係。實驗裡，這兩個「媽媽」分別是能餵奶的「鐵絲媽媽」和用棉布填充的「絨布媽媽」。

透過這個實驗哈洛發現，雖然「鐵絲媽媽」能提供食物，但恆河嬰猴更喜歡待在溫暖的「絨布媽媽」身邊，尤其在受到驚嚇時第一時間尋找的是「絨布媽媽」。

但「絨布媽媽」撫養長大的猴子出現了不合群、性格極其孤僻的情況，所以哈洛對實驗進行了改進，把「絨布媽媽」製作成可以擺動的樣子。

而在社交方面，實驗者給予嬰猴每天一個半小時與其他正常猴子玩耍的時間，透過這次改進，「絨布媽媽」養育的嬰猴基本與自然成長的猴子沒有差別。

哈洛透過這個實驗提出了親子關係存在三個變數，觸控、運動、玩耍，他認為這三個變數能滿足靈長類動物的全部需要。

所以現實生活中，當父母無法長期陪伴孩子時，老人成為孩子的照料者和運動、玩耍的陪伴者，在這種情況下，孩子為了成長需要，自然就會與老人建立穩定持久的依戀關係，這種關係只是孩子成長需要的自然選擇。

2. 隔代養育的兩個迷思

(1) 父母對孩子付出了，孩子就應和父母親近

好不容易放假，想帶孩子出去玩，享受獨處的親子時光，孩子卻說奶奶不去他也不去；最近加班多沒陪孩子，買了孩子最喜歡的玩具想和他一起玩，結果剛給孩子，孩子就直接跑去找爺爺玩；陪孩子時間少，心裡很內疚，所以總想找時間補上，可是孩子並不領情。

其實孩子缺少的是父母給予的安全感。長期缺乏陪伴，父母在孩子的心裡不再是「安全基地」，他們探索和玩耍的第一選擇不再是父母。

而安全感不是簡單的一兩次付出就可以獲得的，只有孩子認定你是能幫助他的人，他才能在你身上找到安全感。

所以我們要想讓孩子和自己親近，首先要讓孩子對我們產生安全感，不然任何付出都是白費。

第四章　1～1.5歲，自我意識初萌芽

(2) 孩子不親近父母，是因為孩子小時候父母陪伴少

我們都知道在孩子嬰幼兒時期，父母的陪伴對親子關係非常重要，但父母陪伴的時間和親子親密度並不成正比。

有兩個家庭，一個家庭父母都是上班族，老人帶孩子，但爸爸每天下班回家一定會帶孩子下樓玩一個小時。另一個家庭媽媽全職帶孩子，兩個家庭的孩子也經常一起玩，他們各自對父母的依戀程度沒有任何區別。

所以陪伴孩子時間多的父母只是有更多的機會獲得高品質的親子關係，陪伴孩子時間少的父母不代表親子關係就一定很差。只不過需要父母更珍惜陪伴孩子的每一分鐘，讓自己更有技巧地去做親子陪伴。

老一輩帶孩子，確實更容易存在溺愛孩子的問題。但說到底，核心的問題是父母如何盡快和孩子建立良好的親子關係。那麼究竟如何解決「隔代寵」的問題呢？我認為以下三點尤為關鍵：

■ 3. 三個原則，重建親子關係，破解「隔代寵」

(1) 先接納，放鬆、溫暖的陪伴才能讓孩子對父母產生依戀

建立良好親子關係的主動權掌握在父母的手中，雖然孩子的內心也渴望著父母的愛，但是不能有意識地調動自己和父母親近起來。

當父母對孩子不再求全責備、過分要求，也不對老人心存芥蒂時，孩子就能感受到父母的愛，他才會慢慢對父母產生依戀和信任。

孩子會明白，自己不需要時刻討好父母，哪怕做得不夠好，父母也不會責怪。這樣孩子能逐漸放下心中的戒備，慢慢與父母親近起來。

父母也應該及時反思，總結歸納自己之前做得不對的地方，努力為孩子營造一個更溫馨的成長空間。

(2) 使用雙向交流和孩子互動

建立良好親子關係的重點是與孩子開展有目的的互動以及雙向的交流。和孩子一起進行球類遊戲是一個很好的選擇，因為球類可以滾動起來，能促進孩子與父母的雙向互動。

我們可以在互動中調整球滾動的位置、傳遞的遠近和難度。如果球滾得太遠，孩子會失去玩球的信心；如果球滾得太近，孩子會覺得太容易，沒有意思。這也是我們在互動調整中和孩子進行的雙向交流。

在這樣的遊戲過程裡，我們透過眼神、動作、語言及時回應孩子，這樣良好的親子關係自然就能建立起來。他們會認為父母是可以信任的，就會與我們親近起來。

我們還可以在互動中透過映像模仿孩子的語言和動作，這也是雙向交流的方式，有利於拉近我們與孩子的關係，同時提升孩子做事情的專注力。

比如：當孩子在搭積木，他將很多積木拼搭在一起。

我們可以這麼說：「我看到了你把積木搭在另外一塊積木上面。你搭得很高！」（映像模仿孩子的語言）

「我也要將積木搭在另外一塊積木上面，搭得高高的。」（映像模仿孩子的動作）

在這樣互動式的模仿中，孩子能意識到自己是被在意的，並在父母的鼓勵中增加自信心。

我們還可以在孩子搭更高的積木時，「靜悄悄」地將孩子可能會用到的積木塊，少量放在孩子的旁邊，避免孩子受不必要的干擾，創造一個積極的環境供孩子自我探索。在互動中適時地鼓勵和幫助孩子，孩子自然會和我們建立非常深厚的情感連線。

第四章　1～1.5歲，自我意識初萌芽

(3) 需要糾正孩子的問題行為時，用「EPC 法則」讓孩子喜歡你

多數時候，親子關係緊張，其實是成人的行為將孩子越推越遠，而建立穩定健康的親子關係，我們可以採用「EPC 法則」。

「EPC 法則」具體指的是面對孩子的行為我們應該先共情然後再給孩子建議，讓孩子感受到一致的目標。

例如：孩子在椅子上跳來跳去，一般情況下為了孩子的安全我們肯定要阻止孩子，但結果往往是孩子跳得更歡樂，或者大人和孩子陷入情緒僵持。

這時我們不妨給孩子跳椅子的建議，比如和孩子說：「你在椅子上跳得很開心，我也很想跳（共情）！但這個椅子太小了，跳來跳去不安全，我們可以一起在地板上跳，我知道一個很棒的跳格子遊戲，我們一起來玩吧（提出建議＋一致目標）！」

這樣的方式相比直接說「不可以」會更好，因為你們的目標是一致的，這會讓孩子對建議的抵抗情緒變小，從而更容易對家長產生信任。建立良好親子關係的基礎就是讓孩子對家長產生信任，從而獲得安全感。

■ 4. 建立同盟，循序漸進重新獲得老人的支持

如果家裡的老人存在過度溺愛孩子的問題，我們也需要與老人進行溝通。其實我們和老人並非對立的，大家心中都有共同的目標，立足這一點，相信一定可以共同養育好孩子。

(1) 與老人統一養育的行為準則，同時彌補老人的心理缺失

老人帶孩子，本身有一定的局限性和特殊性，針對不恰當的養育行為和做法，我們只需要提前給這部分老人「打一針預防針」，告訴老人什

麼該做，什麼不該做。比如：一週給孩子吃三次糖果是可以的，但是睡前吃糖是不可以的。

這條底線不單是老人需要遵守的，父母也需要遵守。與此同時，我們也需要把遵守執行的原則灌輸到孩子的頭腦當中。

而且在生活中，我們也不要忘記多多關心老人，給予他們適時的鼓勵與誇獎。當他們感受到自己的行為是被認可的時候，他們會很欣慰和快樂。

(2) 肯定孩子對老人的依戀，表達對老人的感激

我們和老人進行溝通時，「尊敬」是基礎且重要的信條。用尊敬的態度和口吻與老人溝通，是獲得老人支持的必備要素。

生命的本質是需要被看見，如果我們能夠看到老人內心深處對孩子的愛、對依戀的渴望，我們會變得寬容。

我們經常教導孩子要說「謝謝」、「對不起」，但是自己經常忘記對老人說謝謝。當我們從語言、行動上經常對老人表示感謝，他們會被打動，會相信自己是有價值的。

家不是一個「講道理」的地方，我們應該放下「誰對誰錯」的問題，引導老人著眼於孩子的未來，共同為孩子的未來發展做出努力。當我們以這樣的態度和老人溝通時，雙方一定會相互配合、互相體諒。

孩子的一生會親近很多人，而內在的安全感會影響他愛一個人的方式。所以不要去糾結孩子親近誰，只要他愛他的家人，你也愛他就足夠了。

第四章　1～1.5歲，自我意識初萌芽

> ### 一本故事書讀幾十遍，孩子為什麼不會膩？
> ── 有效重複，孩子學習的捷徑祕密

重複是學習之母。

── 狄更斯

> **小觀察**
>
> 　　媽媽陪小花看書時發現了一個特殊的現象：家裡的圖書數不勝數，但是孩子翻來翻去特別喜愛看的只有那一本《小豬佩奇》。有時候想給孩子換一本新的書，帶她學點「新知識」，孩子卻不樂意，非得讀平時的那一本。

　　細心的你或許會發現，孩子不僅是在看繪本時表現出重複行為，孩子1歲之後，還有許許多多「奇怪」的行為，比如：重複看同一部卡通；重複唱同一首歌；重複說相同的話（有時候是自說自話）；重複把盒子開啟又關上；重複扔東西……

　　實在是太多了！為什麼孩子這麼喜歡做重複的事情呢？

■ 1. 孩子愛重複，背後有兩點原因

(1) 重複，讓孩子更有內驅力自我學習

　　如果你仔細觀察，就會發現孩子喜愛看的書，經常會出現重複性很高的橋段。比如在《小豬佩奇》的繪本裡經常會出現的畫面和語言。

◆ 《小豬佩奇》裡重複的橋段

　　A. 片頭佩奇的自述：「我是佩琦！這是我的弟弟喬治，這是我的媽媽，這是我的爸爸！」（配上熟悉的片頭音樂）

　　B. 結尾跳泥坑：「佩琦喜歡在泥坑裡跳來跳去，大家都喜歡在泥坑裡跳來跳去！」

　　重複度越高，孩子越喜歡。這是為什麼呢？透過對孩子的觀察，我總結了孩子自我學習的流程。總體來說，孩子會經歷重複、期待重複、自我確認、自我認同幾個階段。

　　首先，孩子習慣在不斷地重複中形成富有邏輯的記憶。

　　接著，他的大腦會期待這些熟悉的語言、畫面、故事情節再次出現。

　　於是孩子開始了自我確認的過程。「啊！期待的故事情節果然出現了。」「我猜得果然沒錯！」孩子會在這種自我認同中感受到學習的樂趣，並且富有自信心。這種動力會驅動他重複學習。

　　在重複的過程中，孩子不斷總結經驗，不斷疊代和更新自己已有的知識，以獲得新的技能。這也是瑞士心理學家讓‧皮亞傑提出的兒童心理發展認知的「思維圖式」和「動作圖式」。在這些重複的圖式中，孩子總結自身經驗，並促進自身發展。

(2) 重複，幫助孩子建立自信心和精準判斷力

　　有一句成語叫「熟能生巧」，這和目前很多大腦神經科學「用進廢退」的觀點不謀而合。

　　人出生時擁有很多大腦神經元，在 2 歲的時候達到巔峰，然後神經元開始減少，在 7 歲時達到成人的水準。

　　毫不誇張地說，在生活中，孩子重複的動作和經驗決定了孩子是一

第四章　1～1.5歲，自我意識初萌芽

個怎麼樣的人。神經元也會修剪不常用的神經通路，方便人們做出更精確的判斷。在這個過程中，重複的經驗產生了很重要的作用。

> **小案例**
>
> 　　賣油翁能夠非常輕鬆自在地把油倒進銅錢眼大小的油壺口中，而不濺出來一點，旁人很驚訝，問他：你是如何做到的？
> 　　他說：「無他，惟手熟爾。」

NBA 三分射手柯瑞，因為擁有優秀的三分投射能力而名揚天下，同樣是 NBA 球星還能夠閉眼罰籃的喬丹、背身三分的麥迪，他們的毫不費力是因為都曾努力練習。他們日復一日地重複練習，透過不斷自我確認和自我改善，讓自己的肌肉「產生記憶」，做出精準的動作。

我們都有很多生活經驗，我們可以透過用眼睛看，來判斷用多大的力氣搬起一個空箱子。我們的大腦自然內化，不需要任何思考就能做出動作。而孩子沒有這樣的能力，他需要透過不斷的重複體驗，才能做出更精準的判斷。

■ 2. 最適合孩子玩的五種重複遊戲

孩子重複的行為，是為了發展他的思維和動作。對於 18 個月前的孩子來說，正處於感知運動階段，他們是透過視覺、聽覺、嗅覺、味覺、觸覺這五種感官來體驗和學習世界的。

> **小知識**
>
> 　　瑞士心理學家讓・皮亞傑認為孩子不斷重複的動作圖式，是協調知覺和運動的系統，他將兒童發展的順序、認知的發展和增進劃分為四個不同的發展階段水準：
> ・感覺動作期（0～2歲）
> ・前運思期（2～7歲）
> ・具體運思期（7～12歲）
> ・形式運思期（12歲以上）

　　因此在孩子感知運動發展這個階段，給孩子提供大量的感官遊戲，也就是跟隨孩子的興趣，順水推舟，幫助孩子早期的感官刺激體驗和學習得到發展。下面這五種遊戲，孩子不僅喜歡，而且孩子可以在重複的同時獲得自主學習力：

(1) 沙水遊戲

　　沙子和水能給人非常特別的觸覺體驗：神奇的流動性。當孩子雙手捧起沙子和水，它們會調皮地從指縫中流出去。而如果將沙子和水混合在一起，孩子們可以根據自己的意願隨意捏出各種造型，這是任何一種人工合成的玩具都無法比擬的。

　　我們可以帶孩子去大自然中，比如海邊、公園的沙池，在寒冷的地區我們還可以和孩子堆雪人、打雪仗等。

　　替孩子準備「工作服」。「工作服」可以是 PVC 防水材質的，也可以是毛巾料吸水材質的。有了這樣一套簡單的「工作服」，孩子就可以盡情玩耍，爸爸媽媽也不用擔心孩子弄髒衣服或者打溼衣服感冒了。

第四章 1～1.5歲，自我意識初萌芽

(2) 混合遊戲

孩子對不同形態的混合會十分喜歡。以下是一些建議：

①提供不同顏色的橡皮泥和顏料，供孩子混合、揉捏和塗鴉。

②將用完的馬克筆，放入容量相當的噴壺裡，讓孩子搖一搖，混合得到一瓶顏料水，然後提供白紙給孩子噴畫。

③加入食用色素，讓噴壺裡的水顏色更加飽和。夏天，可以將廢舊的破床單掛在陽臺或戶外讓孩子噴灑。冬天可以噴灑在雪地上。

④把食用色素，滴在麵粉團裡揉成各種顏色。

⑤在花園裡撿一些小花，放入冰格裡。幾個小時候後你就會得到一盤好看又好玩的「花冰」，孩子會玩得愛不釋手。

⑥孩子畫過顏料的紙，乾透之後拿出來，鼓勵孩子在上面疊加混合其他顏色。

(3) 轉移遊戲

移動包括孩子自我移動以及移動物品。

自我移動：給孩子提供空間，供孩子爬行、扶站、學步。

移動物品：把一個東西從一邊搬到另一邊，提供孩子可以搬運的物品和容器。例如：給孩子兩個小杯子，其中一個杯子裡裝一些水，鼓勵孩子將有水的杯子倒入空杯子裡；將核桃從一個盒子裡轉移到另一個盒子裡並蓋上蓋子；推著小推車，將推車裡的物品推到另外一處。

(4) 滾動和拉扯遊戲

移動就是孩子在玩，玩就是孩子在移動。

①給孩子提供不同材質、不同大小、不同重量的球，孩子可以滾

動、投擲和抱著行走。

②在小滑梯上放一個小車玩具，讓孩子觀察小車滾動的過程，不同高度的斜坡小車玩具滑行的速度會不一樣。

③在玩具上綁一條小繩子，讓孩子可以拉著走。

④將圓柱體的容器，例如飲料瓶等，放在地上，讓孩子用兩隻手推動它向前滾動。待孩子能熟練操作後，我們可以讓孩子把滾筒推到指定位置。

(5) 開啟和關上的遊戲

孩子可以在重複遊戲中探索空間的關係，並且發展心智。例如：開啟一個瓶蓋，再蓋上，然後讓寶寶模仿；開燈和關燈；不同的抽屜裡放入不同的東西，讓寶寶開啟「尋寶」；提供套娃、套塔等大小不一的材料供孩子探索。

這些遊戲都是1歲左右的孩子特別喜歡的。重複練習是人類的天性，就學習而言，僅理解是遠遠不夠的，為了理解我們眼前的世界，孩子必須透過不斷地重複，與環境進行深入互動。

當孩子重複做自己喜歡的事情時，他們的思維和動作得到了發展。他們會發現事物之間的關係，並獲得一種全新的、更好的理解方式。

孩子為什麼愛鑽桌底？
── 有邊界和空間感的孩子更聰明

兒童對活動的需求幾乎比食物的需求更為強烈。兒童的一切教育都必須遵循一個原則，即幫助孩子身心自然地發展。

── 瑪麗亞・蒙特梭利

第四章 1～1.5歲，自我意識初萌芽

隨著孩子不斷成長，他們逐漸「解鎖」了爬行、學步等動作技能。許多父母會發現一件「怪事」：孩子放著寬敞明亮的路不走，卻特別喜歡躲藏在相對密閉的空間裡。例如：鑽桌底、躲在衣櫃後的小縫隙、藏在被子裡……如果父母制止孩子，他們甚至會大哭大鬧。

■ 1.「鑽桌底」背後的祕密：孩子遊戲的「圖式」

在生命的前六年，孩子們是透過動作、運動和感官來獲取資訊學習的，這些早期的感官經驗和動作對孩子的學習和發展至關重要。

孩子在一定時間內，會自發地重複某一個動作和行為，而這些重複的動作是有一定的心理學意義的，它會幫助孩子在大腦中建立內部的認知結構，讓‧皮亞傑把這些重複的動作稱為 —— 圖式。

> **小知識**
>
> 簡單來說，我們可以把「圖式」理解為重複的行為模式。既包括外顯的身體動作或技能模式，也包括內隱的思想、概念、語言、情感模式。

常見的兒童圖式有八種，包括軌跡圖式、定向圖式、連線圖式、旋轉圖式、圍合圖式、包裹圖式、定點陣圖式、搬運圖式。

圖式是孩子自發重複的行為，也是孩子學習的方式。比如孩子喜歡鑽桌底、藏衣櫃，到狹小的空間進行探索，就展現了圍合和包裹的圖式。孩子鑽入狹小的空間時，他們會想：

「咦，這個桌底的空間有多大？我的身體有多大？我能順利穿過去嗎？」（用眼睛和感知預測空間）

「我要試試看！」（用身體丈量和感知空間）

這會讓孩子感到有趣，促使他重複練習。而在探索的過程中，孩子的自發重複行為還會不斷更新、重組。比如：會將若干游泳圈套在自己的身上；用紙箱子構造出自己的專屬空間。這會讓孩子形成新的思維形式和思維結構，幫助他們更容易理解自己和這個世界。

■ 2. 孩子探索小空間的三個益處

雖然孩子鑽桌底、探索小空間會沾一身灰，但其實對孩子的發展有著非常積極的意義。只要不涉及安全方面的問題，父母大可以放心讓孩子探索體驗。

(1) 探索小空間，孩子可以了解自己與空間和物品的關係

孩子在鑽桌底，或者一些小空間的時候，就像是把自己包裹、隱藏起來。在一段時間裡，孩子對占據這種相對封閉的空間會產生極大的興趣。孩子根據空間的高度、大小，調整自己的身體與之匹配，展現他們對高度、大小、距離的認知和理解。這會讓孩子形成新的思維形式和思維結構，幫助他們更容易理解自己和這個世界。

(2) 帶來邊界感，讓孩子更有安全感

當胎兒還在媽媽肚子裡的時候，胎兒被圍合在胎盤和羊水中，這是孩子最早期的包裹經驗。對於孩子來說，如果寄身於一個較狹窄、經過觀察和確認、相對熟悉的空間裡，就會產生安全感。這是人與生俱來的一種本能感覺。

許多行為學家與心理學家認為，人類有許多行為方式和心理現象都來源於古人類。例如山洞是原始人的天然「保護所」，躲進山洞，意味

第四章　1～1.5歲，自我意識初萌芽

著相對安全。這種山洞安全感隨著人類的進化，演化成了狹窄空間安全感。

這種邊界感會讓孩子學習判斷自己在空間裡的位置，感知在多大的空間裡自己能是最安全的。比如：鑽進多大的空間裡玩耍，不會撞到頭、不會被卡住。

這些探索都會讓孩子更好地了解自己和所在空間的關係，對周圍環境進行感知以及產生信任，從而讓自己更加獨立、自信。

(3) 探索小空間，可以幫助孩子更快適應新環境

如果孩子對自我和小空間的關係，能有良好的判斷和掌握，那麼孩子的這種感知判斷會影響他對更大空間的適應度。

當孩子來到一個陌生的環境，他能夠快速對空間做出認知判斷，能夠很快適應新環境。他明白做什麼事是安全的，做什麼事則可能不安全。比如：頭伸出窗外是危險的，因為超過了空間安全的邊界感。

他會知道自己在這個新的空間裡是處於什麼樣的位置，知道自己在新環境裡怎樣移動身體、感覺最舒服，不會撞到其他物體。一旦孩子對自我和空間的關係有了良好的把握，他們就可以更加放鬆自然地與他人社交。

3. 三類空間探索的小遊戲，讓孩子更自信

(1) 搭建帳篷和「隱蔽」空間

專屬小空間。設定一個安靜的小角落，可以是一個小帳篷，或者用支架和紗幔支起來的小空間。在這個半封閉的空間裡鋪上小毯子、靠枕，孩子就有了屬於自己的小空間。或者在桌子上鋪上圍巾，或者半透明的紗幔，用重物壓住固定，讓紗幔垂下來與桌底形成一個小空間。

(2) 探索空間邊界感的創造性遊戲

使用各種材料為作品裝飾邊框。孩子可以感受物品的邊界。

畫影子。讓孩子躺在地上，描繪出孩子的體型。孩子可以沿著邊緣用顏料或者馬克筆對影子進行裝飾。

(3) 探索多元建構遊戲

樂高動物園。用積木搭建出圍欄、隔層，讓孩子感受包裹和圍合的空間。

使用更多天然的材料。可以用沙子、小石塊、金屬材料杯進行堆疊、圍合、建構。

紙箱洞穴。大的紙皮箱不要扔，和孩子一起剪出門窗，做一個洞穴。

各種投入和套入類的遊戲。控制小手精細肌肉的練習。

圖 27

第四章　1～1.5歲，自我意識初萌芽

> ### 第二節　5個錦囊，
> ### 　　　提升孩子的專注力、
> ### 　　　自制力和表達力

蒙式小桌椅 —— 打造孩子專屬的小空間

> 教育所要求的只有一項：透過孩子的內在力量達到自我的學習。
>
> —— 瑪麗亞・蒙特梭利

隨著孩子會直立行走，他們的雙手不再需要放在地上輔助自己平衡了，此時雙手被賦予了更多向外探索世界的工作。可以透過直立行走，用手拿到任何自己感興趣的物品進行探索。

這個時候，我們可以將孩子的爬行墊移走，在矮櫃的旁邊增設一套小桌椅。桌子的寬度和高度大約1公尺，剛好適合孩子使用。

這是孩子獨立玩耍的小空間，我們可以鼓勵孩子在小桌上做一些簡單的桌面遊戲，比如塗鴉、拼圖等。環境設定要適應孩子成長的變化，這樣孩子才能更專注、更方便地玩耍。

■ 1. 讓寶寶更專注，小桌椅的四個使用原則

(1) 小桌椅放在靠近矮櫃的地方，方便孩子取放東西

孩子可以從開放性矮櫃上拿取玩具，到旁邊小椅子上坐下來，獨立做一些簡單的桌面活動，比如塗鴉、拼圖、串珠等。

根據家庭空間的大小和孩子的使用情況，矮櫃可以放 1～2 個，2 層或 3 層的都可以。如果家裡沒有太多的空間放矮櫃，也可以將電視櫃清空，拿來當矮櫃使用。

(2) 桌椅功能專一化

專門用來給孩子學習、玩耍使用的小桌椅，不是茶几桌，也不是置物桌。固定、場景化的環境可以讓孩子玩耍得更專注。

就像我們的家庭環境裡，餐桌是用來吃飯的，茶几可以用來喝茶，而書桌是大人專心工作的地方。書桌創造了一個固定的、場景化的環境，我們會下意識地告訴自己，坐到書桌前，意味著要專心看書、寫字。桌椅功能專一化可以使孩子玩耍的時候更高效，讓孩子在家裡也有一個可以專心「辦公」的地方。在這個獨立玩耍的空間，孩子會變得更加專注且平靜。

(3) 選用白色或木色的桌椅，無形中能「提示」孩子保持整潔

這套桌椅最好是白色或者是木色的。乾淨的純色系傳達這樣一個資訊：我很白，我很乾淨，請不要把我弄髒。

不需要我們用言語提示孩子保持整潔，好的環境本身就會指導兒童。想像一下白色的桌面上有幾道彩色蠟筆的印記，是不是特別明顯呢？這也就發出了一個訊號，讓孩子將桌子擦乾淨，保持環境衛生。事實上，如果我們可以向孩子示範如何擦桌子，孩子會很樂意學習。

(4) 有重量的小桌椅，鼓勵孩子使用「最大化努力」做事

小桌子和椅子不要太輕，它們要足夠穩固，但也不要太重，孩子能夠用自己的力量搬動它們就行。這給剛學會獨立行走的孩子提供了一個

第四章　1～1.5歲，自我意識初萌芽

絕佳的大肢體動作鍛鍊的機會。

想想自己剛剛學會騎腳踏車的時候，是不是躍躍欲試，空閒的時候就想去騎車兜風呢？孩子也是一樣的，經過了一年左右的時間，他們終於學會了走路，此時他們會迫不及待地使用走路這個技能，做更多他們認為有意義的事情。

家庭環境裡有很多家具，孩子是無法移動的，但是孩子渴望移動這些物品。你會發現孩子會樂此不疲地將他的小椅子移到一個地方，然後再移動到另一個地方。而搬動這個椅子，他們需要付出「最大化努力」。他們會使用自己最大的力氣做事情，這是一種非常美好的經驗。

當我們用盡全力、想盡辦法攻克一道難題，喜悅也會油然而生。剛剛學會走路的孩子，用自己最大的力氣搬動桌子和椅子，這種喜悅之情會滋養他們，增強他們的自信心。

「最大化努力」的經驗越多，孩子對力量的使用和控制會越來越好。許多1歲多的孩子，對大肢體動作的控制是不夠的。比如：你讓孩子把玩具輕輕地放進箱子裡，孩子可能「哐」的一聲放得特別重。不是孩子故意要和我們唱反調，只是他們沒有太多動作的經驗，他們並不知道什麼是「輕輕地」、什麼是「重重地」。讓孩子有機會用「最大的力氣」做事，就是讓他衡量自己力量的邊界，更專注地做事情，成為積極主動、自信獨立的人。

有趣的膝上歌和音樂卡片
── 搭建語言啟蒙和親子互動的橋梁

音樂表達的是無法用語言描述，卻又不可能對其保持沉默的東西。

── 維克多・雨果

音樂可以幫助自我表達，我們可以透過旋律、節奏表達情緒和情感。音樂觸動我們的方式，是其他方式替代不了的。如果我們生活在一個有音樂的環境裡，那麼孩子也會學習欣賞音樂。

孩子剛出生時，我們會配合孩子改變我們說話的聲音，使聲音變得很有彈性、更有音樂性。這是「寶寶引導的語言」。

音調變高，說話更有節奏、動聽。孩子更喜歡這樣的聲音，更容易被吸引，我們也可以透過這樣的聲音安撫他們。

我們鼓勵孩子用唱歌來表達，唱歌可以讓孩子感受良好。無論是自己唱歌，還是聽別人唱歌，都會讓他們心情變好。

孩子出生後，最棒的體驗就是聽到別人唱歌的聲音。在家裡讓孩子聽到歌聲，會對孩子產生積極的影響，讓孩子對唱歌有好的態度。在環境裡聽到別人唱歌，孩子會覺得這是正常的一種表達方式。我們對待唱歌的態度，和對待說話的態度是一樣的，如果我們願意站在別人面前講話，我們也應該願意站在別人面前唱歌。

■ 1. 膝上歌

膝上歌是一個有趣的歌曲遊戲。大人保持坐立，讓寶寶面對面坐在我們的大腿上，然後我們哼唱一首歌謠，同時跟隨節奏雙腿左右交替輕微抖動。寶寶可以感受歌謠的節奏，並且擁有身體動態平衡感的體驗。

第四章　1～1.5歲，自我意識初萌芽

當孩子習慣了一段時間後，他的平衡感和對父母的信任感更強了，我們可以調整孩子的坐姿，讓其背朝我們，臉朝外，父母的雙腿由左右交替輕微抖動變為跟隨節奏上下抖動，為孩子提供更多的趣味性。

膝上歌可以是父母哼唱的，也可以播放背景音樂。給孩子聽的歌曲不僅限於兒歌、古典的、凱爾特的、雷鬼的，甚至迪斯科都可以。各式各樣風格的音樂歌曲，可以極大地豐富孩子早期對音樂的體驗。

當然，也不是所有的歌曲都適合孩子聽。一般來說，選擇那些有重複旋律和節奏的音樂，孩子比較容易形成記憶點，一起參與到風格各異的音樂中。

配合反覆出現的節奏，我們可以抖動雙腿，讓坐在我們身上的寶寶可以多重感官體驗「字元節奏」。我們還可以提供孩子一些小沙錘、小鼓，讓孩子一起感受、體驗。如果歌曲中重複的歌詞多次出現，孩子甚至能唱出來這些歌詞。

如此，孩子就能從欣賞音樂、享受過程，逐步過渡到自我表達中來。

■ 2. 歌唱卡片

我們還可以自製2～3張「唱歌卡片」。

卡片上有歌詞，以及和歌詞相關的圖片。我們將這些卡片放在籃子裡，雖然孩子還看不懂字，但是他會將歌曲和卡片上的圖片做聯想。孩子或許會拿卡片來找爸爸媽媽，表達他想聽、唱這首歌。如果孩子喜歡，我們可以製作很多這樣的卡片。隔段時間更換一些新卡片，孩子會更容易保持興趣度，享受當中的樂趣。

定格舞蹈
──從「聽」到「做」，在玩樂中學習自我控制

孩子對音樂的喜愛，是從不斷吸收到逐漸表達的過程。

接下來的這個「定格舞蹈」的小遊戲，對寶寶的反應力、理解能力、記憶力、規則意識和創造力都有促進作用，是很好的親子互動遊戲。

我們需要準備一首動感的音樂，請一個人幫忙播放音樂和控制音量。當音樂響起時，我們抱著寶寶翩翩起舞，音樂一停，我們立刻變成「木頭人」──保持原有的姿勢一動不動。音樂再次響起時，我們繼續抱著寶寶舞動身體。

在重複這一系列動作的過程中，孩子會感知音樂有反覆地突然開始和停止的特點，並且開始期待音樂停止，大家都變成「木頭人」時的狀態。這經常會讓寶寶哈哈大笑並期待參與其中。

我們也可以提前錄製好音樂，讓這些旋律偶爾停止，然後繼續，這樣我們就可以和寶寶一起跳舞、一起停止，一起享受遊戲的樂趣。

■ 1. 加入更多「定格樂趣」

當孩子稍大一些，我們可以和孩子手牽手一起舞蹈，或者加入小沙錘一起演奏。在音樂停止的時候，做一個「結束動作」。

孩子會開始藝術表達和創造，他們會嘗試用多種形式表達開始和停止的音樂特點。例如：他們會在音樂停止的時候倒下，或者在音樂停止的時候將小沙錘放在自己的頭上做出停止的動作。

這些動作，都是孩子從純粹的聽覺練習逐步到自我表達的跨越和進步。

第四章　1～1.5歲，自我意識初萌芽

實物、模型和卡片
——讓孩子的語言學習步步高昇

> 決定孩子一生的教育，就是從嬰兒剛降生就開始的教育，這是為生命提供幫助。它形成了一場和平革命，並且將所有的實物都集中和吸收到一個共同的目標和中心上來。
>
> ——瑪麗亞・蒙特梭利

幫助孩子學習語言，就是為孩子的生命提供一種輔助。如此，孩子可以更好地與他人交流，與自然互動。

在語言的學習中，我們需要先讓孩子接觸真實物品。因為孩子首先理解看得見的東西，然後才能慢慢了解看不見的、抽象的東西。這個很容易理解——我們沒有見過的物品，你會發現用語言描繪是非常匱乏的。對於6歲前的孩子來說，他們是感官學習者，需要靠視覺、聽覺、嗅覺、味覺、觸覺這五種感官來學習，語言的學習也是如此。

比如：當我們給孩子一個蘋果，他看到蘋果紅彤彤的顏色，摸到蘋果的形狀，聞到蘋果香噴噴的味道，咬起來脆脆的口感，這些感官刺激都可以幫助他理解蘋果是什麼。

慢慢地，孩子可以將「蘋果」這個發音和實物匹配起來。即使眼前沒有實物蘋果，當我們用語言說出「蘋果」時，他們也可以在頭腦中想像出蘋果的樣子。

總體來說，我們可以透過實物、模型和卡片這三個工具，幫助孩子循序漸進學習語言的抽象化。

■ 1. 從具體到抽象，循序漸進的三個語言遊戲

(1) 語言實物遊戲

我們可以準備一個小籃子或小托盤，裡面放入 3～5 個孩子日常生活中會使用到的真實物品。這些物品通常是一個類別的。分類別的實物，相當於把無規律的事物變為有規律的，可以讓孩子學習語言更有條理性和邏輯性。

小籃子裡可放入一條內褲、一件上衣、一頂帽子、一雙襪子，我們還可以新增布尿布、褲子、嬰兒的鞋襪、圍嘴。這樣就是一組分類物品（選取其中的 3～5 個）。

還可放入一根青瓜、一個玉米、一個茄子、一個番茄、一根紅蘿蔔，這樣也是一組分類物品。如果在夏天，孩子去游泳，我們也可以新增孩子游泳時穿搭的物品。

我們可以使用一張小墊子，將這些分類好的實物依次從籃子裡取出，然後摸一摸、聞一聞，同時告訴孩子這個物品的名稱。邀請孩子也來摸摸看、聞聞看。當孩子感受物品的時候，我們可以重複說出這個物品的名稱，幫助孩子將語言和實物匹配起來。當孩子全部熟悉了之後，我們可以問孩子：「香蕉在哪？」「蘋果在哪？」「你可以給我檸檬嗎？」透過對話的方式幫助孩子練習語言和實物的匹配。

語言學習的過程通常是很自然的，因為孩子每天在生活中都會遇到這些物品。物品的安全性、真實性是我們在準備材料時需要考慮的。學習了這些常用的詞語，孩子可以很好運用在日常生活中，表達自己的需求，這也是為孩子的獨立奠定基礎。

第四章　1～1.5歲，自我意識初萌芽

(2) 語言模型遊戲

當孩子對實物有了一定的了解後，我們可以給孩子複製品，也就是模型。

◆ **使用模型，可以將更大的世界帶給孩子**

例如：我們帶孩子去過動物園，為了讓孩子增加更多的詞彙，提供一組動物的模擬模型給孩子會方便很多。

◆ **模擬模型，可以進一步發展孩子的認知能力**

我們給孩子的模型是分好類別的，比如長頸鹿、大猩猩、非洲象、雄獅，這些都是動物。隨著孩子認知的提升，我們可以給孩子細分類型的模型，比如喜歡小車的孩子，我們可以提供給他不同類型的車輛模型，比如吉普車、跑車、轎車、越野車等。這既能豐富孩子對這些細分名稱的認知，又能提高孩子學習的趣味性。

> **小提示**
>
> 在提供模型時，我們需要注意每個模型的尺寸，最好是一比一復刻還原的。比如：一組農場動物的模型裡，乳牛的尺寸比較大，公雞的尺寸相對乳牛會小很多。
>
> 注意模型的尺寸，有助於孩子更具像地學習模型的邏輯關聯。

(3) 語言卡片遊戲

我們還可以列印、自製一些小卡片，作為語言啟蒙的小工具。一般來說，卡片上的圖片是孩子特別熟悉的，並且孩子會按照類別歸類。比

如一套完整的衣物類的語言卡片，包括了一頂帽子圖片、一雙鞋子圖片、一件連體衣圖片、一雙手套圖片等。可根據孩子的情況提供 5～8 張。

製作語言卡片，對孩子有以下兩個好處：

◆ **卡片的資訊量更豐富，能提供孩子更多資訊**

比起模型和複製品，語言卡片所能包括的物品更多，比如家具、樹、遊樂場等。卡片內容也可以是日常的交通工具，如汽車、腳踏車、提籃、校車、觀光遊覽車等。圖片資訊對孩子來說都是非常熟悉的。

我們還可以將和孩子相處的人的照片影印出來，可以在上面寫上他們的名字，這樣不僅有趣，孩子參與感強，而且還可以提升孩子認知能力的發展。

◆ **卡片可以為孩子提供書籍閱讀前的良好過渡**

向孩子介紹語言卡片，其實就是逐漸引導孩子認知真實的物品可以透過符號、文字來代替。這是更為抽象的，也是孩子閱讀書籍的過渡。當孩子能理解這些抽象的概念，孩子便得到了自由。因為他們跳出了實體物品的限制，可以用抽象的名稱表達自己的理解。

孩子學習語言的能力是強大的，他們時時刻刻都在學習，並且努力用自己的方式表達出來。

作為父母或養育者，我們能做的就是強化孩子生活中常用的詞彙，在環境中反覆說出這些物品的名稱。雖然孩子在 12 個月左右時才會說出第一個真正意義上的詞，但我們不是被動等待著孩子說出詞句，而是要在日常的生活中，就給予孩子豐富語言的環境。

第四章　1～1.5歲，自我意識初萌芽

> **小提示**
>
> ・列印時選用硬的卡片材質，可避免低齡的孩子揉捏時造成損壞，縮短卡片使用壽命。
>
> ・列印後及時塑封，方便平時擦洗清理。
>
> ・一套卡片的尺寸必須是一致的，並且四邊用剪刀修剪成不鋒利的圓弧形。
>
> ・除了卡片外，防水、咬不破、撕不破的簡單繪本也是好選擇。

■ 2.「三段式語言遊戲學習法」，原來語言可以這樣玩

　　無論是給孩子提供實物、模型還是卡片，我們可以使用「三段式語言遊戲學習法」，讓孩子一邊玩，一邊更好地學習語言和詞彙。三段式教法最早是愛德華・塞金發明的，被蒙特梭利廣泛應用到她的教法裡。我們可以運用這個方法來讓孩子學習事物的名稱和特質。

　　所謂的「三段式語言遊戲學習法」，包括了命名、練習和測試三個階段。

圖 28

(1) 命名階段

這個階段就是對實物、模型或者卡片裡內容的名稱進行命名。比如：將一組水果的實物一一取出來，放在墊子上，告訴孩子名稱。拿出來的同時，指一指實物，說「這是蘋果」、「這是香蕉」、「這是雪梨」。

(2) 練習階段

這是最有趣的部分，可以反覆練習。在介紹完全部的物品後，問問孩子：「蘋果在哪裡？」「請你指一指香蕉。」「你可以把橘子給我嗎？」我們還可以透過移動墊子上物品的位置，讓孩子來找，鍛鍊孩子的視覺匹配能力，增加活動的趣味性。

(3) 測試階段

這一階段不是一定要做的，我們可以根據孩子的能力來選擇做或者不做。如果孩子比較大了，並且對這些物品非常熟悉，我們可以指著蘋果問：「這是什麼？」由孩子自己將名稱說出來；而如果孩子還處於練習階段，對部分名稱還會混淆，那麼我們還是回到前面練習階段的遊戲法。

整體而言，無論是提供孩子真實物品、模型還是語言卡片，我們都可以用「三段式語言遊戲學習法」和孩子進行互動。當然，最好的語言啟蒙還是要回歸到生活中，耐心傾聽孩子，和他們多說話。在這個基礎上，所有的工具和方法才能產生事半功倍的效果。

第四章　1～1.5歲，自我意識初萌芽

滿足孩子的好奇心 —— 猜猜開關盒子裡面是什麼

　　0～6歲的孩子，處於感官探索的敏感期，對這個年齡層的孩子來說，生活中的小物品是非常奇妙的玩具。父母認為孩子在「黑白玩」，但孩子卻有另一番感受。

◇ 玩紙巾：抽完一張怎麼還有一張，有魔法！
◇ 玩塑膠袋：這個聲音真有趣！還花花綠綠的，真好玩！
◇ 玩眼鏡：你臉上有個不一樣的東西，給我看看是什麼？
◇ 玩項鍊、衣服上的繩子：什麼東西晃來晃去的？
◇ 玩遙控器和手機：好多凸起的小按鈕，用手一按還有反應，真好玩！

　　這些小物品滿足了孩子對聲音、顏色、味道、觸覺的探索需求，他們會自然呈現出強烈的興趣。與其制止，不如我們來製作一個小工具，讓寶寶充分探索，感受其中的樂趣。

■ 1. 開關盒子，開啟孩子的好奇心

　　我們可以收集一些容易開啟和關上的盒子，比如鞋盒、禮品盒、空的塑膠瓶子，在盒子裡面放入一些小玩具和日常生活用品。

　　邀請寶寶搖一搖，猜猜盒子裡面是什麼？這樣不僅能增加孩子的感官經驗，對孩子的語言和邏輯推理能力的發展也都很有幫助。

　　我們向孩子示範如何開啟和關上盒子，然後鼓勵孩子試試看。

　　孩子這時正處於動作的敏感期，會自發地專注練習手眼協調，樂此不疲地重複將小玩具放進去和拿出來，並且學習開啟盒子（比較簡單）和關上盒子（更具挑戰）。

當孩子在玩盒子的蓋子時，我們可以配合孩子的動作告訴他們「開啟」和「關上」的概念，同時在孩子玩盒子裡的玩具時和他說「裡面」和「外面」。在孩子將玩具全部取出來和全部放進去的時候，和他說什麼是「空」，什麼是「滿」。

如此，孩子在玩耍的過程中，便會習得諸如「大小」、「裡外」、「空滿」等概念，此外，孩子還能學習分辨不同物體的重量、大小和形狀。倒出和裝滿盒子的動作，還可以鍛鍊孩子的運動技能以及解決問題的能力。

2. 延伸活動：開啟和關上

將日常生活中用完的小瓶子、小罐子清洗乾淨，完全晾乾，用一個小籃子收納裝好，放在孩子的活動矮櫃上，跟寶寶示範如何開啟這些小瓶子和小罐子。孩子會在探索中學習如何順時針、逆時針方向扭開瓶蓋，還會學習各種開啟和關上的技巧。

第四章　1～1.5歲，自我意識初萌芽

第三節　這些「坑」，不要踩

玩具越多越好？這三點危害不容忽視

隨著生活水準的提高，父母給孩子買的玩具越來越多了。有一部分父母認為，玩具也花不了多少錢，只要是孩子想要的，基本上都會滿足孩子。

然而，孩子各式各樣的玩具越來越多，問題也接踵而來。

比如：家裡的玩具已經堆成一座小山，但是孩子喜歡玩的不外乎那幾個。孩子每次玩的時候不專心，隨便擺弄一下就沒了興趣，還不停要求買新玩具。收拾玩具變成了孩子和大人每日上演的拉鋸戰。

1. 不是越多就越好

在「給」和「接」的過程中，玩具可以促進孩子社會性的交流互動。當玩具被用來促進孩子從平行遊戲進入交玩遊戲時，玩具就成了互動的媒介。

雖然豐富多樣的玩具能給孩子帶來快樂，但過多的玩具或不適合孩子年齡發展階段的玩具，卻會引發不良效果。心理學教授克萊爾・勒納曾說，給孩子們過多的玩具或不適當的玩具會損害他們的認知能力。因為在過多的玩具面前孩子會顯得不知所措，從而沒有辦法集中精神去玩其中某一個玩具，也不能從玩中學到知識。

玩具太多，可能會帶來以下三個問題：

(1) 容易降低深度探索能力，影響專注力的發展

想必許多人都有這樣的經驗：我們想從書櫃裡找一本書，但因為書籍實在是太多了，我們在找的過程中，注意力被分散了，不知不覺翻看了其他書籍，甚至忘記了自己原本要找的是什麼書。

對於低齡孩子來說，他們「自主注意」和「持續專注」的時間要比成人短得多。玩具太多，反而會干預孩子對單一玩具深度探索和玩耍的能力，不利於孩子專注力的發展。

(2) 不利於孩子秩序感和安全感的建立

玩具太多，收納管理就是一個巨大的挑戰，如果沒有及時整理，很容易變成「災難現場」。

瑪麗亞‧蒙特梭利曾說，0～4歲的孩子，正處於秩序感發展的敏感期。

秩序感是自小開始，從生活中的點點滴滴進行培養的。一個有秩序的環境，可以幫助孩子認識事物、熟悉環境。如果你細心觀察，就會發現孩子天生對玩具擺放的順序、位置，甚至使用的方式有強烈、刻板的秩序傾向。

這種外在的秩序感，可以說是內在安全感建立的基礎。因為熟悉的感覺會讓孩子感覺良好，從容不迫，容易創造內在安定感。而混亂擺放的玩具，則不利於建立統一的秩序和規則。

第四章　1～1.5歲，自我意識初萌芽

■ 2. 給孩子多少玩具，需要考慮以下兩個要素

(1) 孩子是否可以自主收納和管理玩具

根據孩子玩耍的空間，設定一個合理的收納區，能夠滿足與幫助孩子的秩序感發展，也可以最大限度地讓孩子參與收納，培養其物歸原位的好習慣。

一般來說，1～2個收納櫃的空間是比較理想的。使用收納櫃，再結合各式收納籃，可以實現比較精簡的收納風格，同時又可以滿足分類的需求。

當孩子再大一些的時候，可以運用矮櫃裡放收納籃，把玩具放在收納籃的方式，在籃子外進行標籤分類，在家裡實現分類的收納方式，讓孩子做整理歸納玩具的工作。

(2) 玩具是否都被有效利用

玩具那麼多，孩子是否都有拿出來玩呢？如果仔細觀察你會發現，太簡單的玩具，孩子玩得並不專心，他們會隨處擺放，甚至一兩週都沒有再拿起來過。這一類型的玩具，可以先收起來，看看孩子會不會來找。如果一兩週孩子也沒有來找，我們可以和孩子溝通，將玩具清理或者送人，並補充新的玩具。

如此，孩子可以對玩具保持一定的新鮮感，我們還可以減少玩具的數量，讓孩子玩耍時更加專注。

對於難度太高、不符合孩子認知和抓握能力的玩具，孩子玩耍時容易感覺到挫敗。這類型的玩具也可以暫時收起來，過段時間再拿出來，也許孩子就可以玩得很好了。

無論是玩具的種類還是數量，適合孩子的玩具，才是最好的。

過晚戒奶瓶弊大於利，「一杯三步法」幫助寶寶順利度過

孩子有吸吮的本能，很容易學會用奶瓶喝奶，但是「請神容易送神難」，戒掉奶瓶就不那麼容易了。孩子前期使用奶瓶的時間越長，後期對奶瓶的依戀會越大。

那麼孩子什麼時候戒奶瓶比較合適呢？美國兒科學會給出的建議是：寶寶6個月之後就該學習使用杯子，12個月時要停止使用奶瓶，最晚18個月一定要徹底戒除奶瓶。

我們可以理解為，在孩子6～12個月這段時間，我們可以跟孩子介紹杯子，平時讓孩子有使用杯子的機會，並助其練習如何使用。經過半年的時間作為鋪陳，在孩子12個月時，基本可以順利使用杯子喝水了。最晚到18個月，一定要讓孩子徹底戒除奶瓶。

這個時間段練習使用杯子也和寶寶的生理發展相符合。比如6個月大時，絕大多數孩子的小手精細肌肉可以掌握「整手掌」抓握，這個動作的發展正好支持孩子可以抓起食物送入口中品嘗，以及抓握起一個小杯子靠近嘴邊。

■ 1. 戒奶瓶的三大危害

如果孩子兩歲還沒有使用正常的杯子喝水，容易產生以下三點危害：

（1）引發蛀牙，影響牙齒健康生長

孩子長期使用奶瓶喝奶，最大的問題就是容易誘發蛀牙。尤其是在夜間，如果孩子睡覺時嘴裡還含著奶嘴，口腔裡容易殘留奶水，而配方奶裡的糖分較母乳來說更高，容易引起孩子蛀牙。

第四章　1～1.5歲，自我意識初萌芽

(2) 咬合不正確，影響面部骨骼發育

如果孩子兩歲後還沒有戒除用奶瓶喝奶、喝水的習慣，那麼孩子發生唇、齒和臉部變形的機率就很大。孩子在兩歲左右長齊20顆乳牙，若長期用奶瓶喝奶，外力的作用會讓寶寶的上唇和上頜骨向外凸，造成鼻腔壓迫，形成「口呼吸」。

久而久之，孩子就容易出現「地包天」等口腔問題，影響面容和面部正確骨骼肌肉的發育。

(3) 形成不正確的心理依賴，不利於獨立發展

對於新生兒和6個月以前的嬰兒來說，母乳或者配方奶是最適合他們的食物。

然而在6個月後，孩子會用一日三餐逐漸取代母乳和配方奶，這就是孩子走向獨立的過程。如果此時孩子仍然用奶瓶喝水、喝奶，那麼會不利於孩子內在獨立和自信心的發展。

■ 2. 奶瓶好方法，「一杯三步」幫助寶寶喝水喝奶更獨立

無論是喝奶還是喝水，寶寶飲食習慣的養成並不是一天兩天的事情。低齡孩子習慣的養成，主要依賴於父母或者照料人的養育方式。根據孩子月齡和使用奶瓶的情況，我推薦「一杯三步」的方法。

(1)「一杯」，使用「斷奶杯」

如果孩子6個月齡前很少使用奶瓶或母乳親餵，我們可以直接用小杯子給孩子餵水。

這種杯子有人稱為「斷奶杯」。意思當然並不是要求孩子在6個月的

時候就斷奶。如果我們把斷奶看成是一個過程，那麼當孩子吃上第一頓輔食時，斷奶的歷程就開始了。

「斷奶杯」需要滿足以下兩個特點，才能輔助孩子更好地使用：

◆ 小尺寸，適合孩子整手掌抓握

「斷奶杯」是專門給寶寶使用的，我們需要考慮孩子是否可以在不借助父母的幫助下，獨立操作使用。一般來說，「斷奶杯」的尺寸非常迷你。它的容量大約為 40 毫升，口徑 4 公分，高度 5～6 公分。這樣的尺寸孩子用一隻手就可以緊緊抓住杯子，將其靠近嘴邊，可以提高孩子成功操作的可能性。

另一方面，因為容量小，也易於孩子練習和父母清理，不會出現孩子打翻後「水災氾濫」的情況。

◆ 玻璃材質、有一定重量

理想的「斷奶杯」是透明的玻璃材質，不僅通透美觀，也具有真實性。在最開始的時候，我們在杯子裡裝上 10～20 毫升的水，靠近孩子並餵他喝。慢慢地，等孩子可以獨坐後，孩子就可以學習握著杯子自己喝。

在之前的時間裡，孩子已經有很多機會練習吸吮和吞嚥了，只要我們信任他，讓他多嘗試幾次，你很快就會發現孩子喜歡上了這樣的方式。

(2)「三步」，循序漸進使用戒奶瓶

如果你的孩子從小是用奶瓶餵養長大的，那麼讓孩子一下子接受用杯子喝水或許會不習慣，甚至會表現出抗拒。

第四章　1～1.5歲，自我意識初萌芽

在這種情況下，孩子需要更多的時間來適應。不妨試試看從三個時間段，分三步循序漸進過渡：

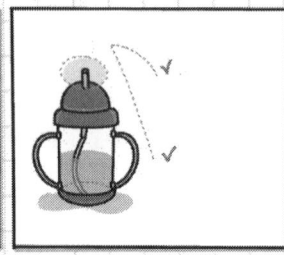

圖29

◆ **6～12個月，使用鴨嘴杯**

鴨嘴杯介於奶嘴瓶和吸管杯之間，一字形狀的杯口增加了與牙齒的接觸，可以平衡孩子牙齒的受力，也可以一定程度上避免發生牙齒變形。

◆ **12～18個月，使用吸管杯**

慢慢地，我們可以試著讓孩子使用吸管瓶。使用吸管的方式和使用奶嘴的方式是截然不同的，吸管更多運用到了孩子整個口腔的肌肉，可以幫助孩子進一步接受新的方式。

◆ **18個月以上，完全使用斷奶杯或尺寸合適的敞口杯**

如果孩子經歷了這樣循序漸進的方式，從半閉口的杯子逐漸過渡，一般情況下他就可以使用完全開口的杯子喝水了。

這時我們可以在客廳設定一個倒水臺，建立一個孩子可以自己倒水、喝水的環境。孩子會認為自己是一個有能力的人，他可以照顧自己，照顧環境，當客人來訪時甚至可以倒水給客人喝。他深刻認識到自己是家庭的一分子，並為此感到自豪。

右腦開發和抽認卡教育，可能只是「智商稅」

抽認卡最早起源於 1960 年代的美國，是美國人格連‧杜曼發明的一種視覺刺激卡片。

在很多以右腦開發的思維課程裡，我們會看到老師透過使用快速閃動卡片的方法，以極快的速度，把卡片進行反覆交疊替換，同時唸出對應的詞彙，讓孩子被動記憶這些片語。

多年來，人們對抽認卡的使用一直有許多爭議，支持者和反對者各有各的觀點。支持使用抽認卡的家長和機構以「左右腦思維訓練」作為標籤，主張開發右腦，他們認為大腦還有 90% 待開發。而右腦開發就是使用各種適合右腦工作的方法來啟用右腦，激發其潛能。

支持抽認卡的人認為，6 歲前是右腦最活躍的階段，儘早對孩子進行感官訓練，可以促進孩子的右腦發育。而透過使用「抽認卡」，可以刺激孩子的視覺感官，培養他們的記憶力、觀察力、思維力、專注力、語言能力和理解能力。

但是這樣填鴨式的灌輸，真的是好的啟蒙教育嗎？

對於大腦的認知和使用，一直是科學家們研究探索的重點。人腦確實是有左右之分的，但是所謂的「右腦開發」或者「全腦開發」，還是存在不少疑點。

美國兒科學會曾對抽認卡做出評論：這種治療方案基於過時的、過於簡單的大腦發展理論。現有的資訊不能支持提議者關於這種治療方案有效的說法，其使用仍然是沒有保證的……

與此同時，兒童神經精神學、認知發展心理學等組織也對這種模式

第四章　1～1.5歲，自我意識初萌芽

治療提出了質疑。比如：研究證據不足、誇大效果等。

我們再來看看孩子學習語言的過程。在抽認卡教育中，雖然孩子透過強輸入快速習得了很多語言，但是這些語言是在他不理解這些詞的含義之前，被強行灌輸的概念。

語言習得的過程中，聽、說、讀、寫是環環相扣的。口語先於書寫語，而書寫必須由口語來支持，這便是孩子自然學習語言的邏輯。一歲前的孩子，會透過不斷地聽，吸收父母說話的聲音，然後再模仿父母的語言進行表達。

在真實的語境中，孩子學習了說話的邏輯、表達的含義、與他人溝通的認知，最後才能將言語和文字對應起來，了解其中的含義。

這個過程中的每一步都是息息相關、環環相扣的。閱讀的基礎是理解。如果不理解文字背後的含義，就算孩子能認得幾千萬字，那麼意義是不大的。

真正的教育，一定不是揠苗助長，而是需要激發孩子的自我驅動力，孩子能自我引導、自我學習、自我肯定。比起大人控制抽認卡，決定「閃」的速度、「閃」的內容，我認為孩子自主探索和體驗更重要。

蒙特梭利曾說：「我聽到了，我就忘記了。我看到了，我就記住了。我做過的，我就理解了。」孔子也曾說過類似的話：「吾聽吾忘，吾見吾記，吾做吾悟。」說的都是「聽不如看，看不如動手做」這個最簡單的道理。

學習最重要的是尊重孩子自然發展的規律，尊重孩子學習的過程，而不是結果和成績。

抽認卡要不要使用，我們需要參考科學的結論，同時結合自身情況選擇適合孩子的方式。我們要成為一個有判斷能力的家長，給予孩子良好的學習環境，促進他們的身心發展。

第四章 1～1.5歲，自我意識初萌芽

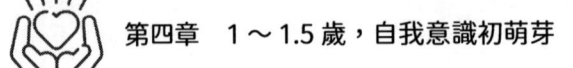

第五章
1.5～2歲，
培養會思考、會社交的聰慧頭腦

從1歲半開始，孩子越來越渴望自己做事情，並且進入社交發展的加速期。本章節，我們會運用九大氣質維度，根據孩子的特點針對性提高「社交商」。對打人的孩子給予正確的「容器設定」，幫助經常被欺負的孩子破除「被打魔咒」，神祕袋、洞洞遊戲、家庭版的蒙氏藝術和閱讀區，開發孩子智力的泉源。

第五章　1.5～2歲，培養會思考、會社交的聰慧頭腦

第一節　讀懂孩子，
　　　　化解社交和如廁的 5 個棘手問題

「人來瘋」還是「躲起來」？──
提高「社交商」，不同氣質的孩子使用方法大不同

　　培養教育人和種花木一樣，首先要認識花木的特點，區別不同情況給以施肥、澆水和培養教育，這叫「因材施教」。

── 陶行知

> **小觀察**
>
> 　　我的朋友有一對 5 歲的雙胞胎，兩個孩子從小在同樣的家庭環境裡長大，父母養育孩子的方式也基本一致，但是兩個孩子的性格截然不同。
>
> 　　面對同樣的社交衝突，比如被其他孩子搶玩具，姐姐會採取主動行動，她會一把搶過玩具，大聲地說：「這是我的，你不能搶我的玩具！」而妹妹正好相反，她的方式是嚎啕大哭，等待姐姐或者其他家人來幫忙。

以前人們總說孩子是一張白紙，但當我真正成為一個幼兒教育領域的工作者，在十餘年裡接觸過很多孩子後，我越來越覺得：孩子生下來並非是一張白紙。

儘管後天家庭環境會極大地改變孩子，但是越來越多的科學研究證明，嬰兒生下來，就已經帶著各自與眾不同的性格特點。

家裡有新客來訪，有些孩子是「人來瘋」的自來熟，而有些孩子卻是「躲起來」的慢熱者。這些，都是孩子們生下來就帶有的「先天氣質」。

孩子的性格特點及思維行動方式可謂天差地別，如果我們想要幫助他們提高社交能力，就需要了解孩子的獨特性，看到他們不同的氣質類型，才能真正給予有效的幫助。

■ 1. 了解孩子性格所屬的氣質維度

氣質類型有很多流派，但最為全面的，應該屬 1860 年代由美國心理學家湯瑪斯和兒童心理學家切斯做的兒童氣質研究。

湯瑪斯和切斯博士用 14 年時間，對 141 名新生兒進行追蹤研究，最終得出以 9 個維度來衡量孩子的氣質類型。

第五章 1.5～2歲，培養會思考、會社交的聰慧頭腦

氣質類型的九大維度

活動水準	規律性	趨避性
適應度	反應閾值	反應強度
情緒品質	分心性	注意力廣度和持久性

圖30

表 13

九大氣質維度	具體表現
活動水準	・活動水準指的是孩子在日常生活中吃飯、睡覺等身體運動時的活動量 ・活動水準高的展現：愛爬家具、精力旺盛、睡眠時動作多 ・活動水準低的展現：喜歡安靜地玩拼圖、吃飯速度慢、睡眠時身體不會經常動
規律性	・規律性是指日常生活作息的穩定度 ・規律的展現：吃飯、睡覺、排便規律 ・不規律的展現：每天早上醒來的時間不一樣；午睡時間和排便不規律，如廁訓練難
趨避性	・趨避性是指孩子對從未接觸的人、事、物等表現出來的最初反應 ・趨避性強（害羞退讓）的展現：見陌生人會哭；第一次給穀類食物會拒絕；第一次去海邊會害怕，不會去海裡 ・趨避性弱（積極主動）的展現：愛笑；在別人家過夜，一整晚可以睡得很好
適應度	・適應度是指孩子在面對轉變時的適應情況 ・適應度強的展現：喜歡洗澡；容易服從 ・適應度弱的表現：每次剪頭髮會尖叫和哭；不服從
反應閾值	・反應閾值是指外界的刺激要達到多大的程度才能引起孩子的反應 ・反應閾值低的展現：當爸爸回家時會跑到門那裡；睡覺時總需要被緊緊抱著 ・反應閾值高的展現：可以和任何人待在一起；無論是仰躺還是俯臥都可以很快入睡

第五章　1.5～2歲，培養會思考、會社交的聰慧頭腦

九大氣質維度	具體表現
反應強度	・反應強度是指孩子對內在和外在刺激產生反應的激烈程度 ・反應強度高（強烈）的展現：如果玩具被搶走，會哭得很響亮；興奮和高興的時候尖叫；吃飽了堅決拒絕繼續吃 ・反應強度低（溫和）的展現：當另一個孩子打了他，雖會表現得很驚訝，但並不會打回去；被訓斥時不會有太大的反應
情緒特質	・情緒特質是指孩子在不同情況下所表現出愉快情緒和不愉快情緒的多寡 ・情緒特質積極的展現：和兄弟姐妹一起玩；愛笑；當成功把鞋子穿上後會露出笑臉 ・情緒特質消極：剪頭髮時會哭、扭動身體；媽媽離開也會哭
分心性	・分心性是指孩子進行活動時能不因外在因素打擾而中斷的程度 ・容易分心的展現：孩子正在發脾氣，但讓他參與另一個玩的活動，他就不發脾氣了；小的時候抱著搖一搖，就不會哭著要吃的了 ・不易分心的展現：如果拒絕給孩子想要的東西，孩子會尖叫；忽視媽媽的要求
注意力廣度和永續性	・注意力廣度和永續性是指孩子從事某項活動的時間長短，以及能顧及的事情的廣度 ・注意力廣度和永續性長的展現：玩拼圖直至全部完成；當給孩子展示如何做一件事時，孩子會觀察 ・注意力廣度和永續性短的展現：如果玩具比較難玩，孩子很快就會放棄；如果脫衣服遇到困難會馬上要求幫助

對比以上 9 個維度，我們可以更好地了解孩子是一個怎樣的人。氣質類型沒有好壞之分，它是人天生帶來的氣質。了解孩子氣質的 9 個維度，可以幫助我們更好地因材施教。

如果孩子屬於氣質類型維度裡「適應性低」、「反應強度大」的類型，而我們為了讓他更快融入新環境，就把孩子向外推，你會發現孩子不會變得積極主動，反而會更往後退縮。

如果個性文靜的媽媽，希望從小培養孩子的美感和藝術氣質，於是經常帶孩子去參加音樂會，參觀博物館，學習茶藝和書法，但是孩子屬於氣質類型維度裡「活動水準高」的類型，給孩子選擇茶藝和書法這種比較安靜的活動，你大概會對孩子的反應感到失望。因為孩子經常會坐不住、跑、鬧，甚至開始「搗亂」。如果孩子長期處在消極負面的評價中，他會覺得自己是個沒有價值的人。

因此，如果我們能根據孩子氣質維度的不同，因材施教，那麼孩子的成長就會更快樂。現在我們就來聊聊，如何幫助不同氣質維度的孩子提高自己的「社交商」，讓他和夥伴更好地學習和玩耍。

■ 2. 幫助各種氣質維度的孩子提高「社交商」

（1）如果你的孩子活動量大、活潑好動

這類型的孩子，我們需要幫助他消耗多餘的精力，讓孩子意識到自己的行為以及對他人的影響是社交的重點。

這類型的孩子很容易興奮，當他開心地把別的孩子抱得很緊時，我們可以說：你好喜歡這個小朋友啊，我們可以輕輕地和他握個手，他可能會感覺更舒服哦！

第五章　1.5～2歲，培養會思考、會社交的聰慧頭腦

當孩子好奇地想去拿其他孩子的玩具時，我們可以提醒他：這不是你的玩具，如果你要玩可以先問問對方是否同意，不然他會難過的。

透過語言，幫助孩子意識到自己的行為，給他人帶來的影響，幫助孩子更容易理解界限，找到更合適的方式與他人互動。

在生活中，我們也需要給予活動量大的孩子更多體能活動空間，讓孩子消耗多餘的精力，滿足他生理的需求。體能類、競技類和控制類的遊戲，是能促進社交發展的遊戲，非常適合他們：

◇ 體能類的遊戲：老鷹抓小雞、放風箏、大風吹。
◇ 競技類遊戲：玩平衡車、跳繩、踢球。
◇ 自我控制類遊戲：一二三木頭人、兩人三腳。

(2) 如果你的孩子容易退縮、對人際交往比較敏感

這類型的孩子需要更多的「熱身運動」，他們需要花更多的時間觀察環境裡的人和事，需要不斷確認環境，直到感覺環境是安全的、可靠的才會慢慢開始社交和行動。面對這樣的孩子，給予他們提前熱身的時間和循序漸進的「遞梯子」引導十分重要。

◆ 提前熱身

每次我們帶這類孩子參加聚會或者活動時，可以先帶孩子去目的地，和孩子先在那裡玩一會兒，讓孩子提前適應環境。

這樣慢熱型的孩子不會因一下子需要面對很多人而產生社交壓力，而是有一個循序漸進的過程。這樣的方式能讓他感覺安心，並且有一種掌控感，幫助他更好地與他人社交。

◆ 遞梯子

害羞、易退縮的孩子需要父母更多的耐心、陪伴和相信。採取「遞梯子」式的陪伴，可以幫助孩子逐步完成社交挑戰，獲取自信，並相信自己是一個有能力的人。一把梯子，從底部到頂部，有很長的距離，要到達頂部並不容易。但是如果我們分解難度，循序漸進地幫助孩子，孩子就會不知不覺完成挑戰。

當孩子面對新的環境、新的挑戰，選擇退縮時，我們可以按照下面的方式「遞梯子」。

抱著孩子，幫他說出內心的感受。「新的環境和朋友，讓你有點害怕，是嗎？」（接納孩子，幫助孩子了解自己的感受）

「我們可以先在旁邊看一看，看看別人是怎麼做的。」（幫助孩子找到排解社交焦慮的方法）

當孩子看了一段時間，稍微放下緊張之後，我們可以說：「上次你去參加一個派對，一開始也是很緊張，後來我們不是也交到很多好朋友嗎？」（讓孩子回顧成功的經驗，喚起信心）

觀察孩子，給予孩子時間，直到他願意邁出第一步。當孩子願意邁出第一步時，不要忘記給孩子鼓勵！（陪伴、相信、正向循環）

如此，慢熱型的孩子就會一步一步地開啟自己，和他人更好地互動交流。

(3) 如果你的孩子主動好奇、適應度高

提高孩子的自我警惕度，培養其做出獨立判斷，是這類型孩子社交的重點。

很多家長認為，自己的孩子主動、對事物好奇、適應能力強，社交能力很好，也就沒大人什麼事了，讓孩子自己去玩就好。

第五章　1.5～2歲，培養會思考、會社交的聰慧頭腦

但是事實上，這類型的孩子，反而容易成為「問題孩子」。因為這類型的孩子很容易融入環境，隨環境做出改變。

如果這類型孩子遇上其他品性比較差的問題孩子，他也很容易融入環境並被同化，價值觀也容易產生偏差。而且低年齡層的孩子，也容易和陌生人親近，沒有危機意識。

因此養育這類型的孩子，我們的重點要放在以下方面：

◇ 鼓勵孩子多多輸出自己的見解，多問孩子：「你是怎麼想的？」「你對這件事怎麼看？」
◇ 透過「扮家家酒」的方式，和孩子進行情景演練，預知可能會遇到的問題，讓孩子看到事物的兩面性。

(4) 如果你的孩子情緒反應強、堅持度比較高

培養孩子的同理心，幫助他們讀懂「社交訊號」很重要。

遇到一點小事情，就容易發脾氣的孩子，情緒的反應比較強，我們需要幫助他們意識到自己的情緒以及他人表現出來的「社交訊號」。

比如：如果孩子大吼大叫的時候遭到另外一個孩子的白眼，孩子是否能夠意識到，並且停止大吼大叫？對方的反應，就是一種強而有力的「社交訊號」。

如果不能讀懂這種「社交訊號」，孩子仍然我行我素，堅持做自己，長此以往會影響孩子的社交。發出「社交訊號」，不是孩子天生就會的，而是透過後天與他人的互動中習得的。幫助情緒反應強、堅持度高的孩子意識到這一點，讓他們用更適當的方式表達自己的情緒和需求，能讓孩子更同理他人。

◆ 引導孩子專心聽別人說話

如果孩子沒有聽，我們可以多次重複。

幫助孩子留意他人的行為，洞察「社交訊號」

試著理解別人行為背後傳遞的原因。比如：「我看到那個小朋友的臉都黑了，他可能不大喜歡你一來就把他的玩具拿走。」

◆ 想像別人的感受

比如：「小朋友的玩具被搶走了，他覺得很難過。」

◆ 用更恰當的方式回應

比如：「我們可以問問這個小朋友，我可以和你交換玩具嗎？」

在不斷練習中，孩子會變得越來越同理他人，他也能更加敏銳地觀察到別人的「社交訊號」，調整自己互動的方式，讓自己的需求更容易得到滿足。他也會開動腦筋想辦法，讓自己成為一個更加積極主動的孩子。

3. 四大技巧，幫助孩子快速加入夥伴當中

有些孩子可以很自然地加入其他小朋友的遊戲中一起互動，而有些孩子「萬事開頭難」，好不容易鼓起勇氣，卻被拒絕了，這會讓他們很挫敗。

我們可以引導孩子，給予孩子一些簡單的策略，幫助孩子更好更快速地融入夥伴中。

(1) 先觀察、等待、聆聽

看看別人是怎麼玩的，聽聽別人在說什麼、做什麼，了解遊戲的規則。

第五章　1.5～2歲，培養會思考、會社交的聰慧頭腦

(2) 從一個孩子開始

鼓勵孩子尋找一個看起來「好說話」的小夥伴，而不是全部的小夥伴。可以和那個小朋友說：「我能和你一起玩嗎？」

(3) 用非正式的方式直接加入

比如：別人在玩你追我趕的遊戲時，孩子也加入進去在後面跑一跑，很容易就融入了。

(4) 在家中透過角色扮演，練習加入夥伴當中

比如：在家玩扮家家酒、樂高的時候，模擬玩偶之間一起玩滑梯的互動。而這就是父母示範如何用語言表達，自然加入他人活動的好時機。

孩子被打了，要教他打回去嗎？
── 三招化解「被打魔咒」

孩子在社區裡玩耍，碰上一個年長一點的小哥哥，小哥哥會搶孩子的玩具，還打人。你的孩子被打後，什麼都不會說，只會哇哇大哭。這讓人既心疼，又著急！遇上這種情況，你的做法是：

A. 太氣人了，一定要教孩子打回去！

B. 第一時間阻止打人行為，並安撫孩子的情緒。雖然覺得生氣，但不會糾纏太多，然後盡快帶孩子離開。

每個孩子都是父母的心肝寶貝，孩子被打，經常讓我們既生氣，又心疼。遇到這種情況，我們應該如何處理才能更好呢？

1. 孩子被打，教他打回去還是快走開？

(1) 打回去？

教孩子打回去，「有來有往」，這聽起來很公平，沒毛病，但是如果仔細分析，我們會發現存在兩個問題。

◆ 「打回去」容易變成煽風點火，把問題擴大化

若家長在旁教孩子「打回去」，很容易演變成大人之間的戰爭。一旦這種戰爭點燃，就會發生兩個大人在孩子面前大打出手的情況，造成的後果會比較嚴重。因為大人情緒失控，帶來的風險是難以預估的，就像一團火，燒起來了就控制不住了。這並不能幫助孩子思考下次如何解決衝突，一些低齡的孩子甚至會產生害怕、恐懼的心理。

◆ 「打回去」容易讓孩子誤認為這是解決衝突的正確方式

如果鼓勵孩子被打了之後就打回去，孩子可能會覺得打人是解決衝突的正確方式。而對孩子來說，他很難分辨什麼情況下用打回去的方式，什麼情況下則不需這麼做。要是孩子生活在多子女的家庭中，兄弟姐妹發生衝突時，被教育「打回去」的孩子，也可能會用這樣的方式解決兄弟姐妹之間的衝突。

如果孩子未來遇到比自己強大的對手，孩子還是選擇「打回去」，那麼結果可能不會很理想。力量懸殊時，小白兔遇上大老虎，乖乖避開才是聰明的做法。

(2) 不還手？

若教孩子不還手，很多父母又會有想法了，如果孩子不懂得反抗，那他是不是會越來越自卑，越來越不知道保護自己呢？

第五章　1.5～2歲，培養會思考、會社交的聰慧頭腦

根據我十幾年的從業經驗，我發現一件有意思的事情。經常是 A 孩子打了 B 孩子，但是 B 孩子並沒有覺得委屈、難過和憤怒，還是會主動找 A 孩子玩。

因此，我認為我們不要輕易地下定義，覺得孩子被欺負了，必須要還手反擊。事實上，如果孩子並沒有感覺自己被欺負，也沒有任何負面、消極的情緒，那麼我們就沒有必要去引導孩子「打回去」。

孩子和孩子之間有他們相處的模式，他們友誼的發展是很自然天真的。社交也是在這個過程當中被建立起來的，如果我們過度干涉，就會影響孩子，並成為他們社交的阻礙。

當然，如果孩子真的被欺負了，那就不是一味躲避能解決的問題了。教孩子適當閃躲、自我保護、義正詞嚴地指出對方的錯誤行為、尋找父母和老師的幫助等，這些都是我們支持孩子的方式，這會成為孩子背後強大的力量和精神堡壘。

那麼作為父母，我們應該如何引導孩子，讓孩子做到更加勇敢地保護自己呢？

■ 2. 三個方法，輕鬆教孩子化解「被打魔咒」

(1)「先禮後兵」三步走

孩子在 4 歲的時候，我曾問她，如果有小朋友打你，或者搶你的東西，你會怎麼辦呢？以下是她與我的一段對話。

孩子：「他這樣做是不對的！不可以。」

我：「可是哥哥就想玩你手上的東西呢？」

孩子：「這個玩具是我的，我有權利選擇要不要和別人分享。如果我不同意，那麼他也不能搶啊！」

我：「可是哥哥特別想玩，他還打你，怎麼辦？」

孩子：「那我就打回去！」

我：「然後呢？」

孩子：「然後我就哭啊！」

我忍不住笑了。孩子的話雖然稚嫩，卻有一套屬於自己的解決方式。我將她如何處理「被打」的過程，拆解為「先禮後兵」的三個步驟：

◇ 步驟一，好好和別人講道理。（基本的禮儀）
◇ 步驟二，絕不先動手，但是別人動手了，一定要反抗。（基本的反抗）
◇ 步驟三，哭，爭取別人最大的同情和幫助。（基本的求助）

這三個步驟很簡單，孩子也很容易就學會。當然，我們並不是要教孩子每次都真的「打回去」。

我們可以說：「如果你再打我，我會打回去！」「我警告你，你這樣做讓我很生氣！」類似這樣的語言，總之就是表達一種反抗和威懾力，阻止對方繼續做下去。

平時和孩子在家時，我們可以透過場景演練，教孩子如何大聲說「不」。鼓勵孩子大聲說出自己的想法：不要打我！這樣做是不對的！

透過多次演練後，下次孩子遇到被打的情況，就不會不知所措了。

語言是有力量的，一個勇於表達自己的孩子，可以讓別人感受到一種氣場和震懾。有句老話說「柿子挑軟的捏」，擁有「不好欺負的氣場」，一定會成為孩子保護自己的有力武器。

第五章　1.5～2歲，培養會思考、會社交的聰慧頭腦

(2) 衝突後和孩子覆盤總結

在孩子們的衝突結束後，我們可以和孩子回溯衝突的過程，引導孩子下次遇到這樣的衝突時應該如何解決。讓孩子們去思考，而不是給予孩子一個方案，告訴孩子應該做什麼，或者不應該做什麼。

我們可以問孩子，引出孩子對這件事情的看法。讓孩子思考，是什麼導致了衝突的發生？孩子的感覺是什麼？其他人對這種情況有什麼樣的感覺？

若下次遇到這樣的問題，他又會怎麼想？有什麼方法可以讓想法更好地落實？

我們用一種開放性的思維去引導孩子，把重點放在過程上，而不是討論某一個具體的結論。

用這樣開放性的思維引導孩子，你會發現：孩子可以想出非常多的解決辦法！

如此，我們教給孩子的是一種幫助他們處理人際關係的思考方式。他們也會對自己更有信心，明白自己的決定，清楚自己該做什麼，不該做什麼。

(3) 日常生活中，培養孩子說「不」的能力

懦弱的孩子，更容易被欺負。如果我們想讓孩子成為一個獨立、有想法、不容易被欺負的人，那麼在和孩子相處的過程中，我們就應當支持孩子做自己，讓他們成為一個有意志力的人。

這並不容易，因為在生活中我們經常用我們的「好心」破壞孩子的意志力。

比如，當我們和孩子說：「寶寶，你今天想穿褲子還是裙子呢？」孩

子說：「穿裙子吧！」然後你又說：「今天好像起風了，我們還是穿褲子吧！」

孩子吃了幾口蘋果說：「我不吃了，我飽了。」然後你又說：「啊，這個蘋果看起來很好吃啊！聞起來多香啊！不信你再吃幾口看看。」

久而久之，孩子就不會再堅持，慢慢地，他的意志力就被磨滅了。他會覺得：我為什麼要有自己的意見呢？說了也沒用，你來決定就好了。

一個不懂得說「不」的孩子，在未來成長的道路上，會活得很辛苦。這種社會能力如果在小的時候就被剝奪了，那麼未來是需要花很多能量才能重新獲取的。

而一個勇於說「不」的孩子，會更堅強、更有力量，他有自己的堅持，並且能誠實、勇敢地表達自己真正的想法。這樣的孩子，更容易接納他人，同時還能更好地和自己相處。

孩子動不動就抓人、咬人、打人？
—— 你的「容器」設定錯誤了

小觀察

快兩歲的小寶，最近一段時間開始經常性地打人、抓人，而且動手時沒有一點徵兆。比如：孩子有件事情沒有做好，有點著急，爸爸到他旁邊詢問，他毫無預兆地就打了爸爸一下。在幼幼班裡，小朋友們本來各玩各的，一切安然無恙，可是他經常突然地去抓小朋友的臉。

為了解決孩子這個問題，爸爸媽媽試過打他的手、罰站、

第五章 1.5～2歲，培養會思考、會社交的聰慧頭腦

> 嚴厲批評，也試過不理睬、側面鼓勵引導，但是作用並不大。孩子1歲多的時候並沒出現過這樣的情況，孩子到底是怎麼回事，父母又該如何引導呢？

■ 1. 孩子打人、咬人，背後有兩大原因

(1)「問題行為」是大腦資訊處理的本能反應

孩子的情緒說來就來，這與大腦杏仁核發育有關。「杏仁核」支配著孩子對外界情緒的本能反應。比如：孩子有什麼事不順意，就會本能地做出情緒反應。孩子甚至還沒有經過思考，就動手了。

而孩子控制思考、計劃、思維、執行力、自我控制的大腦「前額葉」區域，發育相當晚。差不多在孩子兩三歲的時候開始發育，6歲達到巔峰，直到25歲才全部發育完成。所以我們會看到一個兩歲的孩子經常動手打人，而事實上很多時候他都不知道自己已經動手打人了。

(2) 成人不正確的示範，會加重孩子的行為問題

我們還要思考是不是在孩子成長過程中，我們在不經意間做了一些不好的示範。比如：打手心和罰站。當我們用這樣的方式教育孩子，其實並不會有好的效果，因為孩子吸收到了錯誤的方式。他或許會認為這是人與人之間正確的互動方式。

如果我們在孩子很小的時候，就用尊重孩子的方式和他相處，孩子耳濡目染就會學習用更溫柔的方式與世界互動。

2.「容器」
── 為孩子設定持續性、一致性的規則和底線

面對孩子具有攻擊性的行為，設定底線是很重要的，這可以幫助孩子更有安全感。如果沒有底線的話，孩子並不知道什麼可以做，什麼不能做。他會反覆做出衝突的行為，因為他們要不斷地去試探攻擊性行為的底線。而我們給孩子設立規則，其實就是給孩子一個「容器」。

孩子並不能做什麼事都隨心所欲，而是在一定的範圍內享有自由。在這個「容器」裡，孩子能感覺到媽媽是在保護自己。

比如：孩子想要的東西沒有拿到，可以用嘴巴說，但是不能咬人、打人。明確告訴孩子限制的事情，會幫助他們規範自己的行為。

根據孩子行為的不同，「容器」的設定有強也有弱。比如孩子吃飯的時候總是要玩玩具，不好好吃。那麼在孩子吃飯之前就需要做好規則，並且在平時也需要多次強調。那麼這個「容器」就會比較牢固。

很多孩子會做出咬人、推人、抓人等行為，但是其實這些孩子膽子很小，他們需要成人更多的關注和溫柔。他們需要被設立底線，這樣他們才能感覺到安全，感覺到基本的信任。

3.「預判、阻隔、行動」，破解孩子的攻擊行為

(1) 提前預判

如果孩子已經出現了一些攻擊性的行為，或者父母觀察到孩子在一些特定的場景，容易出現攻擊性的行為。那麼我們首先應該保持一顆敏感的心，對孩子有可能發生的攻擊行為提前做出預判。

比較理想的做法是能夠在衝突之前，制止攻擊行為。比如：孩子抓人、打人之前我們就制止他做打人的動作。2～5歲的孩子，可能會因

第五章　1.5～2歲，培養會思考、會社交的聰慧頭腦

為衝突產生憤怒情緒，但是我們要教導孩子不能打人，可以用嘴巴來表達憤怒的情緒。

(2) 用手阻隔

當孩子舉手要打人、抓人時，我們要用手阻隔，而不是抓住孩子。

比如：孩子伸手要抓我們的臉，我們的身體就往後躲，同時以最快的速度伸出一隻手擋住臉，不讓孩子抓到。然後看著孩子的眼睛告訴他：「臉不能抓！」（語氣嚴肅、話語簡潔）

如果孩子是抓其他人，我們可以把手掌張開，擋住孩子，阻止孩子的攻擊行為。接著我們用眼睛看著孩子，堅定地說「要輕輕地」。（話語簡短、正面）

我發現當孩子做出攻擊行為，或者我們想要制止孩子做不允許的事情時，用手阻隔的方式比直接用手抓住孩子、抱起孩子要有效得多。

因為當我們直接和孩子的身體接觸，如抓住孩子的手、直接抱走等，通常速度都很快。「快」意味著向前衝，力度容易控制不好，這種力度容易傳遞憤怒的力量。許多孩子在這個時候就會馬上哭了。孩子哭的時候會掙扎，我們不知不覺就會更用力抓住孩子。而你越用力，孩子就越耍賴打滾。大家的情緒都被引爆，衝突加劇。

然而我們並不是要和孩子對抗的，我們只是想告訴孩子我們的期望，而用手阻隔就可以做到這點，再加上我們一致、堅定的語言和眼神，是非常有力量的。

(3) 採取行動

在阻止孩子的過程中，我們要不斷地向孩子釋放關於限制和規則的資訊，孩子會明白我們的底線在哪裡。重複幾次之後，孩子就知道抓人

是不好的行為。

接著我們提供選擇給孩子，給予他等待接收資訊的時間，讓孩子去承擔相對應的後果。

如果可以的話，盡量少用「不可以」、「不行」之類的話語，除非孩子遇到一些危險的緊急情況。因為這種話語如果說多了，那麼在孩子真正發生危險的時候，就會失去一定的效力和威嚴度。

■ 4. 在孩子最難的時候，和他在一起

孩子可能會挑戰我們設定的「容器」，他們或許會哭鬧、發脾氣。我們可以讓自己慢下來，把孩子帶到安全區域，但這並不是懲罰，我們要尊重孩子，並和孩子進行交流，責怪並不能讓孩子學習如何解決問題。

很多人在孩子不遵守規則時，使用讓孩子面壁思過的方法，這點我個人並不認同。一個低齡的孩子，面壁思過時，他能夠真正意識到自己犯了什麼錯誤嗎？我想答案是否定的。

在這個時候，其實孩子最需要的是我們和他待在一起。

我們只需要靜靜地和孩子待在一起，如果孩子願意的話，我們可以安靜地抱抱他。這種安靜的擁抱是非常有力量的，孩子會感受到我們緩慢的呼吸，並逐漸讓自己的情緒平復下來。

在這個過程中，成人同時也在給孩子做示範，我們如何讓自己慢慢冷靜下來，並且積極地去解決問題。

■ 5. 教養沒有固定模式，理解和愛是解決問題的鑰匙

心理學裡有個詞叫「情緒軀體化」。意思就是說當人的情緒累積到一定程度又無法發洩時，常會藉由異常的身體行為來表達。咬人就是其中一種。

第五章　1.5～2歲，培養會思考、會社交的聰慧頭腦

有句成語叫「咬牙切齒」，委屈、不甘，才會咬牙切齒。只不過成人的情緒控制力比較強，不會見人就咬而已。

而孩子的情緒反應總是很直接，他們只能透過肢體動作來表達。

解決衝突的技巧有很多種，但是最重要的、首當其衝的是要試著去理解孩子、接納孩子。我們與孩子在情感上不是對立的狀態，我們要和孩子一起面對問題，用正確的方式解決問題。

該訓練孩子如廁嗎？
—— 這樣如廁，大人孩子都輕鬆

孩子即將兩歲時，有一部分父母會開始考慮讓孩子學習如廁，但身邊更多的父母是在孩子兩歲半至三歲的時候，才開始幫助孩子做如廁訓練的。

那麼如廁訓練什麼時候開始比較好？我們又應該準備什麼？如何做才可以更好地幫助孩子獨立如廁呢？

美國兒科協會認為：想要成功地完成上廁所訓練，孩子需要能夠分辨出上廁所的感覺，並理解這種感覺所表達的含義，然後用語言向家長表達上廁所的意願，直到最終完成上廁所的過程。

也就是說，如廁包含四點，分別是分辨感覺、理解含義、表達意願，以及最重要的一點 —— 如廁是一個過程。因此如廁不是一個突然的時間節點，不是孩子到了某個年齡層，我們才開始去訓練的事情。

如果我們了解孩子如廁要經歷的四個階段，我們就會明白：孩子從出生開始，就已經在經歷、體驗大便和小便的感覺，而這其實也是孩子如廁的過程。

1. 孩子如廁的四個階段

①孩子首先能控制夜間不大便。

②孩子能逐漸控制白天的大便。

③孩子能逐漸控制白天的小便。

④孩子最後能控制夜間不小便。

總體來說，孩子們會先學會控制大便，然後慢慢才學會控制小便。這和我們的生理機制是息息相關的。因為小便是由膀胱控制的，大便則是由大腸控制的，而大腸的生理發育和髓鞘化程度要遠早於膀胱。

這就不難理解我們看到很多「愛乾淨」的小寶寶，在很小的時候就不會在夜間把大便拉在身上了。如果他們把大便拉在身上，會感覺不舒服，並透過哭鬧來表達。而當父母幫助寶寶把屁股清洗乾淨後，他就會停止哭鬧。

可見，幾個月的孩子就已經在學習分辨大便和小便的感覺了，只不過那時他們還不能理解大小便的含義，也並不會用語言表達出來。

2. 三個方法，循序漸進讓孩子輕鬆完成如廁訓練

(1) 使用棉布訓練褲，讓孩子真正感受如廁過程中的生理變化

一般而言，1歲半左右的寶寶，已經可以自主站立行走，也能聽懂蹲下、坐下、起立這些簡單的指令了。這時給孩子使用棉布的訓練褲，會比單純用尿布好很多。所謂的棉布訓練褲，就是襠部有比較厚的、純棉布的小內褲。穿上訓練褲的孩子，如果尿了，是能夠感受到溼溼的、熱熱的感覺。訓練褲襠部的棉布較厚，可以兜住一部分尿液，方便父母清理。

在孩子排洩完之後，我們要第一時間幫助孩子將排洩物清理好並把

第五章　1.5～2歲，培養會思考、會社交的聰慧頭腦

孩子的屁股擦洗乾淨。此時棉布訓練褲的優勢就展現出來了，因為孩子能夠第一時間將「尿了」與隨後「溼溼的」的感覺結合起來。這種因果關係的體驗會自然增長孩子如廁的經驗，不需要父母頻繁地提醒，孩子本身不舒服的感覺，就會很自然地提示他：去小馬桶上大小便會更舒服。

(2) 記錄上廁所的時間，推算孩子的「如廁生理鍾」

孩子穿上棉布訓練褲，我們可以更直觀地觀察到孩子大小便的情況。如果我們可以將孩子大小便的時間進行簡單記錄，就能很容易推算出孩子大小便的間隔，從而更好地幫助孩子去小馬桶上大小便。

以下是一個簡單的如廁生理時鐘記錄表：

表 14　如廁生理時鐘記錄表

日期	8：00	9：00	10：00	11：00	12：00	13：00	14：00	15：00	16：00
1/1	○		●○			○		○	
1/2	○			○●			○●		○
1/3	○		○●		○				○
……									

為了記錄更方便，我們可以用符號「○」代表小便，「●」代表大便；大約以 1 個小時為一個記錄節點進行記錄。

如果孩子大小便發生在前面半個小時，那麼可以將相對應的符號畫在前半截；如果孩子大小便發生在後半個小時，那麼就畫在後半截。

這個表格可以記錄孩子白天上廁所的情況，其完整的記錄時間應該在孩子起床後到晚上睡覺前。

透過記錄，我們可以大概推算出白天孩子上廁所的時間間隔。一般來說，孩子的小便更容易被觀察出規律。

有一些孩子在尿尿前，會有一些特殊的動作，比如夾腿、扭屁股、抓屁股等，我們根據孩子的如廁生理時鐘，可以試著帶孩子去小馬桶上坐一坐，如果沒有小便，起來即可。

如果孩子已經尿在褲子上了，這也是很正常的。我們也不要喝斥孩子，只需要帶孩子換上乾淨的褲子就好。

如果我們能越早幫助孩子意識到排洩物應該去到哪裡，意識到自己的身體在發生什麼，孩子在括約肌和生理能力成熟時，心理就能越快做出調整。那麼他以後在如廁練習的過程中，就會越順利、越輕鬆。

(3) 打造幫助孩子自主如廁的環境

想要孩子如廁的過程更順利，我們需要考慮孩子如廁時是否感覺舒適，是否可以自己做力所能及的事情。

提供給孩子一個合適的小馬桶是必要的，馬桶兩邊最好有把手，孩子可以扶著蹲下去或站起來。如果家裡有乾溼分離的洗手間，可以將孩子的小馬桶放在乾燥的廁所區域。

如果沒有，我們可以將馬桶放在家裡一個固定的、方便使用的地方。我們還可以在孩子小馬桶的區域，鋪上一塊小的地墊，一來可以防滑，二來可以打造孩子自主如廁的小空間，讓孩子如廁時更有儀式感，明白這是自己專屬上廁所的地方。

小馬桶旁邊還可擺放幾個常用的物品：小籃子（裡面裝孩子使用的訓練褲、衛生紙等物品）；小凳子（可以幫助孩子坐在上面穿脫褲子）；垃圾桶或髒衣籃（根據情況使用）。

第五章　1.5～2歲，培養會思考、會社交的聰慧頭腦

圖 31

孩子上完廁所後，別忘記讓他參與全部的如廁過程。比如：讓他觀看你是如何將排洩物倒進馬桶裡，並按沖水按鈕沖掉的，也可給孩子在洗手臺旁準備一個踩腳凳，這樣他就可以站在上面用流動的水洗手。

在這樣一個完整的如廁的過程裡，耳濡目染中，孩子很自然地就會逐漸學習如何照顧自己。

■ 3. 如廁過程，父母的心態很重要

當然，在幫助孩子學習上廁所的過程中，父母的心態是非常重要的。因為我們的心態會影響孩子對如廁的態度甚至練習的效果。時刻對自我保持覺察是很重要的，想一想，我們在幫助孩子如廁的過程中，自己是否會有壓力以及產生焦慮？

如果有，我們需要相對應地做適當調整。如果父母感覺很累、很糟糕，那麼孩子也會感覺得到。

比如：有部分家長，如果晚上休息不好，白天的情緒就會很糟糕。那麼可以選擇晚上給孩子穿尿布，讓自己睡得更安穩，這樣第二天自己就會有更好的狀態陪伴孩子。

保持相對輕鬆的心態，加上白天循序漸進的如廁學習，隨著孩子括約

肌的發展，孩子會更容易從白天的自主如廁逐漸過渡到晚上也不尿床。

整體而言，孩子的生理發育具有一定的規律性和個體差異性，而這些不是我們大人能控制的。孩子有自己生理發展的生理時鐘。

我們沒有辦法干擾孩子的生理節奏，但我們可以透過環境預備和養育方式讓孩子更好地參與到如廁的過程，輔助他以後可以獨立去做。

如果孩子在生命中的前 1～2 年，沒有參與任何如廁的過程，也並不知道真正上廁所的地方在哪裡。那麼等到孩子 3 歲的時候，我們突然和孩子說：「現在你長大了，該脫下尿布，自己去馬桶上廁所了。」因為中間環節的缺失，突如其來的要求經常讓孩子無所適從，這其實對孩子很不公平。

如廁是一個循序漸進的獨立過程。我們反對過於超前的如廁訓練，如過早進行把尿、訓斥孩子等。如果在生命最開始的時候，我們能循序漸進地進行鋪陳，孩子能更容易掌握自主如廁的技巧。

丟不掉的毯子和安撫物，孩子是有「戀物癖」嗎？

小觀察

昊昊兩歲了，他有一條毯子，從小用到現在，已經又舊又破，但是孩子一定要抱著、聞著毯子才肯睡覺。有一次，奶奶把孩子的毯子扔了，買了條新毯子。孩子哭得很傷心，說什麼也要從垃圾桶裡撿回毯子。

媽媽覺得很困惑，孩子是有「戀物癖」嗎？一直抱著同一條毯子，會不會影響孩子的人格發展呢？

第五章　1.5～2歲，培養會思考、會社交的聰慧頭腦

在孩子成長過程中，或多或少都有自己特別中意的玩具或物品。卡通《小豬佩奇》裡，佩奇最喜歡的玩具是一隻泰迪熊，而她的弟弟喬治，手裡經常拿著一個恐龍玩具。無論是外出活動還是睡覺，喬治都要把恐龍玩具帶在身邊。

孩子不會是有「戀物癖」吧？如果不糾正孩子，會不會對孩子的成長有不好的影響？

■ 1. 孩子「戀物」背後有兩個心理學原理

(1) 孩子喜歡的安撫物只是他的「過渡性客體」

其實，孩子戀物，本質上是一種依戀行為。孩子喜歡的毯子和毛絨娃娃，和成人的「戀物癖」還是有一定區別的，這種戀物行為並不是必須糾正的病態行為。隨著年齡和社會經驗的增長，只要不被過分干擾，兒童的戀物行為會逐漸消失。心理學上把孩子依戀的物品稱為「過渡性客體」，比較通俗的說法就是安撫物。

最早提出「過渡性客體」這個概念的人是兒童精神分析家溫尼科特，他認為：過渡性客體是第一個「非我」所有物，過渡性客體是兒童自己發現或創造的。它甚至比母親重要，是兒童幾乎無法切割的一部分。

寶寶出生後，覓乳反射動作會促使他尋找媽媽的乳頭進行含乳吮吸，這會讓寶寶感覺平靜、舒適。但是孩子很快就會發現：媽媽的乳頭不是一直都在的。

差不多在孩子兩個月的時候，他會發現將手指放入嘴裡吸吮能讓自己感覺良好。而這個時候，孩子的大拇指就像母親象徵性的乳房，給孩子帶來安慰。這便是孩子創造的第一個「過渡性客體」，也是孩子認知發展的里程碑。

孩子已經明白，媽媽不是他的私有物，自己控制不了媽媽。但是自己的大拇指就不一樣了，大拇指會一直和自己在一起，能實現他在媽媽身上實現不了的願望。於是他會把對媽媽的愛，一部分轉移到這個自己創造的過渡性客體上，達到自我安撫的需求。

隨著孩子的成長，這個過渡性客體還可以是一個柔軟的毛絨玩具、一條有著熟悉味道的毛毯等。

(2) 戀物不是壞事，孩子是在學習面對分離

孩子有一兩件安撫物並非壞事，相反，在孩子面對各種分離的場景時，安撫物還能帶給孩子安全感，讓他順利過渡。

對於孩子來說，安撫物代表著安全和依戀，是特別的存在。如果把孩子的安撫物扔掉，或者「一刀切」強行戒除，不僅會讓孩子感到不安、焦慮和恐懼，甚至會造成人格上的創傷，不利於孩子身心健康的發展。

6個月～2歲的孩子，處於依戀對象單一化的階段，孩子依戀的對象就是平時照顧他的親人。誰和寶寶相處的時間長，他就依戀誰。也就是這個階段，孩子會對父母產生強烈的依戀感，如果父母離開，孩子就會大哭大鬧，他需要反覆確認：你還會回來嗎？

而安撫物能給孩子一種父母還在身邊的感覺，幫助孩子建立「心理連續性」，讓他可以更容易度過父母離開的這段時間。

安撫物還可以幫助孩子度過斷奶、入園、分床、親人離開等分離危機。每一次分離對孩子來說都是一次獨立的挑戰，分離也意味著新的機會，新的生活。

一邊分離，一邊成長。孩子正是在一次又一次的分離中逐漸成長起來的。有些寶寶在入園階段，或暫時離開親密養育者時，會突然特別依

第五章　1.5～2歲，培養會思考、會社交的聰慧頭腦

賴安撫物，這個時候安撫物能給孩子一種熟悉的依戀感，幫助他更好地度過各種分離的時刻。

2. 從尊重、理解到愛護，四個方法幫助孩子更有效地與世界連線

面對孩子對安撫物的依戀，我們需要了解這並不是洪水猛獸，而是一件自然而然的事情。家長焦慮的想法、強硬戒除的方式反而會給孩子帶來傷害。我們可以從以下四點入手，幫助孩子更好地過渡，並和豐富多彩的世界相連。

(1) 尊重孩子的過渡性行為，注意做好安撫物的衛生工作

我們要理解孩子對安撫物的依戀需求，知道這只是一種過渡性的行為。兩歲後，孩子的依戀就會從之前的「單一化階段」向「對象夥伴化階段」過渡，孩子最終會放下他手中愛不釋手的安撫物。在那之前，我們能做的就是注意做好安撫物的衛生工作。

比如：孩子使用的口水巾、小毯子、毛絨玩具容易滋生細菌，但孩子又喜歡放在口鼻的地方，因此我們需要定時做好清洗消毒的工作。在天氣好的時候放在陽臺上晒晒，保持安撫物清潔。

(2) 理解「過渡性客體」背後的潛臺詞：多多陪伴孩子

我們還需要反思：自己陪伴孩子的時間足夠嗎？是否每次都用給孩子買玩具來彌補陪伴孩子的缺失？雖然孩子每次收到玩具時都很高興，但是他們的新鮮勁很快就過了，玩具始終無法填補父母陪伴缺失帶來的空洞。

(3) 幫助孩子從依戀轉變為照顧

在孩子 3 歲之後，如果孩子仍然非常依戀他的安撫物，甚至已經影響到正常的社交生活時，我們可以給予孩子適當的引導。

比如：以正向積極的方式邀請孩子給他的安撫物找一個「家」，幫助孩子從對安撫物的「依戀」轉換為「照顧」。

(4) 提供給孩子豐富的感官環境

我們還要盡量給孩子提供豐富的感官經驗，多帶孩子體驗大自然的美好。多創造讓孩子自己動手做事情的經驗，讓他知道雙手可以做許多有趣的事情，這樣也可以幫助孩子轉移對安撫物的依戀。尤其是在日常家庭生活中，我們要做到不包辦代替，讓孩子做力所能及的事情。

第五章　1.5～2歲，培養會思考、會社交的聰慧頭腦

第二節　6個原則，保護想像力和創造力，開發孩子智力的泉源

小黑板和塗鴉牆──TDE原則啟蒙孩子的藝術發展

兒童並不是成人的縮小版，而是不同於成人的生命存在形式。

——瑪麗亞・蒙特梭利

當孩子學會更多地使用雙手時，你會發現他們特別愛塗鴉。孩子會天馬行空地畫出各式各樣的線條。

塗鴉的動作看似隨意，但其實孩子的大腦已經做了縝密的思考。允許孩子多動手塗鴉，就等於我們再一次肯定孩子獨立思考的過程。

如果我們可以給孩子提供一個專屬的塗鴉環境，那麼不僅能讓孩子有的放矢、自由發揮自己的創意，還能有效避免孩子在白牆、沙發，或者桌面等地方留下他們創作的痕跡。

如果家庭裡有足夠的空間，可以在一面空白的牆上固定好一塊黑板，父母和孩子可以一起塗鴉，也可以將白紙透過磁鐵固定在黑板上，使用顏料、蠟筆進行創作。

如果家裡空間不大，可以選擇一個立在地板上的兒童畫架，或者小巧的桌面黑板，尺寸大約手提電腦螢幕大小。給孩子配上一個他能剛好抓握的小板擦，幫助他更好地創作。

第二節　6個原則，保護想像力和創造力，開發孩子智力的泉源

其中，使用 TDE 原則可以讓孩子天馬行空的塗鴉更順暢。

■ 1.TDE 原則，讓孩子塗鴉更輕鬆

TDE 原則指的是優先選擇粗的、大塊的塗鴉材料（如粗粉筆、蠟塊）；使用塗鴉材料不同的面進行創作；基於客觀事實的觀察評估。

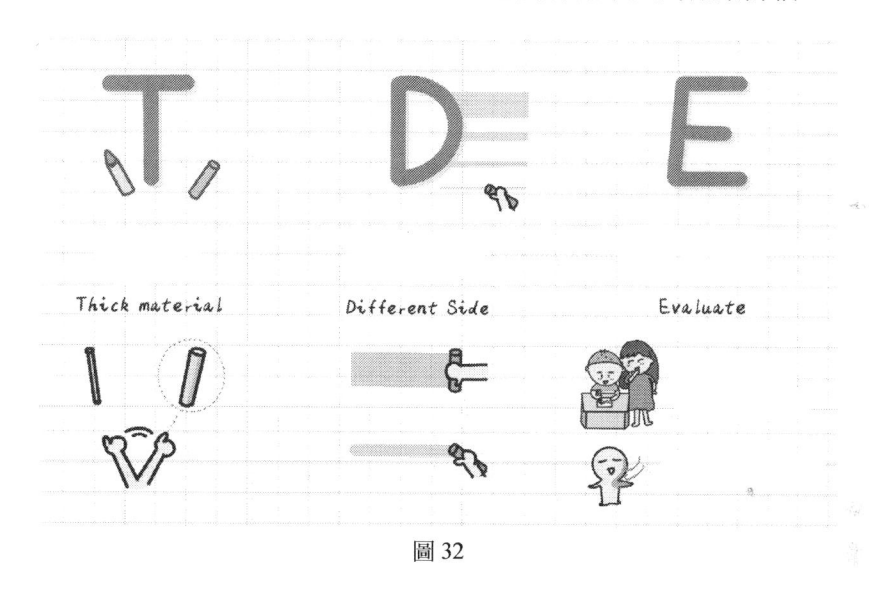

圖 32

(1) 優先選擇粗的、大塊的材料

當孩子手握尺寸粗大的材料時，會更容易使用到大拇指、食指和中指的力量。有些孩子甚至會用更多手指穩穩抓握住材料，在黑板上、畫面上塗出痕跡。

如果使用小黑板，我們還可以給孩子提供一塊小尺寸的板擦，方便孩子的小手抓握以及擦拭。在使用的過程中，孩子會協調手指之間的靈活度和力量性，讓手指變得更為精巧。

第五章　1.5～2歲，培養會思考、會社交的聰慧頭腦

(2) 使用塗鴉材料不同的面進行創作

我們可以為孩子示範如何使用材料不同的橫截面，畫出粗細不同的線條。比如：使用粉筆頭，畫出的線條是細細長長的；而用粉筆的筆身貼著黑板，向右平移，畫出來的線條則會很粗。孩子會了解粗、細、長、短的概念。

在創作的過程中，孩子會學習如何調整自己的手部精細肌肉，畫出不同的線條和圖案。各種基礎的線條與書寫裡的橫撇捺豎鉤，是非常像的。孩子有了協調運用手指力量的經驗，會為未來握筆和書寫奠定基礎。

(3) 基於客觀事實的觀察評估

我們對於孩子的畫的評價需要很謹慎。兒童並不是成人的縮小版，而是不同於成人的生命存在形式。就像畢卡索說的「儘管我14歲時就能畫得像拉斐爾一樣好，但卻需要用一生去學習像小孩子那樣畫畫」。

> **小觀察**
>
> 1歲半的小美，拿筆畫東西時奶奶總問她畫的是什麼。有時奶奶會說：「我們畫個香蕉、星星、月亮吧！」時間久了，孩子就不怎麼畫了。

對於孩子來說，他們的塗鴉是對線條、顏色、空間、材料等天馬行空的探索，並沒有具體在畫什麼。在孩子三四歲的時候，他們才會進入「命名塗鴉期」，如果他們說「我畫了一輛車」，那麼這是孩子一種自發的活動，但若父母強制詢問孩子究竟畫的是什麼，或者直接定義孩子的畫，那就屬於一種外在干擾了。

那麼父母具體應該怎麼引導孩子比較好？我認為我們應該基於孩子的客觀事實來進行觀察評估。

我們可以使用客觀性的話語描述孩子畫的線條、顏色、空間或者材料。

比如：我看到你的畫用了很多的藍色；你畫了一條長長的直線和很多圓圈；你主要畫在了紙的上方，下面是留白。同時認真聽孩子講用很多圓圈和線條畫出來的內容。

孩子的藝術塗鴉的基礎線條發展，遵從了「點—線（很亂的線）—閉合」的形狀（一開始是不完美的圓形）的普遍規律。

1歲半以前的孩子，他們的塗鴉看上去像一團亂麻，但其實正表達了他們嬰兒時期的身體感應——沒有方向感，沒有界限，分不清楚自己與外在的區別。

而孩子進入2～3歲之後，隨著能越來越靈活地使用雙手，孩子畫線條的經驗越來越豐富，我們會看到各種縱橫交錯的線條。他們的畫開始出現半閉合、完全閉合的圓形。

一旦孩子畫出了閉合的圓形，他們就有了比較好的裡面和外面的概念，我認為這和孩子區分自己與他人的物權意識有著很相似的地方。塗鴉，可以說是孩子自由表達的一種探索。

我們還可以基於客觀事實的觀察，幫助孩子尋找生活中的感官資訊點來創作。

比如：我們帶孩子去海邊，感受把手張開，風從袖口鑽進衣服裡的感覺。我們回家後給孩子羽毛，吹一吹，讓羽毛在空中飄起來。在孩子感受了「風把羽毛吹起來」這個感官資訊點後，我們再給孩子顏料用羽毛來進行創作。

第五章　1.5～2歲，培養會思考、會社交的聰慧頭腦

此時的羽毛已經不是一片普通的「羽毛」，而是孩子基於現實生活的觀察、強烈感官探索後用於表達的塗鴉工具。在鮮活的體驗中，孩子一定可以塗鴉出自己對藝術深刻的感受。

各式各樣的「洞洞」
── 鍛鍊孩子動手匹配的敏捷思維

0～6歲的孩子正處於動作敏感期，動手探索，對於他們來說是一種本能驅使的行為。你可能會發現孩子對各式各樣的「洞洞」非常感興趣。在這個階段，孩子不斷發展他們的感官，讓自己的判斷越來越精準。

我們使用一個小紙箱，準備3～5個不同形狀和大小的生活用品（如不同直徑大小的圓形小罐子），將物品放在紙箱上，用筆沿著物品畫出輪廓，接著將輪廓剪去，形成鏤空圖案。

鼓勵孩子探索這些物品的大小和形狀，將物品投入紙箱，順利掉進洞裡。

孩子可能需要嘗試幾次，才可以找到正確的物品與之匹配。這可以很好地鍛鍊孩子解決問題的能力，與此同時，還可以讓孩子了解裡面和外面、顏色、形狀、空間、大小的概念，發展良好的運動能力和手眼協調能力。

當孩子把物品放進去時，我們可以和孩子說「裡面」，最後鼓勵孩子將箱子開啟，取出物品再次遊戲。

我們也可以選擇市售積木配對的成品玩具。不過這個年齡層的孩子，當他可以完成配對之後，他對這個遊戲的興趣度會降低。

自製遊戲的好處在於我們可以定時更換不同尺寸、重量、材質的物品，以此保持孩子對遊戲的探索和興趣度，並且自製遊戲工具更加經濟和環保。

從大到小、從簡單到困難的串珠和拼圖 —— 打通專注力、判斷力和邏輯性

雙手越來越靈巧的過程，就是孩子心智逐漸發展的過程。讓孩子的小手有事可做，專心致志地做事情，會啟迪孩子智慧的發展。而串珠和拼圖，非常適合這個年齡層孩子的「工作」。

替孩子選擇串珠和拼圖的時候，要遵循從大到小、從簡到難的原則，這樣孩子能更容易享受其中的樂趣。

1.「對準－穿過－移動」，三步玩轉木質串珠

準備幾個幾何圖形的木珠，珠子可以有不同的形狀，如長方形、正方形、菱形。相對應配套的繩子要粗一些。待孩子能熟悉練串珠之後，可以換小一號的珠子和繩子。

使用有一定硬度的繩子，可以幫助孩子更好地對準洞口將珠子串過。在繩子的一頭打上一個結，避免孩子串珠的過程中珠子掉落。一般來說，要將有繩結的一頭放在桌面的左側，向孩子做示範，用右手拿一顆珠子，左手拿繩子對準珠子的洞口，將繩子穿過，接著換右手固定繩子，左手抓著珠子從右至左送到靠近繩結的地方。

圖33

第五章　1.5～2歲，培養會思考、會社交的聰慧頭腦

孩子玩串珠遊戲時，用5～8顆珠子是比較合適的，珠子太多會讓孩子困惑，並且增加了收拾和歸納的難度。當孩子將珠子全部串入繩子後，可用同樣的方式將串珠取出來。

串珠的繩子一般有孩子半個手臂的長度，在孩子將珠子取出或串入的過程中，手、肘及肩會跨越身體中軸線，幫助孩子的左右腦一起工作，不僅能增強孩子手眼協調的能力，還能促進孩子思維發展。

研究顯示，當手部的動作跨過身體中軸線的時候，發展的也是大腦兩個半球之間的連繫。在我們的大腦裡，連繫左右大腦兩個半球的纖維，叫做胼胝體。當孩子串珠子時，跨越身體中軸線的動作會刺激胼胝體，使左腦及右腦進行積極連線，讓孩子變得更專注。

我們可以用一個小的容器，如籃子、托盤，來放珠子和繩子，並將其放在孩子的玩具櫃上，方便孩子取用。如果珠子比較小，可以用帶蓋子的小盒子存放，避免珠子掉出。

■ 2. 自製拼圖，玩耍中鍛鍊孩子的視覺邏輯

拼圖是很好的益智玩具，不僅可以鍛鍊孩子的視覺記憶，還能鍛鍊孩子的邏輯思維和判斷能力。對於低齡的孩子來說，使用帶有小把手的木質拼圖，比傳統的拼圖效果更佳。孩子可以用2～3根小手指精準地抓握起拼圖，進行視覺匹配。

由於低齡的孩子是感官學習者，因此給他們提供的拼圖圖案，要真實、背景簡約、容易突顯拼圖主題。

根據孩子的能力，我推薦循序漸進使用三種拼圖：

(1) 幾何圖形拼圖

我們可以先給孩子 1 片拼圖。比如：一個三角形或者正方形的拼圖。

慢慢地，我們給孩子 2～3 片拼圖，上面可以有若干個幾何圖形，如三角形、圓形和正方形，或者是一個系列但大小不同的拼圖，如 2～3 個大小不同的圓。

我們為孩子示範用手指捏著拼圖把手，將拼圖緩緩抬起，離開拼圖框，將拼圖放在一側。用同樣的方式拿起拼圖把手，將靠近我們一側的拼圖，先對準拼圖框的底部，再逐漸全部對準放入。運用這樣的方法，可以讓孩子更容易對準拼圖並放好。

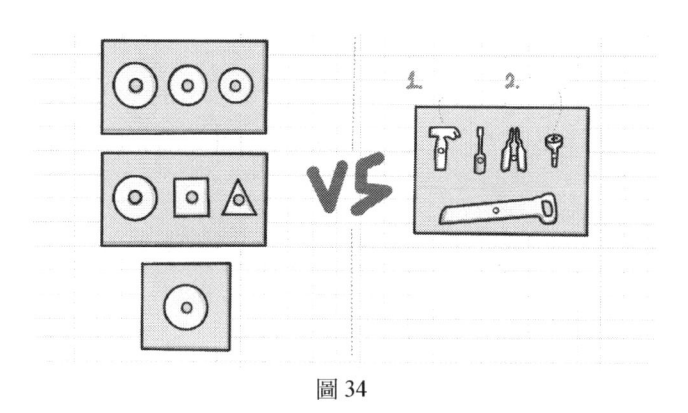

圖 34

(2) 分類圖形拼圖

除了給孩子提供幾何圖形的拼圖，我們還可以提供孩子現實生活中圖形的拼圖。比如：一張木質的拼圖嵌板上，有動物、水果或日常生活用品的圖案。一個拼圖嵌板上一般放 5～8 個同一系列的圖案為佳。

將拼圖放進拼圖框的過程，可以輔助孩子聚焦和發展視覺。擴大自己的視覺範圍，集中注意力判讀哪個拼圖應該放在哪個拼圖框裡，會對孩子運用視覺判斷，有邏輯地解決問題奠定良好的基礎。

第五章　1.5～2歲，培養會思考、會社交的聰慧頭腦

(3) 自製拼圖

列印一些實物圖片，如水果、汽車、動物等，將圖片黏貼在卡紙上。用鉛筆將圖片分出4～5等份，最後用剪刀將卡片剪裁下來。這樣，一個簡單的紙片拼圖就完成了。

一個整體的圖片被切分後，會留下區域性的圖片資訊。孩子在拼的過程中需要運用觀察力和邏輯思維能力，這對培養孩子的專注力和判斷力也有很大的幫助。孩子還需要調節視覺的景深和聚焦，比如：將視線放遠，大概判斷哪一紙片可以正確匹配在一起。將視覺聚焦，幫助紙片之間互相完美地拼在一起。

最開始的時候，我們可以將給孩子的紙片分成4～5份，並慢慢製作6～10份的紙片拼圖。我們也可以收集雜誌上一些色彩豔麗、符合孩子認知的圖片，將它們剪下來製作成紙片拼圖。將圖片過塑後再剪開，可以讓拼圖使用的時間更久。

我們可以在每一個分割好的紙片拼圖下面註明數字編號。比如等分為5份的紙片拼圖，下方從左至右編上1、2、3、4、5。這樣一來，孩子可以在拼完拼圖之後，透過數數來確認拼圖拼得是否準確。

孩子在拼圖的過程中，數字同時也可以成為一個線索，幫助孩子完成這個有趣的遊戲。

讓孩子學習自我改正、自我調整是一件很棒的事情。孩子會在過程中養成檢查的習慣，並且從中收穫自信和智慧。

自製蒙氏「神祕袋」── 讓學習更有趣

> 對所有的人來說，思想和行為都源於一個出處，這個出處就是感覺。
>
> ── 愛比克泰德

孩子是用感官探索這個世界的，孩子的感官越精確，對事物的感受能力就會越強。感官包括視覺、聽覺、嗅覺、味覺、觸覺，而神祕袋的小遊戲，可以發展孩子觸覺感官的探索和判斷力。

不需要太複雜的操作，使用一個不透明的束口小布袋，配上一張同色系的純色小墊子，一個簡單的神祕袋就製作完成了。我們在袋子裡面放入4～6個不同材質、不同大小的物品，讓孩子把手放入袋中摸一摸，猜一猜裡面放的是什麼。

先別急著把袋子裡的東西取出來，試試讓孩子說出物品的名稱，待孩子說出名稱後，再將物品取出放在墊子上，看看孩子猜得對不對。

通常來說，神祕袋中放的物品都是孩子認識的、能說出名稱的物品。我們僅使用手去觸控物品，猜出物品的樣子和名稱。這會更容易啟動孩子的立體感官觸覺，讓他們變得更加敏銳和聰明。

■ 1. 三種不同類型的神祕袋，讓學習更有趣

我們可以在袋子裡放入不同的物品，讓孩子來猜。根據物品的不同，可以給孩子以下三種類型的神祕袋。

（1）分類物品神祕袋

分類物品神祕袋中的物品是同類別的物品。

比如一套梳頭髮的工具：一把小梳子、一面小鏡子、一個小髮圈、

第五章　1.5～2歲，培養會思考、會社交的聰慧頭腦

一個小髮夾、一個魔鬼氈等。

同類別的物品，會為孩子提供更多的資訊。當孩子猜出前幾個物品時，發現是同一類的物品，這會幫助孩子啟動邏輯思維，猜出相關聯的物品名稱。

(2) 普通物品神祕袋

普通物品神祕袋中的物品是日常生活中孩子經常會使用到的物品，它們並非同一個類別，其功能性、材質、大小都不同。

比如：一個毛茸茸的圓形小球、一副寶寶的太陽眼鏡、一把寶寶的不鏽鋼湯匙、一枝細長的蠟筆、一塊柔軟的寶寶的口水方巾等。

不一樣的物品，增加了孩子的立體感官體驗，還促進了孩子的語言發展。

(3) 配對物品神祕袋

配對物品神祕袋中裝的都是成對匹配的分類小物品。

比如一套迷你的鞋子模型：一對小草鞋模型、一對運動鞋模型、一對人字拖模型、一對雪靴模型等。

孩子在觸控的時候猜出物品的名稱，從上至下有序放置在墊子上，逐一摸出所有的物品。如果墊子上有可以配對的物品，可以將它們放置在一起進行配對。

神祕袋提供我們和孩子一個有趣的互動遊戲，並且充分調動了孩子的感官經驗和邏輯推理能力。因為小袋子輕便易收納，我們在較長的旅途中，也可以隨機放入各種小物品，和孩子輪流玩「我放你猜」的遊戲。

需要注意的是，不能把易碎和尖銳的物品放入袋中，袋子裡的小物品一定要是安全的，避免孩子觸控時受傷。

家裡的閱讀區
──有吸引力的環境，召喚孩子自主學習

讀書是在別人思想的幫助下，建立起自己的思想。

── 魯巴金

對於低年齡的孩子來說，看書就是在玩，玩就是在看書。如果我們能讓孩子在生命中的前三年，把看書這件事，當成像吃飯、睡覺、穿衣一樣的生活習慣，那麼對孩子未來的學習之路會有莫大的好處。

在家裡預備一個小小的、溫馨的閱讀角，環境會召喚孩子來到這個地方閱讀。以下是建立家庭閱讀角的小撇步。

書籍應擺放在孩子隨手可得的高度。我們可以給孩子提供掛在牆上的小書架，或者是放在地板上的小書櫃，如此，孩子就可以輕鬆地拿到書籍。如果家庭空間小，可以使用矮的收納籃，裡面裝上 3～5 本書，放在孩子的小桌或地墊上。

提供一個舒適的、可以坐下閱讀的地方，可以是柔軟的小毯子，也可以是一把高度適中的小椅子。

將書籍的封面完全展示出來，而不是只展示書籍的書脊。繪本的封面有非常豐富的視覺資訊，能夠傳達給孩子讀得懂的語言，幫助吸引孩子拿起書來閱讀。

控制書籍的數量，每一週或者兩週更換一部分孩子不讀的書籍。書並不是越多越好，太多的書籍會讓孩子難以選擇，同時會給孩子增加收拾歸納的難度。根據孩子的情況，可以一次性呈現 8～15 本書籍，將多餘的書籍先放在儲物櫃裡。觀察孩子的興趣度，一段時間更換一批書籍，如此，孩子的興趣度和專注力會更高。

第五章　1.5～2歲，培養會思考、會社交的聰慧頭腦

注意採光。比較理想的情況是閱讀角可以設定在靠窗的地方，優先採用自然光，其次是用溫和不傷眼的護眼燈，模擬自然光。

當然，除了環境外，父母的影響是很重要的。如果父母本身不愛閱讀，那麼很難「教」出愛閱讀的孩子。尤其在孩子生下來的前三年，父母的言傳身教能對孩子產生積極的影響。父母愛讀書，孩子也會受到書香的薰陶，才會從書籍裡找到更多的樂趣。

第三節　這些「坑」，不要踩

忍不住吼孩子，吼完了又後悔，怎麼辦？

　　隨著孩子逐漸長大，他們開始有自己的主意了，甚至慢慢變得有些固執和叛逆。一件小事情，父母好說歹說孩子就是不聽，有時候父母實在忍不住了，於是就吼了孩子，可是每次吼完孩子後，都十分後悔，覺得自己應該做個溫柔有耐心的父母。

　　如今不少父母都陷入了這樣的困境：明明知道吼孩子不對，會給孩子帶來精神傷害，但是實在忍不住！不吼孩子，自己就會憋出內傷！

■ 1. 吼孩子的危害，遠比我們想像中要大

　　父母吼孩子時，常常伴隨著強烈的情緒。常見的體罰傷害的是兒童的身體，其痛苦可能是短暫的，但是吼罵帶來的精神傷害卻是長久的，並且它更具隱蔽性，因為無法量化，所以更容易被人忽視。

　　哈佛醫學院精神病學副教授馬丁·泰徹就曾與波士頓兒童醫院合作，對父母言語攻擊孩子會對孩子產生的影響進行了大量的研究。

　　2009 年，泰徹透過核磁共振和瀰散長量成像技術分析了曾經遭受過語言暴力的成年人的大腦，發現這些小時候受過語言暴力的人，韋尼克區（負責理解口語）和前額葉之間的大腦連線減少。他們的言語智商只有 112 分，比小時候沒有遭受過語言暴力的人（124 分）要低。

第五章　1.5～2歲，培養會思考、會社交的聰慧頭腦

因此泰徹說：「這些孩子並沒有發揮出他們的語言潛能。」

如果孩子的語言理解、表達、溝通上伴有障礙，會導致孩子無法很好地理解他人和表達自己，這也會對孩子適應社會生活的需求增加難度。

2. 忍不住吼了孩子，事後「情感急救」三步驟

比較理想的情況是，我們可以控制好自己的情緒，在發生衝突矛盾的時候做到不吼孩子。那麼如果忍不住還是吼了孩子，我們應該怎麼做事後的情感修復呢？

(1) 承認錯誤，主動溝通

向孩子誠懇地表達自己的歉意，這也是我們給孩子樹立的榜樣和示範。「對不起，寶貝。剛才媽媽那樣的溝通方式是不正確的，是不是嚇到你了？媽媽心裡也很難受，我們抱一抱吧！對不起。」

(2) 把自責變成一次與孩子互相了解的機會

有一部分父母在吼完孩子後會深深地自責，但是自責並不能解決問題，把感受憋在自己的心裡會讓事情變得更糟。與其這樣，不如把自責轉變成一次與孩子互相了解的好機會。

等孩子的情緒稍微穩定一些，和孩子談談你的感受。用溫和的態度告訴孩子為什麼自己會生氣，同時明確地告訴孩子你內心的期待。比如：「我看到你在床上蹦，很擔心你會磕碰到床頭櫃或者摔下來。媽媽很愛你，但是這樣的行為是不可以的。我們可以去公園和寬廣的地方蹦。」

我們可以引導孩子看到對方，而不僅是他自己。同樣，我們也應該讓孩子有機會說一說他的想法，他為什麼想要這樣做？如果這個行為不被允許，那麼他還有其他的好主意嗎？

(3) 慢下來，和孩子一起度過情感谷底期

我們吼完孩子後，孩子可能會情緒低落，不說話，或者憤怒。父母慢下來，靜靜地陪在孩子身邊，陪孩子度過情緒低落期也是很重要的。

深呼吸，讓自己放鬆下來。如果孩子願意，抱抱孩子，我們溫柔的肩膀會給孩子力量。如果孩子還不願意擁抱，就靜靜地陪伴他，直到他平復下來。我們要讓孩子明白，爸爸媽媽永遠愛他，也會在最難的時刻陪伴他一起度過。

3. 使用「元認知」重建親子溝通，成為不吼孩子的成長型父母

除了吼罵孩子後要做情感急救，我們還要學習怎樣才能更好地與孩子進行親子溝通，避免再次發生吼孩子的情況。

「元認知」這一詞，最早由史丹佛大學教授約翰·弗拉維爾提出。簡單來說，「元認知」是對自己的思考和學習過程的認知、理解和監控。大家都聽過《論語》中曾子的名言「吾日三省吾身」，這正是元認知能力的表現。

那麼我們如何用元認知監控自己的怒吼呢？我推薦父母可以用「元認知記錄法」，有效監控並理解、調整我們對孩子的怒吼。

元認知記錄法包括「一記、二找、三調整」三個步驟。

圖35

第五章　1.5～2歲,培養會思考、會社交的聰慧頭腦

(1) 一記

一記就是記錄自己每一次怒吼的細節。孩子具體做了什麼事情,讓我們爆發情緒了?我們發脾氣除了和孩子有關之外,有沒有自己的原因?記錄怒吼的細節,可以幫助我們了解自己,進而幫助我們控制壞情緒。

表 15　避免吼孩子的「元認知紀錄」

時間:　　　　　　地點:
引發我怒吼的具體事件:□吃飯□睡覺□玩耍□出門□如廁□其他
自身的影響因素:□工作壓力□身體不適□飢餓□睡眠不足□其他
自身的影響因素:(可以記錄自己的反思,以及下次如何調整)

(2) 二找

從紀錄中找出規律,自己在什麼時間、什麼情況下最容易怒吼?是在自己下班後又累又餓的時候嗎?是在自己早上著急出門,而孩子又拖拖拉拉的時候嗎?

(3) 三調整

根據客觀紀錄和找出的規律,我們需要做三點調整。

◆ 調整時間,避免狀態不好時帶孩子

盡量避免在自己高頻率發脾氣的時間段帶孩子,可以在自己狀態不好時去吃點東西、稍做休息調整後再來和孩子玩。或者想像自己能否做出相對應的調整,比如預留出時間,減少自己的情緒失控。

總之,在我們情緒快失控時,跳出來問問自己:你的身體發生了什麼?為何對孩子的行為有這樣的反應?如何才能徹底解決問題?

只有父母經常反思自己，才能做到認可和監控自我的情緒，而不是任由情緒失控。

如果你實在是太累了，無法做到停止對孩子怒吼，那麼就選擇暫時離開吧。確保孩子在一個安全的環境裡，告訴孩子自己有點累了，需要去另一個房間休息一下，10 分鐘之後再回來找他。

如果家裡有其他照料人，也可以互相幫忙，讓一個人照顧孩子，調節一下自己的情緒。

◆ **調整過程，及時表達情緒**

情緒就像一條河流，總是持續往前走。當情緒沒有及時排解，就會像滾雪球一樣，越滾越大，直到一發不可收拾。

情緒並不需要壓抑、掩飾、逃避，如果我們可以察覺到自己情緒的變化，並將自己的感受及時表達出來，那麼我們就能更好地控制自己的脾氣，更了解自己，也給了孩子了解我們的機會。

和孩子描述你的感受，疏導自己的情緒的同時，你還可以開啟一扇「窗戶」，讓孩子可以看到你。

◆ **調整互動方式，讓孩子學習承擔應有的後果**

孩子玩鬧時把杯子打破了，杯子會發出巨大的聲響，心愛的杯子成了碎片，孩子也無法使用這個杯子了。這個過程伴隨著有邏輯的自然結果，本身已經具有強大的震懾力。法國著名的教育家盧梭曾經說：兒童所受到的懲罰，只應是他的過失所招來的自然後果。

當我們嘗試讓孩子承擔應有的後果，而不是吼罵、責備時，孩子也會從中學習自然後果背後的因果關係，他們會從中吸取教訓，避免下次再出現同樣的問題。

第五章　1.5～2歲，培養會思考、會社交的聰慧頭腦

獎勵，卻讓孩子「得寸進尺」

> **小案例**
>
> 　　我的鄰居小陳，經常需要加班。他的孩子5歲，因為小陳陪孩子時間少，總覺得有些愧疚。於是小陳就對孩子說：每次爸爸下班回家，如果你把家裡收拾乾淨，我就幫你帶你最愛吃的零食。
>
> 　　有一次，小陳因為公司瑣事，回家忘記買零食了。結果孩子很生氣，哭著質問爸爸：你為什麼沒買零食給我？小陳心裡五味雜陳，本來只是想彌補陪伴的缺失，讓孩子高興一下，沒想到孩子卻「得寸進尺」。

　　小陳的例子讓我想到了「德西效應」，這是心理學家德西在1971年做的實驗，他透過研究發現：當一個人進行一項愉快的活動時，若提供獎勵給他，反而會減少這項活動對他內在的吸引力。

　　小陳正是因為給孩子提供不恰當的外部動力，因此導致了截然相反的效果。

　　「德西效應」值得引起我們的反思。一個5歲的孩子，正處於對日常生活非常感興趣的階段。如果我們細心觀察就不難發覺，孩子對模擬大人的日常生活有著無限的熱情和動力，他們學著像大人一樣「做飯」（扮家家酒），像大人一樣照顧「洋娃娃」（照顧小妹妹）。他們所做的一切，就是希望能和我們一樣。而完成日常家事，對孩子來說本身就帶有極大的愉悅感和滿足感。

　　獎勵的根本邏輯和原理，就是透過給予孩子一個行為目標，達成後孩子會獲得獎勵，為了得到持續的獎勵，於是孩子持續保持良好的行為。

圖36

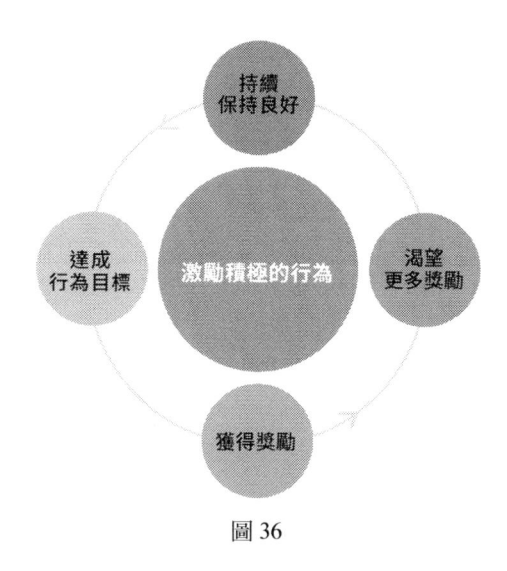

　　但是如果孩子沒有了獎勵，孩子就很難持續好的行為。因為我們對孩子的某一行為給予連續的獎勵，會使孩子對獎勵產生依賴，一旦獎勵減少或消失，就會在客觀上產生一種與獎勵相反的效果。

　　即使我們一直給孩子提供獎勵，孩子也不會因此而滿足，他的焦點會放在獎勵上，而不是行為本身。孩子總想要得到更多的獎勵，如果不能得到，意味著孩子所做的積極行為在短時間內就會失效。

　　這也是為什麼給孩子獎勵，起初還有點效果，後來卻沒有什麼用的主要原因。

■ 1. 這三個方法，比獎勵更有用

(1) 創造環境讓孩子自己做，自我激勵比物質獎勵更有用

　　我曾在蒙特梭利環境帶班的時候，見過一個叫西西的小女孩，她大概20個月左右。當我第一次向她示範了貼工盒的工作之後，連續好幾天，她每天來到學校的第一件事情就是去做貼工盒的工作。每次將各種

第五章　1.5〜2歲，培養會思考、會社交的聰慧頭腦

形狀用膠水按壓，貼在紙上後，她總會很開心。她會拿著她的「作品」，跑過來，說：「這是我貼的！」然後微笑著看著你。

其實我們不需要做什麼，孩子做好了一件事情，他的內在已經受到獎勵了，他很開心，很滿足，這本身就是非常好的獎勵。

兒童不需要別人告訴他事情該如何做，一個自由的心靈需要自由地選擇和從事自己的工作。但在完成工作之後，兒童的成果也需要被成人看見。這種獎勵是孩子的自我獎勵，他們自由自在地進行工作，就已經是孩子的自我獎勵了。

孩子是可以自我教育和自我激勵的，在一個自由發展的環境中，我們能見到綻放其心靈能量的全新的孩子：他們有高度的專注力和敏銳的觀察力，樂於「工作」並從中獲得內在的滿足，有秩序感、自發的紀律性和自我控制能力，懂得尊重與關愛他人，愛護環境。

養育的重點不在於提供物質豐富的獎勵給孩子，而是能否為孩子創造一個積極的、有準備的環境。提供適合孩子的、富有挑戰性又豐富有趣的活動和工作，使他產生興趣，在過程中他會獲得經驗、知識、技巧、概念。他會意識到自己的成功，並為這種成功感到愉快、滿足、自豪。

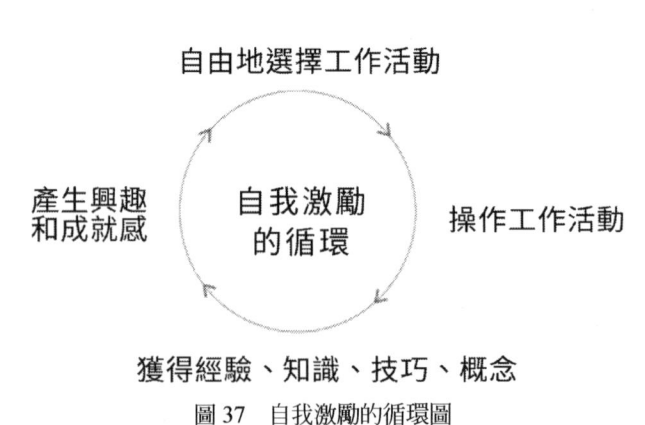

自由地選擇工作活動

產生興趣
和成就感　　　自我激勵
　　　　　　　的循環　　　操作工作活動

獲得經驗、知識、技巧、概念

圖 37　自我激勵的循環圖

這些積極的體驗，能幫助孩子養成良好的行為習慣。如此，孩子很容易就在行動中完成了自我激勵。這種自我激勵是極其重要的，因為它是響應孩子生命裡對學習的渴求。孩子會透過自發的學習，體驗成功的感覺，這種自信將會伴隨孩子，幫助他克服未來人生中面對的各種挑戰。

(2) 用心關注孩子做事的過程，比獎勵更有用

在孩子用感官體驗探索時，獎勵和懲罰似乎能發揮非常好的激勵作用。為了得到獎勵，孩子會運用大腦去記憶新的內容，但同時孩子也會逐漸喪失用評估過程去學習的能力。

因此，我們要鼓勵孩子多用評估過程去看待問題。比如：我們可以和孩子說：「今天茶几上有水，我看到你用紙巾將它擦乾了。現在茶几好乾淨啊，謝謝你！」

當孩子拿了畫好的畫過來，比起「好棒！這是我見過的最漂亮的畫了」這些浮誇的讚美，客觀地描述可能會讓孩子更滿足並持續創作。比如可以說：「嗯，我看到了你用紅色的顏料畫出了長長的線，把紅色和白色混合在一起，變成了一種新的顏色！」

客觀地描述過程，可以讓孩子關注到事情本身，關注到自己可以幫助別人，讓孩子將眼光更多地放在自己的內在，孩子不斷體驗著和享受著做事情本身帶來的愉悅，也會對做的事情有可控感，然後會有信心繼續努力。

(3) 平衡獎勵和限制，把獎勵變成日常儀式

在現實生活中，許多父母會把吃糖、吃雪糕等活動變成一種獎勵。因為這些活動需要給予限制，在平時不能給太多。與其這樣，不如明確

第五章　1.5～2歲，培養會思考、會社交的聰慧頭腦

地告訴孩子限制，不要將限制和獎勵等同起來。

我們可以和孩子商量每週的「雪糕日」、「遊樂場日」、「糖果日」。這樣孩子能更清楚地知道規則，並且期待這個有儀式感的日子的到來。

孩子知道什麼時候應該做什麼事。從短期看，看似是限制，但是從長期來看，能讓孩子更信任父母。

我們要尊重孩子、了解孩子，只有尊重他們、了解他們，我們才有可能教育他，一味地獎勵對孩子百害而無一益。就像瑪麗亞‧蒙特梭利博士所說的，「教育是對生命的輔助」，在生命的初始就進行教育，才能真正改變當今及未來的社會。

第六章
2～3歲，
細養出來好性格和好習慣

「可怕的」2歲、「麻煩的」3歲，它來了！摸私處、做事拖拖拉拉、愛哭鬧、固執、不講理⋯⋯問題行為我們逐一擊破。這個章節，我們會分享如何做60分的父母，透過建立「家庭和平桌」及動手型環境，把可怕、麻煩的兩三歲孩子變為我們的「合作夥伴」。SMMS金字塔模型法，讓孩子感受酣暢淋漓的「心流體驗」，養成善於自我糾正、專心做事的好性格、好習慣。

第六章　2～3歲，細養出來好性格和好習慣

第一節　解開父母眼裡孩子的 6 個成長難題

為什麼父母在，孩子反而不好帶？

> **小觀察**
>
> 孩子一天在家都特別乖，可是只要父母下班回到家，孩子反而不好帶了。吃、喝、拉、撒、睡，永遠都是找爸爸媽媽，如果不順孩子的意，他還動不動就大哭一場。和孩子講個睡前故事，他非要坐在媽媽的懷裡。玩一會兒遊戲，還非得要爸爸看著他、跟他一起玩。有時甚至連父母上個廁所，孩子都要在門口等著。
>
> 家裡的老人都說，這是父母寵出來的！白天老人帶，孩子好著呢！

■ 1. 為什麼父母在，孩子反而不好帶？

父母陪在孩子身邊的時候孩子反而「不聽話」，這和孩子發展的階段，以及父母的教養方式等方面息息相關。

依戀理論的鼻祖瑪麗・愛因斯沃斯認為，父母離開後，孩子對父母的「求關注」是一種積極的依戀回饋。父母就像是一個安全的堡壘，無論

在哪裡，只要有這個堡壘在，孩子就感覺到安全。這是幫助孩子建立安全依戀的必須通道，是孩子對周圍世界信任的一種基本展現。

美國兒科百科中也曾指出：媽媽不在家，保母或者家人告訴你，孩子們表現得像個天使時，不要偷著開心，覺得孩子終於長大了。其實孩子並沒有長大，而是他們對別人的信任不足，不敢去試探他們的底線。

因此，孩子在保母或者其他人面前表現得「乖」，在父母面前則愛「撒嬌求關注」，只不過是因為他們內心對父母有著無條件的信任而已。

當然，照料人之間養育規則不一致，可能會導致孩子表現「反常」。比如：孩子經常在父母身邊時更調皮，我們要考慮父母是否給予孩子的自由太多而相對應的規則過於寬鬆。

尤其是父母和爺爺奶奶對養育孩子的基本原則和日常生活規範標準不一致，就很容易導致孩子「見風使舵」，在嚴厲的人面前表現得規矩，在溫和的人面前一再試探對方的底線。

■ 2. 三個原則，鼓勵孩子與我們成為合作型夥伴

我們鼓勵孩子用正確的語言和行為方式表達需求和感受，透過以下三個原則方法，我們可以讓孩子更容易與我們合作：

(1) 平常心對待孩子的「撒嬌」

孩子見到父母就各種撒嬌、求關注，這個時候我們需要一顆平常心。不對孩子貼「做作」的標籤，也不用過度「呵護」孩子。

和孩子平靜地談談你今天遇到的一些事，放下手機，認真和孩子玩十分鐘的積木，或者讀十分鐘的書籍。你會發現，當孩子被關注，哪怕僅僅是十分鐘時間，之後他獨自玩耍的時候會好很多。就像安全感得到了確認，如果得不到，他會一直很想要。

第六章　2～3歲，細養出來好性格和好習慣

(2) 做 60 分的父母，給予孩子愛的同時留有空間

　　心理學家溫妮科特曾提出做「60 分足夠好的媽媽」。意思就是說，我們給孩子的愛和保護不用達到滿分，其實只需要「基本夠用」就可以。

　　給孩子留有成長的空間是很重要的，我們需要多創造環境讓孩子自己做事情，而不是一手包辦。當孩子有事可做，就不會一直依賴父母，他會擁抱更加寬廣的世界。

　　當孩子自己做事情時，孩子會在錯誤中總結經驗，他們也會更願意和我們合作。所謂「心中醒，口中說，紙上作，不從身上習過，皆無用也」，說的就是這個道理。

　　很多時候我們總希望做事情再完美一點，當孩子能做好的時候，父母常常覺得很自豪，衷心為孩子感到高興，但更多的時候，孩子經常做得不夠好。作為父母的我們總是忍不住想幫上孩子一把，當孩子堅持用自己的方式做事情，有些父母甚至會譏諷孩子，「看吧，我都說你這樣做不行」、「看吧，早該聽我的多好」。

　　慢慢地，孩子害怕犯錯，失去自信，失去對環境的信任，甚至會認為：我是一個沒用的人。反正我也做不好，還是你來做吧。

　　留有空間，讓孩子自己嘗試著做，孩子才有機會學習並與我們合作。

(3) 穩定自己的情緒，統一養育的規則

　　身為父母，我們需要讓自己的情緒盡量保持穩定、平和。為孩子定的規則不會因為我們情緒的變化而隨意改變。

　　比如：父母心情好時會好好和孩子說，茶几不能爬；心情不好時，父母就不管孩子了，孩子愛爬茶几那就爬吧，直到自己情緒崩潰，對孩子說：我和你說了多少遍了，不能爬茶几！

這樣的情況就會讓孩子感覺困惑，他們甚至會透過討好父母，來確認自己的行為是否被允許，以此來得到父母的愛。

養育的規則需要統一，只有統一了，孩子才能在平和的氛圍中，展現本該屬於孩子的天真。

孩子剛上幼稚園，分離焦慮很嚴重怎麼辦？

世界上所有的愛都是為了相聚，只有一種愛是為了分離，那就是父母對孩子的愛。

—— 克萊爾

幼稚園是一個特殊的存在。孩子上幼稚園，代表著他正式從家庭走向了更廣闊的世界。很多人說，我們一生中許多重要的事情都是在幼稚園裡學會的，比如學會分享、耐心等待、幫助他人、注意衛生、適當休息等。

孩子從家庭過渡到學校，他們面對分離和適應新環境的態度各不相同。有些孩子很快就適應了學校的生活，而有些孩子就沒那麼容易了。

剛上幼稚園的孩子總是哭，主要原因還是因為環境和生活方式的突然改變造成孩子不適應和焦慮。孩子在上學以前，他們的生活方式比較簡單，幾乎是由爸爸媽媽、爺爺奶奶或者保母來照顧。大家都以孩子為中心，圍繞著孩子轉，環境和照料人都比較單一、固定。

而孩子到幼稚園之後，環境忽然有了很大的轉變：爸爸媽媽和熟悉的照料人不再時時刻刻陪著他了。他需要獨自一人面對新的環境、老師和同學。

第六章　2～3歲，細養出來好性格和好習慣

面對全新的環境，他們需要不斷地確定：我是安全的嗎？爸爸媽媽離開了還會回來接我嗎？孩子在情感和認知的拉鋸中，難免會產生身體上的不適應和心理上的焦慮。

總體來說，孩子從焦慮到平穩過渡，會經過三個階段：

■ 1. 分離焦慮的三個階段

(1) 反抗，「我要回家」！

這個階段的孩子最直接的表現就是撕心裂肺地大哭。每天送孩子去幼稚園的路上，都會上演各種「生死離別」。這時孩子的口頭禪是「我不要上幼稚園」「我要回家」，孩子表現得極為憤怒或反抗。

(2) 失望，「那又怎麼樣呢？我還是得上學」。

慢慢地，你會發現孩子開始有了一些細微的變化：他不再那麼撕心裂肺地哭了，而是變成了斷斷續續地哭。你仍會聽到孩子哭，但是比起第一階段，哭的強度有所降低，頻率有所減少。

如果在幼稚園孩子看到其他人哭，他也會跟著哭起來。這個階段的孩子可能會出現不理睬他人、反應遲鈍的情況。

我們也會強烈地感覺到孩子的心灰意冷和無奈。「是啊，不想去上學，但是又能怎麼樣呢？我還是得去。」

(3) 接受，「我喜歡幼稚園」！

孩子開始漸入佳境，接受老師的照料，會跟著園裡的一日流程開展部分或全部的活動。他會學著自己吃飯、喝水，和其他孩子一起玩遊戲，但是看到爸爸媽媽又會表現出傷心。

以上這三個階段,因為每個孩子成長的環境不同、個性不同,因此度過的時間也是有長有短,並且有可能出現反覆的現象。

如果我們能保持平和積極的心態,那麼我們就可以變成幫孩子順利度過焦慮期的助推劑。孩子是天生敏銳的觀察者,如果我們表現出對孩子和新環境、新老師的信任,那麼孩子就能接收到資訊,從而信任自己、信任環境,逐漸適應幼稚園的新生活。

■ 2. 讓孩子適應幼稚園,父母四個時間節點的引導很關鍵

我們可以在孩子入園前、入園時、接園時和回家後這四個時間節點,巧用一些技巧,幫助孩子緩解焦慮,更快適應幼稚園。

圖 38

(1) 入園前:提前預演一日流程,告訴孩子回家的「時間參照點」

常言道:好的開始是成功的一半。如果前期有較好的鋪陳,那麼孩子適應幼稚園這件事就會有事半功倍的效果。提前預演一日流程,告訴孩子回家的「時間參照點」可以做到很好的鋪陳作用。

第六章　2～3歲，細養出來好性格和好習慣

2～3歲的孩子，對秩序、順序有著十分敏感的需求。熟悉的一日流程，會讓孩子產生內在的安全感。他能夠預知自己接下來可以做些什麼，這種控制感會讓幼兒感覺良好。

孩子在上幼稚園之前，如果可以按照幼稚園的作息時間起床、吃飯、午睡和活動，對孩子適應新環境是有極大的幫助的。

值得注意的是，2～3歲的孩子對時間還未形成良好的概念。他並不能理解我們說的，「到四點半爸爸媽媽就來接你」這個時間長度代表的是多久的時間。

我們可以透過利用孩子對秩序和順序的敏感性，讓孩子理解我們接園的時間。比如：「你午睡起來後會吃點心，再玩一會兒爸爸媽媽就來接你了」，這樣能幫助孩子緩解焦慮，期待父母的到來。

我們還需要考慮替孩子準備的物品，讓孩子可以更好地使用。比如：為孩子準備寬鬆的衣褲或者分體的上衣和褲子，這樣的衣物比較容易更換。這些小細節都可以幫助孩子在幼稚園學習更好地獨立做事情。

(2) 入園時：溫柔而堅定地離開，孩子哭鬧更少

一般幼稚園入園的時間是8：00～8：45，而8：30左右是人最多的時候，老師也會非常忙。因此為了讓孩子和我們有一個比較好的分離，我們可以選擇在8：00左右送孩子入園。

把孩子交給老師後，微笑著告訴孩子你會來接他，然後就可以離開了。如果此時父母離開得慢吞吞，會加大孩子與我們的拉鋸，讓分離變得更加痛苦。

我們與孩子分離時，孩子或許會哭鬧，這都是非常正常的，他只是需要一些時間適應新的生活。事實上，絕大多數分離時「鬼哭狼嚎」的孩子，在進入教室後都可以很快平靜下來。

(3)接園時：別急著回家，幫助孩子建立他的「朋友圈」

如果幼稚園門口有孩子可以活動的空地，孩子在回家前能在幼稚園外多玩一玩，那是最好的。我們可以透過和老師的溝通，了解孩子在幼稚園裡最經常和誰互動。一般孩子總會有幾個比較要好的小朋友。平時我們多和這幾個孩子的家長溝通交流，建立良好的關係。

當孩子有了自己的朋友圈子，就會有良好的情感依託，回到家後孩子還會和你講學校發生的事情。

(4)回家後：持續的家庭溝通，用「我猜猜話題」建立連線

在入園早期，家長們可以多跟老師聊聊天，了解孩子們在幼稚園玩過的小遊戲，多多引入老師在幼稚園的遊戲方式、教育方法等，讓幼稚園的生活延續到家裡，進一步消除孩子入園的陌生感。

平時在家時，多向孩子表示：老師經常提起你呢！向孩子說說老師描述孩子的具體事情，孩子會看到我們和老師是一種信任的關係。他會逐漸明白，老師是可以信任的人，在學校，老師就像爸爸媽媽一樣，可以幫助他。

除了問老師孩子在學校的情況，我們也可以問孩子關於幼稚園的更多細節，幫助孩子更好地適應。那麼有些爸爸媽媽就有疑問了：我也想從孩子嘴裡知道更多幼稚園的事情呀！可是問孩子吧，孩子要麼說不清楚，要麼就是一問三不答，有些時候還不耐煩地跑開。

我們可以試試用「我猜猜……」的句式來開啟一個話題。比如：「我猜，今天學校裡有你喜歡吃的糖醋排骨！對不對呀？」

有時我們還可以故意猜錯一些問題，比如：「我猜，你們學校的溜滑梯那麼高，你肯定沒有去玩吧！」孩子可能會說「才不是」，之後不用我

第六章　2～3歲，細養出來好性格和好習慣

們說太多，他就自然地接上介紹學校的話題了。

從孩子感興趣的點進入「我猜猜話題」，通常會有不錯的效果：

◇ 對運動量大的孩子，我們可以從學校的體能遊戲入手開啟孩子的話匣子。
◇ 對飲食感興趣的小朋友，我們可以從學校的點心入手進行猜猜猜。
◇ 對社交能力強的孩子，我們可以猜班上其他小朋友的一些小細節。
◇ 對性格比較安靜的孩子，我們可以猜班上做的手工活動。

總之，就是猜著聊一些「無關痛癢」的小細節，因為有具體的場景感，孩子比較容易回答我們的問題，並且和我們交流。通常在這些小細節裡，我們也能更加了解孩子在學校的情況。

當然，我們也要避免用「我猜猜話題」去問一些不合時宜的、容易誤導孩子的問題。比如：「我猜老師今天打你了」、「我猜老師今天吼過其他小朋友」，像這類型的問題，殺傷力極強，不僅問不到孩子在幼稚園真實的情況，還可能錯誤地引導孩子的認知。

「我猜猜話題」的目的，是根據每個孩子在幼稚園的興趣點，延續幼稚園的話題。讓孩子回溯一天的幼稚園生活，逐漸建立起第二天入園的期待，產生正向的循環。

孩子的成長，是一個循序漸進與我們分離的過程。有一位名校高材生曾說：「我欽佩一種父母，他們在孩子年幼時給予強烈的親密，又在孩子長大後學會得體地退出，照顧和分離都是父母在孩子身上必須完成的任務。親子關係不是一種恆久的占有，而是生命中一場深厚的緣分，我們既不能使孩子感到童年貧瘠，又不能讓孩子覺得成年窒息。做父母，是一場心胸和智慧的遠行。」

第一節　解開父母眼裡孩子的 6 個成長難題

面對分離，如果父母焦慮，孩子也會模仿大人的情緒，所以做父母的要保持放鬆的心態，並且相信自己的孩子。當我們前期給了孩子足夠多的愛，在分離的時候充分信任和放手，就是對孩子最好的支持。

為什麼孩子做事注意力總是不集中？

聚精會神的狀態，比知識還重要。

── 瑪麗亞・蒙特梭利

專注地觀察，是孩子和世界產生連線的方式。孩子的專注力在哪裡，收穫就在哪裡。認知神經科學家安妮・特萊斯曼認為，我們對專注力的運用決定了我們所看到的東西。

6 歲前的孩子是感官學習者，他們會專注做自己感興趣的事情。比如：孩子去海邊玩，他們會把專注力放在玩軟綿綿的沙子、流動的海水、顏色各異的貝殼、溼漉漉的水草等這些有感官刺激的物品上。

而父母則可能會把專注力放在沙灘上一個不起眼的菸蒂，以此來判斷這個沙灘是否乾淨，是否是一個「好地方」。

因此，毫不誇張地說，專注力相當於人的「認知肌肉」，我們要依靠它去理解世界、把握任務、學習或創造。

那麼，為什麼有些孩子沒有專注力呢？到底是什麼扼殺了孩子的專注力？

■ 1. 這四個行為，正在無形中扼殺孩子的專注力

孩子在出生後就具有專注的本能，如果孩子缺乏專注力，我們需要考慮以下四個因素：

第六章 2～3歲，細養出來好性格和好習慣

(1) 過多的提醒和幫助，會扼殺孩子的專注力

有一部分父母總覺得自身的經歷比較豐富，看到孩子做不好一件事，總是忍不住幫上一把，或者「好心」提醒孩子。然而，過多的提醒和幫助，可能會扼殺孩子本身具有的專注力。

2008 年北京奧運會女子 100 公尺跨欄比賽，運動員蘿蘿·瓊斯是熱門的冠軍候選人。最開始的時候她一馬當先，輕鬆跨過了前面所有的欄架，然而意外發生了，她撞倒了第 9 個欄架 ── 本來她只要跨過 10 個欄架就贏了。她與冠軍失之交臂，最後只獲得了第 7 名，淚灑田徑場。

後來記者採訪她時，她說剛開始她覺得速度有些快，於是便對自己說：「動作一定要到位……把腿開啟。」結果卻發生了失誤。

很多神經學家認為，當我們開始考慮技術細節，而不是交由對技術動作「了然於心」的運動神經去自動執行動作時，就會對專注力形成干擾，反而不利於動作執行的效果。

孩子的成長也是一個道理。一個在練習掃地的孩子，他剛開始可能掃得並不好。如果我們頻繁提醒孩子、幫助孩子，實際上會打斷孩子的專注力，破壞了孩子習得動作的能力。長此以往，他們逐漸會變得難以專注。我們出於好心的「幫助」，可能反而阻礙了孩子內在專注力的集中。

(2) 壓力和心理負擔，會分散孩子的專注力

當我們感到有壓力或有心理負擔時，失誤就會增多，注意力也容易被分散。如果壓力和心理負擔越來越大，那麼就會引起焦慮。

壓力容易讓人迷茫和無助：如果做的事情本身就沒有價值，那麼一開始為什麼還要做呢？這種無助的感覺容易讓孩子對種種事情失去興趣，變得難以專注。

(3) 難度太低或者太高，孩子的大腦和行為無法實現同步專注

如果孩子做的事情難度太高，孩子就容易產生畏難心理，不願意嘗試；如果太簡單，孩子也容易失去興趣。當然孩子不會告訴你，這太難了或是太簡單了，他們用的最直接的方式就是跑開。孩子會跑開，是在用本能告訴我們：他對此時此地發生的事情不感興趣，孩子的大腦和行為無法實現同步專注。

(4) 睡眠不足，導致大腦無法集中注意力

我們都有這樣的經驗：前一晚如果休息不好，第二天的工作狀態就會比較糟糕，容易打瞌睡、恍神，更談不上集中注意力了。睡眠不足會讓大腦處於超負荷的狀態，導致思考能力下降、警覺力與判斷力削弱。

■ 2.「SMMS 金字塔模型」，幫助孩子重獲專注力

如何讓孩子擁有更持久的專注力，我認為我們需要考慮孩子的睡眠、成人的互動方式以及孩子做的事情的難度是否和自身能力相匹配。我將這些因素歸結為 SMMS 的專注力金字塔模型。

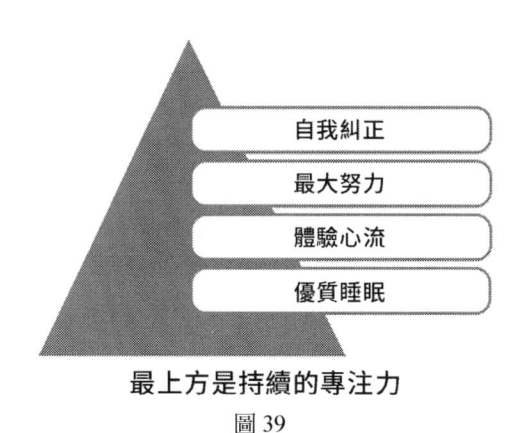

金字塔由下至上：優質睡眠、體驗心流、最大努力、自我糾正

最上方是持續的專注力

圖 39

第六章　2～3歲，細養出來好性格和好習慣

(1) 自我糾正

自我糾正的意思就是我們要給孩子提供一個自由探索的環境，減少對孩子的不必要干預和幫助。充分信任孩子，放手讓孩子做生活中的事情，孩子自然有更多的機會練習專注力。

允許孩子犯錯，是非常重要的。比如：孩子把被子摺得歪歪扭扭，我們馬上指出孩子的錯誤，可能會打擊孩子做事情的信心，下次他會說：還是你來吧，反正我也做不好。

如果我們能肯定孩子，給予他更多的信任和耐心，並在恰當的時候自己示範給孩子看，孩子不僅接受，他也會在經驗中學會自我糾正，把被子摺得更加整齊。

有一次，女兒的老師給了我一些孩子的手工作品。那是一份「刺工」的工作。所謂的刺工，就是孩子手握帶有粗針頭的筆，在紙上刺出對應的小點。有一段時間，孩子非常痴迷這個活動，從她不同時期的作品中，我可以看到孩子是如何學習自我糾正以及不斷練習專注力的。

圖 40

第一階段：卡上滿滿都是刺的洞。孩子此時更多是在探索握著刺針，刺出洞的過程。

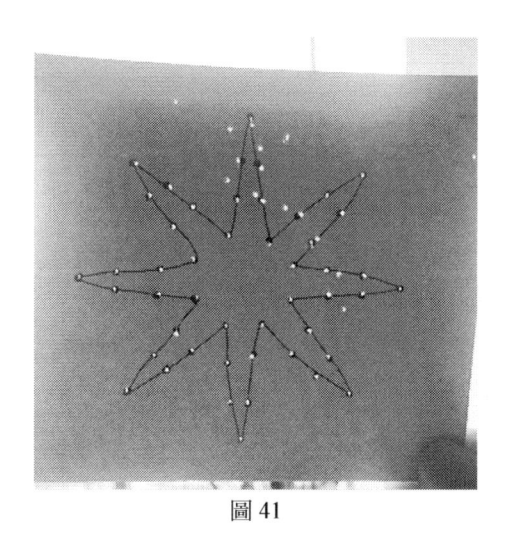

第一節　解開父母眼裡孩子的 6 個成長難題

圖 41

第二階段：開始對著卡紙上的點做出刺的動作，有意識地控制自己的手眼協調。

圖 42

第三階段：基本上可以完成全部的刺點，有部分遺漏。

第六章　2～3歲，細養出來好性格和好習慣

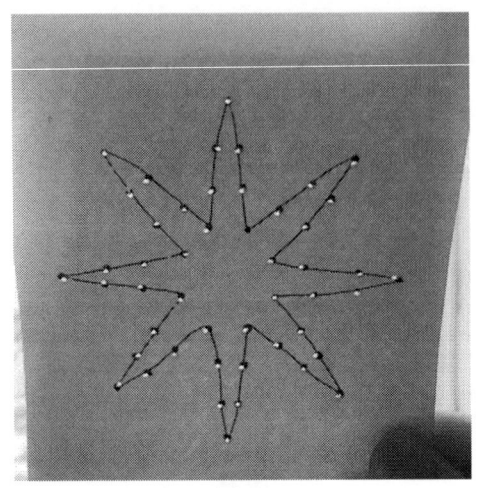

圖 43

第四階段：所有刺的點都在相應的位置上，遵循卡紙上的規律。

在這個過程當中，孩子學習專注去做一件事情，意志力、動手能力、邏輯能力、觀察能力都得到了提高。值得注意的是，當孩子刺的地方不對，或者刺的洞少了，我們並沒有去強行糾正。正是因為我們沒有善意地提醒孩子「要刺在這個地方」，孩子才有了更多的機會進行自我糾正和探索，並且在這個過程中判斷得越來越精確，收穫了成長和自信。

(2) 最大努力

所謂的「最大努力」，就是孩子用盡所有力氣，想盡一切辦法去做一件事情。

一輛小推車，孩子需要用多大的力氣才可以搬起來上一個臺階？一個快遞，孩子需要用多大的力氣才可以抱起來拿回家？

當孩子付出最大化的努力時，他投入的專注力才能給他帶來樂趣。

在日常生活中，我們也有許多可以讓孩子付出最大化努力的小活

動，比如擦桌子、掃地、整理散亂的玩具等。這些工作對大人來說或許很簡單，但是對孩子來說需要付諸努力才能完成。

一旦專注投入，孩子的生活立刻就變得活生生起來。毫不誇張地說，孩子最好的專注狀態，就是進入鮮活生動的生活。日常家務可以鍛鍊孩子的專注力，並且讓孩子享受工作帶來的成果，讓他們覺得自己是一個有價值的人。

(3) 心流體驗

「心流」是什麼？心流體驗這個詞，最早是由著名積極心理學家米哈里・契克森米哈伊提出的，他認為：心流是一種將個體注意力完全投注在某活動上的感覺，心流產生的同時會有高度的興奮及充實感。

我認為心流狀態的產生和孩子的能力、操作活動的難度有很大的關係。但是，難度係數和孩子的能力水準並不是要完全一致，最好的狀態是孩子現有的能力水準，再努力一下就能完成挑戰。如果能持久掌握挑戰與技巧這個「努力一下就能完成」的黃金比例，那麼孩子就能維持越長時間的專注力。

> **小觀察**
>
> 我女兒是一個十足的樂高迷。大概從 1 歲半開始，她就開始接觸大塊的樂高積木塊了，每天玩一會兒樂高，成了孩子的樂趣。但是女兒三四歲的時候我再陪孩子玩樂高，就明顯發現她對樂高的興趣度下降了。她經常是玩一會兒，就把樂高散放在地上，轉而又去玩其他的玩具。
>
> 於是我開始思考：是不是孩子對大塊的樂高積木已經失去挑戰的興趣了呢？我決定更換一批小塊的樂高，看看孩子的接

第六章　2～3歲，細養出來好性格和好習慣

> 受度。結果小塊樂高積木買回來的第一天，孩子太喜歡了！新的小塊樂高積木，增加了圖示，需要孩子一塊一塊地將它們按照步驟拼接成吊塔、消防站、大樓。
>
> 　　這一天，孩子除了吃飯和上廁所，都在搭樂高。她全神貫注，連額頭上冒出的汗滴也顧不上擦一擦，完全進入了忘我的心流狀態。

在心流狀態中，孩子的狀態是飽滿充沛的。當我們完成一項挑戰，我們會興奮，這種生命狀態，可以讓我們一直保持對學習的自我滿足感和期待感，產生良好的動態循環。

不知不覺中，你會發現：孩子竟然專注地完成了這麼多事！

(4) 優質睡眠

保證高品質的睡眠，就是為孩子的專注力發展提供內在保障。睡眠時，大腦就像放電影一樣，回溯白天發生的事情，並將不常用的資訊進行修剪，空出更多的空間，加強常用資訊的神經通路，自動整理和鞏固記憶。

睡眠，就是讓大腦得到充分的休息，這樣孩子才有能量學習集中注意力。養成良好的作息規律，保證孩子充足的睡眠時間，可以為孩子專注力的發展奠定重要基礎。

孩子總是摸私處，如何對他做性教育？

■ 1. 孩子為什麼會摸私處？

(1) 身體探索的需求

對於兩三歲的孩子來說，他們可能會在生殖器裸露出來的時候用手去摸。

當然，兩三歲的孩子還不會將這件事情和達到性高潮等目的連繫起來。孩子只是在探索自己的身體而已，這就和小寶寶發現了自己的手指和腳趾，將它們放在嘴裡吮吸時會感到高興，並且重複這個動作一樣。孩子摸私處只是在學習探索自己身體的部位，這讓他們感覺良好。

(2) 情感和陪伴的需求

當孩子缺乏父母的陪伴和關心，自己的情感需求得不到滿足時，他們也可能會用刺激自己的生殖器獲得快感的方式來緩解情感的缺失。

尤其是現在的社會，父母忙於工作和學習，很少有時間好好陪伴孩子。很多孩子甚至從小和爸爸媽媽的肌膚接觸都非常少。當父母終於有時間了，他們又拿起了手機，很難做到全身心地去陪伴孩子。孩子感覺無聊了，可能就會更早地自我探索安慰的方式。

越來越多的研究顯示，孩子摸私處，並不會給他們的身體或者精神帶來傷害，隨著年齡的增長，孩子頻繁摸私處的動作會減少。喝斥並不能禁止孩子摸私處的行為，甚至有可能會讓事情變得更糟糕。比如孩子可能會「越禁止、越來勁」，嚴厲地喝斥甚至會讓孩子以後將「性」和「羞愧感」連繫起來，不利於孩子身心健康自然地發展。

第六章　2～3歲，細養出來好性格和好習慣

那麼面對這樣的情況，父母如何引導處理比較好？我們又該如何對兩三歲的孩子做性教育呢？

■ 2. 處理孩子摸私處，把握兩個原則、三種情況

摸私處其實是一種十分隱私的行為，介入時我們需要拿捏分寸和方式。整體而言，我認為最重要的兩個原則就是尊重和低調。

尊重，意味著不喝斥、責罵、諷刺、挖苦孩子。

低調，意味著我們不會大聲張揚孩子摸私處的行為。

一般來說，孩子摸私處有三種情況，我來說明如何用尊重和低調的方法來處理。

(1) 公共場合：用簡潔扼要的語言，低聲及時制止

大人們都可以理解，有些事在家裡關上門可以做，但是在公共場合做就不太合適。但是對於低齡的孩子來說，這些不同的「社會規範」和「行為準則」他們很難分辨。

因此，如果孩子在公共場合摸私處，我們可以直接低下身子，用簡明扼要的語言及時制止，同時轉移孩子的注意力，引導他做其他的事情。

比如：我們低下身子，湊近孩子看著他的眼睛說：「寶寶，在公共場合不可以摸那裡。來，我們一起去前面的書店逛逛，看看有沒有你喜歡的繪本。」

使用簡潔的話語，孩子可以更明確地知道我們的期待，他也能更好地明白在公共場合什麼樣的行為是合適的，而什麼樣的行為是欠妥的。隨著孩子長大，他對這些行為準則會把握得越來越好。

(2) 特殊的場合：幫助孩子理解摸私處的限制

我曾經進班觀察過一個老師的班級。這個班裡有一個 3 歲左右的男孩子，在午休蓋上被子的時候經常會摸私處。班級裡的孩子是一起睡在教室裡的，每個孩子都有自己的小床。老師可以透過被子看到這個小男孩的動作，孩子的臉看起來有些發紅並且表現出興奮。那麼這種情況要怎麼處理呢？

老師選擇了「假裝」沒看見。當然，老師並不是完全不理會孩子，而是用一種更低調的方式去觀察孩子。如果孩子動作比較大，被子掉落在旁邊，老師會輕輕地走過去，幫他蓋上被子，然後靜悄悄地離開。

我很喜歡老師處理這件事情的方法，在這個案例裡，我們從老師的行動中看到了什麼是尊重和低調的原則。這種感覺很微妙，雖然老師什麼話都沒有說，但是孩子會明白：摸私處不是什麼糟糕的事情，但是這很隱晦，並且做的時候不要被其他人看見。

(3) 在熟悉的家庭環境裡：多轉移注意力、多陪伴

如果孩子在家裡總是摸私處，我們可以試著這樣引導：

「寶貝，這種事不能當著別人的面做哦！」（提出限制）

「而且一直做，就沒有時間做其他有趣的事情啦！」（進行引導）

「廚房裡有一些快過期的麵粉，我打算把它做成橡皮泥玩。你要一起去嗎？」（轉移注意力，讓孩子有事可做）

在這個過程中，我們的心態也是平靜的、自然的。最後透過轉移注意力的方式，讓孩子知道，我們的雙手還可以做很多有趣的事情。

我們也可以多帶孩子去戶外，大自然有著廣闊的天地，樹木、花草、微風、海浪、白雲、昆蟲，每一種事物都能給孩子帶來強烈的感官

第六章　2～3歲，細養出來好性格和好習慣

刺激以及心靈的滿足。當孩子能夠融於自然，盡情探索，頻繁摸私處的問題行為就會逐漸減少。

我們很難去改變孩子的行為，但是我們的態度以及營造的環境可以非常深刻地影響孩子。

■ 3. 對孩子做性教育，有兩點很重要

(1) 練習「減敏」，用生活性的語言和自然的態度和孩子談性

有一些父母總是覺得和孩子談性的時候，特別不自在，特別難以啟齒，這樣是很難向孩子科普正常的性教育知識的。

我們可以先從練習說出生殖器官的名字開始。生殖器官和我們身體的其他部位一樣，都有名稱，比如男性的陰莖、睪丸、包皮，女性的陰道等。

對於低齡的孩子，我們可以用「屁股」這樣「生活性的語言」。生活性語言的特點就是用低齡的孩子能聽懂、能交流的專有詞彙來描述。父母首先要練習到逐漸「減敏」，若說起生殖器的名字就像說鼻子、嘴巴一樣正常，那麼以後和孩子在一些恰當的時機，說起性知識的時候就不會感覺難以啟齒了。

我們還可以抓住日常生活的最佳時機，讓性教育變得自然。比如幫孩子洗澡和更換衣物的時候，就是一個自然的性教育時機。

◆ 對女孩，可以這麼說

寶寶，現在我要幫妳洗澡了。這裡是妳大腿的內側，讓我們擦一擦。我現在要替妳擦一擦陰部的位置了。讓我們再擦一擦屁股。擦洗乾淨，這樣就舒服多了！

◆ 對男孩，可以這麼說

寶寶，現在我要幫你洗澡了。讓我們把寶寶的包皮洗一洗。它是你很重要的身體部位，要輕輕的哦！下面還有兩顆睪丸，讓我們也擦洗一下，最後是屁股。嗯，這樣就乾淨又舒服了！

透過這樣的方式，可以幫助孩子很自然地意識到自己身體的器官，以及提高對自我的認知。同時可以趁這個時機，向孩子普及一些私處保健的衛生知識。告訴孩子，我們的生殖器是很重要的，要好好保護起來，不可以在公共場合將它們裸露在外。

(2) 先認知身體，再建立界限

兩三歲的孩子看到爸爸媽媽的生殖器官是不同的時候，會感到好奇。這個時候我們可以不用過分強調隱私教育，而是滿足孩子的好奇心，滿足孩子對身體各個器官的探索。

如果條件允許，也可以和孩子一起洗澡，讓孩子觀察成年男女的不同。我們還可以透過繪本、拼圖、模型、圖片等方式直觀地和孩子討論男孩和女孩身體器官的差別。

在孩子三四歲之後，我們就要讓孩子明白需要尊重每個人的隱私。可以告訴孩子：「衣服和褲子覆蓋的地方，都是屬於私密部位，除了爸爸媽媽外，任何人都不可以在沒經過你允許的情況下觸控你私密的地方。」

孩子三四歲後，我們要幫助孩子建立身體的界限和邊界感。父母自己也要做到以身作則，如上廁所、換衣服需要關上門，平時也要保護孩子的個人隱私部位。

整體而言，兩三歲前的性教育重點是盡量滿足孩子的好奇心，助其探索身體、認識男女大不同。而在三四歲後，性教育的重點應該放在引導孩子尊重個人的隱私，建立身體的界限感和自我保護上。

第六章 2～3歲，細養出來好性格和好習慣

孩子動不動就崩潰大哭，無理取鬧又固執怎麼辦？

> 秩序意味著光明和安寧，意味著內在的自由和自我控制，秩序就是力量……秩序是人類最大的需要，是真正的幸福所在。
>
> ——阿米爾

3歲的小周最喜歡吃榴槤酥。剛做好的榴槤酥很燙，平時媽媽都會把榴槤酥放涼了才給小周吃。有一次，媽媽直接撕成小塊，小周的臉立刻就沉了下來，用力地喘著粗氣，擺出生氣的架勢。

媽媽怎麼哄都不行，實在沒轍了，媽媽只得又幫小周做了一個完整的榴槤酥，孩子這才停止了哭泣。

面對孩子的固執，媽媽們心裡萬般無奈，感覺很崩潰。好好和孩子講道理，孩子聽不懂。孩子哭鬧起來的時候自己的心裡就像有一座火山，隨時都在爆發的邊緣。很多父母不斷告訴自己，不要吼孩子、不要打孩子。父母也知道吼罵對孩子不好，但是自己憋著也成了內傷！有時候真的忍不住！

鞋子要放在固定的地方、電梯按鈕必須他來按、月餅不能切開，否則就是不完整的。為什麼孩子變得這麼固執呢？

■ 1. 孩子哭鬧、固執，有兩個內在原因

孩子外在的行為和內在的需求是息息相關的，孩子變得「固執」，我認為有兩個內在原因。

(1) 孩子認定的「秩序」被打破

孩子有時候特別追求「完美」，並且有自己的一套「法則」。一旦他認為自己的那一套「法則」被打破了，就很容易焦慮。這個法則就是孩子對

事物認知的客觀秩序。

人類出生時就偏愛有秩序感的環境。一個幾個月大的嬰兒，如果每次我們都在同一個地方給孩子餵奶，那麼就會形成一種外在的穩定秩序，這種秩序感會給孩子帶來內在的穩定感受。

當孩子餓了，哇哇大哭的時候，我們把他抱到這個餵奶的區域，即使孩子還沒吃上奶，他的哭聲也會減弱。因為他知道自己將會喝到奶，他的需求是可以被滿足的。外在的秩序感會給孩子帶來內在的安定感受，降低他的焦慮。

絕大多數的孩子在一兩歲後，這種秩序感的傾向會更加強烈。「鞋子要放在固定的地方、電梯按鈕必須孩子按、月餅不能切開，否則就是不完整的」，在我們看來或許孩子有些「無理取鬧」，但這是他們透過特定的外在秩序來建立自己對世界的認知，也間接展現了孩子思維能力和認知能力的發育。

如果我們不理解，打破了孩子的秩序感，孩子可能就會出現害怕、哭鬧、焦慮、發脾氣的現象。

(2) 孩子探索和做事情的需求沒有被滿足

孩子發脾氣，產生負面情緒的時候，我們還要考慮孩子的身心需求是否被滿足。孩子渴望自己做事情，動作敏感期又讓孩子不由自主地透過感官去探索世界。這就是孩子與生俱來對學習和探索環境的本能渴望。

如果我們沒有給孩子一個可以被探索的、能滿足他活動需求的環境，那麼他就會透過哭鬧來表達。

第六章　2～3歲，細養出來好性格和好習慣

■ 2. 三個方法，教你和固執的孩子溝通

(1) 避免「正面交鋒」，將孩子的「固執」引導到正確的事上

「鞋子必須放在這裡，這個東西由我來拿，電梯我來按」孩子的要求其實不高，這些極小的事，只要我們願意陪伴孩子重新做一遍，換來的就是親子關係更進一步，何樂而不為呢？

順著孩子的意願進行引導，我們就會看到孩子的創造力。這就像順著水流的方向推船──不費力！

孩子對秩序有強烈的敏感度，我們正好可以利用這一點，培養孩子日常生活的好習慣，一舉兩得。

比如：孩子要玩水，即使身上全部打溼了也要接著玩。那麼我們可以抓住孩子對水的探索需求，引導他用正確的方式。

①在陽臺放一個孩子能用的澆水壺，帶著孩子學習裝水、澆花。

②在洗手臺旁邊加一個穩固的踩腳凳，掛一個孩子能搆得到的小掛鉤，小掛鉤上放小毛巾，讓孩子可以踩上凳子拿到小毛巾，打溼後去擦桌子、洗臉等。

③在廚房，你還可以讓孩子淘米洗米、摘菜洗菜等。

讓孩子參與日常生活，協助孩子一起做，而非替他做。當孩子可以照顧自己，甚至照顧身邊的人和環境時，孩子會感受到自己是一個有能力的人。孩子是家庭的一分子，而不是客人，他也可以為家庭貢獻自己的力量，找到自己的歸屬感和價值感。如此一來，就能減少孩子哭鬧、大叫的情況，避免孩子與我們進行不必要的對抗。

(2) 適當共情，客觀描述事實

在心理學上，有一個詞彙叫「共情」。

它是由人本主義創始人羅傑斯闡述的概念，卻越來越多地出現在現代精神分析學者的著作中。簡單來說，我們可以把共情理解為「用你認為別人會用的那種視角去體驗生活的能力」。

「共情」這個詞這幾年非常流行，但是我在替許多父母做諮商的時候，發現很多人都過分濫用了「共情」這個概念。比如：孩子的一個玩具摔壞了，正在哭。我們說：「哎呀，寶寶的玩具摔壞了，這是你最喜歡的玩具了，你一定覺得特別傷心、特別難過吧！」

本來孩子就難過著呢，當我們說「最」、「絕對」這些絕對性的話語時，容易讓孩子原本就崩潰的情緒變得更加一發不可收拾。

因此，我們應該避免用這些絕對性的話語，應該把重點放在讓孩子可以平復自己的情緒上。

我們可以試著進行共情連線，再用語言描述客觀事實。

比如，我們可以這麼說：「寶寶，你的玩具摔壞了，你有一點點傷心，一點點難過。媽媽知道你很喜歡這個玩具。」抱抱孩子，緩和一下情緒，接著說：「我們來看看玩具摔哪裡了？哦，我看到這個超人的左手臂摔斷了，但是他的頭和其他的身體部位是好的。讓我們來想想辦法，怎麼樣可以修一下呢？」

適當共情連線（右腦）＋描述客觀事實（左腦）＝連線左右腦。

這個過程非常微妙，我們引入了真實情緒，並幫助孩子以建設性的方式處理這些糟糕的情緒。我們不希望孩子受到傷害，同時也希望他們不僅能克服生活中的困難，還能面對困難並獲得成長。這就是整合左右

第六章　2～3歲，細養出來好性格和好習慣

腦進行思考的重要意義。在潛移默化中，孩子就會變得更「完整」，他也更加能接納自己，使自己的生活和人際關係更和諧。

(3) 減少不必要的生活用品，建立有規律和秩序感的環境

良好的家庭環境，會讓一切更有秩序。有條有理，可以讓我們育兒更有效。減少孩子的玩具、衣物、書籍的數量，將不常用的物品暫時收納起來，可以讓環境變得更有序，從而減少衝突和問題發生。

之前有一對父母向我諮商，他的孩子特別喜歡扔書，站在書架前就開始一本一本的扔地上，有時候他會找一本坐下來看，有時候扔完就走人。父母怎麼引導他都不願意收拾，還說「媽媽幫幫忙，我不想撿」。於是每次收拾，大家都會弄得很不愉快。

後來媽媽開始調整方法，減少了書籍的數量，選用開放式的書櫃，孩子的架子上只留五六本書，每一兩週更換一次。這樣一來書櫃看起來整齊有序多了，更重要的是，調整後不僅增強了孩子收拾管理書籍的能力，也減少了父母在後面「擦屁股」引起的不愉快。

作家瓦迪斯瓦夫・雷蒙特曾說：「世界上所有的一切都必須按照一定的規矩和秩序各就各位。」而對於處在秩序敏感期的孩子來說，秩序就像空氣一般重要。有秩序的生活，能帶給孩子內在的安定，幫助他們更好地和世界互動。

第一節　解開父母眼裡孩子的 6 個成長難題

孩子總是做事磨蹭怎麼辦？
── 他不懶，而是「怕」

> **小案例**
>
> 　　3 歲的小安最近上幼稚園特別拖。媽媽每天早上都會上演「驚天地，泣鬼神」的「催娃」模式：叫第 1 遍，孩子紋絲不動；叫第 2 遍，孩子哼哼唧唧回應一聲；叫第 3 遍的時候，孩子才不情願地拖拉著身體起床，瞇著眼慢條斯理穿衣服。孩子拖延的情況越來越嚴重，父母越是催孩子，他反而越來越慢。

　　孩子為什麼總是拖拖拉拉？為什麼大人不斷地催促，孩子反而越來越慢呢？

■ 1. 孩子拖延不是懶，而是「怕」

　　孩子上幼稚園的時間不長，對新的環境、新的老師還不是很熟悉。媽媽說孩子不是很願意參加老師開展的某些活動，也不願意去學校上廁所。當詢問孩子原因時，才知道孩子是害怕自己「做不好」。

　　當孩子能力不足，對自己沒有信心時，就很容易導致上學焦慮和拖拉。說白了，孩子拖延不是因為懶，而是因為「怕」。

　　雖然「懶惰」和「拖延」表現出的行為都是慢吞吞，但是實際上兩者是完全不同的。

　　「懶惰」是指孩子本來有能力完成一件事，但是對這件事並不感興趣，沒有動機努力完成。而「拖延」就不一樣了，拖延是孩子刻意迴避需要完成的事情。在迴避起床、迴避參與學校活動的過程中，孩子還會產

第六章　2～3歲，細養出來好性格和好習慣

生焦慮、不安、愧疚的情緒以及自我懷疑。

當孩子擔心自己做不好時，他就會用拖延來迴避，迴避的時間越久，孩子就越沒有信心，這樣下去容易導致情緒和自我懷疑的惡性循環。

■ 2. 拖延、磨蹭背後的兩個原因

(1) 低齡孩子缺乏「時間知覺」

對時間的認知和感覺也叫做「時間知覺」，時間看不見也摸不到，孩子是無法直接感知的。時間知覺不像空間知覺，有具體的物品和事物作為參照物，因此孩子的時間知覺的發展要明顯晚於對空間的知覺。

最新一版《兒童保健學》中提道：5歲兒童的時間知覺不準確，往往用事物的空間關係代替時間關係；6歲兒童對短時知覺的準確性和穩定性有所提高，並開始區分時間與空間，但不很完全；7歲後，孩子開始能區分時間和空間的關係，掌握相對的時間概念，如昨天早上、明天晚上等。

因此，這也不難解釋為什麼當我們催促孩子「還有20分鐘，不然就遲到啦」，孩子卻對此無動於衷，因為低齡的孩子壓根對時間就沒有太多的概念。

(2) 拖延的孩子，背後是睡眠不足的問題

如果孩子前一晚的入睡時間太晚，睡眠時間不足，會影響孩子對外界的理解。由於孩子無法準確評估和明智地採取行動，所以無法對事件做出合理判斷。最明顯的表現就是孩子反應遲鈍、動作拖拉，同時還會伴隨著「起床氣」。

■ 3. 不催不吼，五大方法培養自律的兒童，告別起床拖拉

那麼面對孩子每天起床時的拖拉，身為父母有哪些好辦法可以幫助他們，讓他們變得更自律呢？這裡我推薦五個方法：

(1) 避免催促，正面說出真實想法

每次我們催促孩子，其實是把我們焦慮的心情間接嫁接在孩子身上，但是孩子並不知道為什麼要那麼著急。與其朝著孩子喊「快點、快點」，還不如直接正面說出我們催促背後的真實原因和想法。

比如你可以說：「寶寶，你起來刷牙洗臉我們就可以出門了，今天學校有家長日活動，我已經迫不及待想去看看，真不想錯過前面精采的環節。」

也可以根據實際的情況做調整，比如你可以說：「寶寶，讓我們起床刷牙洗臉吧，一會兒就可以坐上校車上學了。如果校車來了，我們沒有到，它就要去接其他的小朋友啦！」

總之，就是陳述客觀事實，用事件和空間的變化來取代催促，這樣可以幫助孩子更具象地明白時間的概念，幫助孩子做出更有效的決策。

(2) 幫助分離焦慮期的孩子分解難度，並給予「時間參照點」

如果孩子是因為剛上幼稚園，有些不適應導致的拖拉，我們應該看到孩子行為背後的焦慮。有一部分孩子會因為害怕完成不了學校的活動，擔心自己做不好而抗拒去學校。慢熱型的孩子可能是因為新環境的社交壓力，導致不想上學。

這時候，父母可以做的是幫助孩子疏導情緒以及幫助孩子分解難度，讓孩子找到做事的自信心。

第六章　2〜3歲，細養出來好性格和好習慣

父母可以和孩子的老師聊一聊，孩子是在生活自理、適應新環境，還是交朋友上有壓力？找到根本的原因，再分解降低難度，會提高孩子的參與度。

比如：如果是因為害怕在學校上廁所不會提褲子，可以在家多做練習。如果是害怕和新的朋友交流，可以側面了解在班上孩子和哪個孩子互動比較多，從單個孩子出發，平時在家多和孩子聊聊他喜歡的這個朋友，這些都可以降低孩子心理上的障礙。

當孩子減少了心理障礙，慢慢就會參與更多，行動上也會更高效，減少上學起床時的拖拉。

低齡的孩子對時間沒有太多的概念，因此送孩子去幼稚園時分別前也可以給孩子具體的時間參照點，讓孩子可以預知父母接園的時間，減少焦慮。

比如，我們可以和孩子說：「你午睡以後吃點點心，再玩一會兒爸爸媽媽就來接你啦！」有了具體的事件參照，孩子就會更有掌控感，降低內心的焦慮，從而做到上學更積極、不拖拉。

(3) 調整作息習慣，「例行開關」可以提高孩子做事的效率

我們還應該調整孩子的作息時間，讓其有一個良好的作息，晚上盡量做到帶孩子提前上床睡覺。而固定一個穩定的睡前儀式是一個好辦法。

比如：將臥室的燈光調暗，睡前洗個澡、看一本書，或是唱一首搖籃曲。這樣的好處就是為大腦建立了一種場景感條件反射，就像一個「例行開關」，告訴大腦：「我要準備睡覺啦！」當孩子保證了一定的睡眠時間，第二天起床精力比較充沛，他自然會減少拖延的問題。

(4) 提前準備，給孩子預留時間

對於比較慢熱的孩子，我們還需要照顧到他們的活動強度，盡量做到提前半小時，替孩子預留出「蘑菇」的時間。我們可以在前一天的晚上和孩子共同準備上學所需要用的物品，這樣可以避免早上的匆忙慌亂，也為一整天孩子的工作和情緒奠定良好的基調。

第六章　2～3歲，細養出來好性格和好習慣

第二節　4個錦囊，幫助孩子培養積極解決問題的好習慣

蒙氏剪工 —— 獲得「我很能幹」的專注和喜悅

剪工，顧名思義就是用剪刀來工作，這個活動適合兩歲以上的孩子，我們只需要給孩子提供一把尺寸合適的小剪刀、一些漂亮的紙張，孩子就能樂此不疲地開始工作了。

這個階段的孩子對自己喜歡做的活動總是一次又一次重複，在重複的過程中孩子會對自己的錯誤進行糾正，直到自己滿足為止。大多時候，這種重複是為了讓自己的工作更加熟練，而剪工，正是給孩子提供了一個重複練習的機會，讓他們變得自主和獨立。

有一部分父母擔心孩子會受傷，於是杜絕孩子使用剪刀。其實只要引導得當，孩子不僅可以使用剪刀，並且還可以在過程中享受藝術創作的樂趣。

英國國家早期教育綱要就曾明確指出：22～36個月孩子的藝術和設計的表現力，可以透過使用不同的顏料、鉛筆、蠟筆、紙張、膠水和兒童剪刀等媒介和材料進行探索。

當孩子專注於剪的時候，他會感覺到自己的掌控感。「掌控感」會讓孩子變得更專注、充實。伴隨著完成後的喜悅，孩子會因為這種良好的感受進行自我肯定。

總體來說，剪紙可以透過難度係數分為四種。

1. 四種循序漸進的剪工方法

(1) 一刀剪、兩刀剪和三刀剪

①一刀剪：提供長度 14 公分，寬度 1 公分左右的紙條，每隔 1 公分畫一條水平線，適合孩子剪一刀。

②兩刀剪：提供長度 14 公分，寬度 2 公分左右的紙條，每隔 1 公分畫一條水平線，適合孩子剪兩刀。

③三刀剪：提供長度 14 公分，寬度 3 公分左右的紙條，每隔 1 公分畫一條水平線，適合孩子剪三刀。

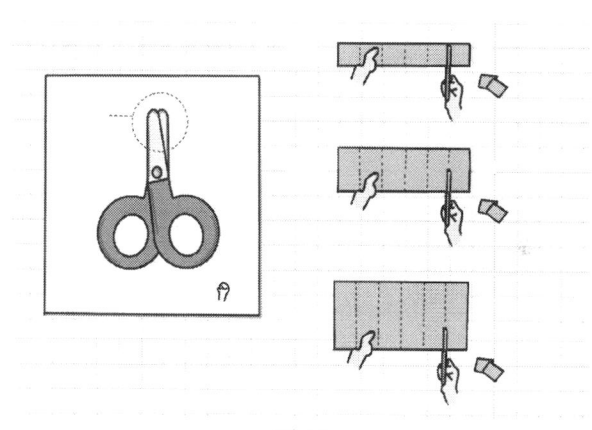

圖 44

紙條的寬度不同，孩子剪的時候需要測量剪刀剪下去的距離，這會幫助孩子透過經驗判斷距離和尺寸。我們可以給孩子提供一個容器，來裝孩子剪下來的小紙片。

(2) 連續剪直線

隨著孩子「一刀剪」到「三刀剪」都可以較好掌握了，我們可以在紙條上畫出長長的直線，加大難度讓孩子來挑戰。最初可以在紙條上只畫

第六章 2～3歲，細養出來好性格和好習慣

一條直線，然後循序漸進地畫出兩條直線。連續剪，需要孩子的身體保持協調和穩定，對孩子的專注力也提出了更高的要求。

(3) 剪折線

慢慢地，我們可以給孩子提供更多線條的剪紙體驗。比如弧線、斜線、V字線條，可以鍛鍊孩子手腕的靈活度。

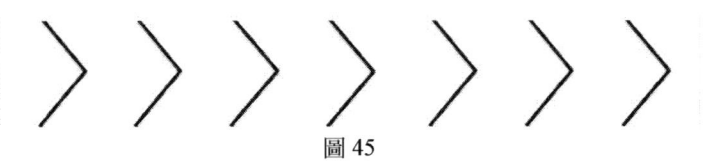

圖 45

(4) 連續剪圓圈和方形

孩子的手部協調能力越來越好了，也有一定使用剪刀的技巧了，就可以連續剪圓圈和方形。孩子剪的時候需要轉動紙張方向，可以給他們提供更多有趣的體驗。

圖 46

■ 2. 使用兒童剪刀的小撇步

在孩子使用剪刀時，有以下幾點注意事項：

(1) 安全性：提供圓頭剪刀和必要的示範

安全是所有活動的基礎，我們提供給孩子的剪刀，與我們日常使用的成人剪刀是有區別的。理想的兒童剪刀尺寸較小，可以讓孩子的大拇指和食指、中指剛好放入剪刀的把手。剪刀頭必須是圓形的，避免孩子被尖銳的刀頭刺傷。

同時，我們需要提供孩子必要的示範，讓他們看到如何正確地使用剪刀。

◆ 向孩子示範如何安全地使用剪刀

①使用剪刀：一隻手固定紙張，另一隻手握剪刀，將剪刀頭始終朝外。剪刀不使用的時候，必須蓋上剪刀蓋，放在固定的地方。

②拿著剪刀行走：合攏剪刀，將剪刀頭用雙手握在手心後，再行走。

③把剪刀遞給別人：合攏剪刀，將剪刀頭用雙手握在手心，把剪刀柄遞給他人。

(2) 功能性：可以鋒利地剪下紙片，這不是「玩具」剪刀

我們給孩子提供的剪刀是有功能性的，這就意味著這是一把真正意義上可以使用的剪刀，而不是玩具剪刀。

孩子能否專注地工作，要取決於孩子是否有一個良好的環境刺激他進行自主學習。如果孩子拿到的是一把很鈍的、剪不了東西的剪刀，那麼孩子很難有專注力進行自主活動。因此剪刀一定要在安全的前提下做到足夠鋒利，孩子才會專心致志地使用。

第六章　2～3歲，細養出來好性格和好習慣

在孩子剛開始使用剪刀時，剪的東西不能太硬，最好在父母的視線範圍之內使用剪刀。我們要觀察孩子手部的控制能力，替孩子選擇難度適中的剪紙方法。

我們可以教孩子做一些簡單的手工，讓他在動手的基礎上更有成就感。孩子也可以把使用剪刀的技能用在自己的日常生活中，比如使用剪刀開啟快遞。你會發現孩子會很積極做這些事情，他會感覺自己是一個能幹的人。

孩子的刺工和縫紉 —— 培養動手解決問題的能力

我們鼓勵孩子動手做力所能及的事情，而刺工和縫紉能培養孩子動手做事的能力。

■ 1. 刺工，縫紉技巧的準備

最開始的時候，我們給孩子提供一個軟木墊、粗且鈍的刺針筆。我們在小紙片上畫上黑色的圓點標記，將紙片放在軟木墊上就可以讓孩子用刺針筆點刺了。

我們要選擇方便孩子抓握的刺針筆，尺寸要合適，針頭具有一定的功能性又不至於刺傷孩子的小手。最初，我們可以在小卡紙上提供簡單的點，如把點分布在一條橫線、豎線或斜線上。然後我們可以慢慢地加入簡單的幾何圖形，如把點分布在一個圓形、三角形或正方形上。最後是比較複雜的圖形，如把點分布在愛心形狀、星星形狀上。

當孩子操作刺工的能力比較好了，我們就可以向孩子介紹縫紉的工作。

■ 2. 縫紉

我們會用到針插、針、剪刀和線，使用一個小墊子可以讓孩子更好地將針線等物品集中在上面工作。同樣地，我們還是使用粗且鈍的針，不會尖，避免刺傷孩子，可以讓孩子更好地抓握。準備一些事先已經刺好的、有小洞洞的卡紙。洞口大小要合適，以針剛好可以穿入為準。

下面這個簡單的步驟可以幫助你更好地向孩子示範如何使用縫紉：

①將墊子開啟，鋪在桌子上，向孩子介紹縫紉的工作墊和縫紉盒。

②取兩張卡紙，放在工作墊上，取出縫紉盒裡的針插、針、剪刀、線放在墊子上。

③請孩子選一根線，爸爸媽媽也選一根線。

④將針插在針插上，取一根線慢慢對準針眼，把線穿進針眼裡。當線穿進去一截時，可以邀請孩子幫忙把線向外拉，使線的尾部合併在一起。

⑤線上的尾端打一個結（可以由父母做）。

⑥介紹針縫卡紙，「這是卡紙」，帶孩子觀察，「上面有些洞，我們把針穿進洞裡」，右手拿針，對準最左邊的洞，把針穿進去。針穿進卡紙進去一半的時候，捏著卡紙，緩緩將卡紙向前向後翻一個面，停頓一下，提示孩子：「穿過去了！」握住針，往外把線拉出。

⑦重複幾次後，在針插進一半的時候可以邀請孩子把針拉出來。重複至所有的洞都被縫完。「我們都穿完了，沒有洞了」，觀察一下卡紙。

⑧示範剪的動作。把針垂直插在針插上。用剪刀剪去多餘的線。

⑨欣賞縫紉作品，把多餘的線取出來，將餘線放在一邊。

⑩做完示範後，可以邀請孩子來做縫紉的工作。當孩子全部做完後，最後收拾所有的物品歸位。

第六章　2～3歲，細養出來好性格和好習慣

■ 3. 小撇步

給孩子縫紉的難度應該是循序漸進的。比如：我們先給孩子直線圖案，然後才是斜線和其他不同形狀的圖案進行縫紉。直線從 5 個孔開始，之後孔的數量可以逐漸增加。當孩子縫直線和斜線縫得比較好時，我們再提供其他圖案，如圓形、扇形等。

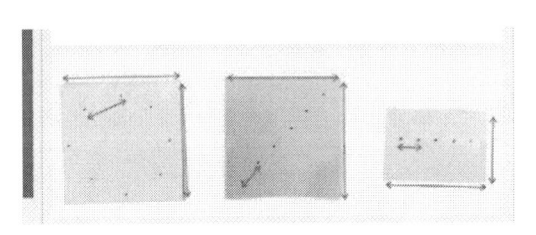

圖 47　縫紉的小紙片

縫紉，是一個實用的技巧，正是因為針線的真實性，使得孩子十分喜愛這份工作。在縫紉的過程中，孩子不僅提高了專注力，還學習了如何解決日常生活中將會面對的困難。以後，他也會將這些技巧運用到自己的生活中，成為可以照顧自己和照顧他人的人。

打造蒙氏家庭環境 —— 成為懂得照顧自己的人

許多大人覺得做家事是又髒又累的工作，但對孩子來說，做家事是一件有趣的事情。他們會自發地、興味盎然地去做，他們是勞動熱愛者。6 歲前，孩子處於動作的敏感期，對自己可以動手做事，會有一種重複的內在驅動。

孩子做的每一個動作都是其大腦已經做過縝密思考的結果。允許孩子多動手，就等於我們再一次地肯定孩子獨立思考的過程。那麼在家庭裡，有哪些家務是適合孩子做的呢？

■ 1. 家庭環境準備小清單

我們要孩子做家事，實際上是為了幫助孩子可以更好地照顧自己，以及學習照顧身邊的人。作為父母，如果我們能創造一個良好的環境，就可以輔助孩子更容易做到此事。

以下是家庭環境準備的小清單：

表 16

家庭場景	環境準備
客廳門口	・提供與孩子身高匹配的掛鉤，方便孩子取放進出用的衣帽 ・空出較矮的一層鞋櫃，方便孩子取放鞋子 ・提供小矮凳，孩子可以坐在上面換鞋 ・放置一塊小的全身鏡，用小籃子裝上梳子等整理儀容儀表的小物品。如有空間，也可根據家庭情況調整放在其他位置
盥洗臺	・提供一個穩固的踩腳凳，孩子可以自由地上下 ・水龍頭延長器，方便孩子更好地洗到手 ・與孩子身高匹配的掛鉤，上面掛上擦手布 ・孩子自己能搆得著的牙刷、牙膏和牙刷杯 ・一面掛在牆上的小鏡子，孩子可以整理儀容儀表
陽臺	・種植一些安全、無毒、無刺的植物，放置在孩子可以拿到的高度 ・一個小架子，上面放置迷你尺寸的澆水壺、小塊的海綿，孩子可以用它們給植物澆水和擦拭大片植物的葉子 ・如果有桌面水池，可提供一個小的搓衣板，孩子可以在上面洗布，也可以設定在盥洗臺

第六章　2～3歲，細養出來好性格和好習慣

家庭場景	環境準備
衛浴	・一個小架子，上面放置孩子可以自己取放的洗澡玩具、沐浴露等用品 ・如果浴室乾溼分離，可以在乾的區域設定小馬桶，小馬桶的周邊放置一個小籃子，裝上紙巾、保溼霜、訓練褲等如廁用品 ・大孩子可以配合兒童坐便器使用成人馬桶，如果成人馬桶比較高，在下面提供穩固的踩腳凳 ・洗手的地方參考盥洗臺設定
廚房	・提供一個穩固的踩腳凳，讓孩子可以參與一些力所能及的廚房工作。如擇菜、清洗，使用小砧板用安全刀具切馬鈴薯、紅蘿蔔等。根據孩子能力可以大人先切條，然後鼓勵孩子切丁 ・一個小架子，放孩子使用的廚房工具 ・如有空間，可直接放置一個一平方公尺、與孩子身高匹配的小桌子，孩子可直接在上面操作 ・一個與孩子身高匹配的小掛鉤，掛上吸水的小圍裙
餐廳	・孩子可以自由上下的餐椅，通常有兩層小階梯，孩子和成人一起坐在餐桌上用餐
客廳	・一個喝水的小臺子，上面放上孩子尺寸的小水壺和小杯子，孩子可以自己倒水喝 ・一排與孩子身高匹配的小掛鉤，掛上小掃帚、小拖把、擦拭桌面的除塵布

■ 2. 三個原則，讓孩子從家務中學習獨立，獲得自信

環境準備好了，我們的引導和態度也會影響孩子做事情的熱情。總體來說，我們只要把握三個原則，孩子就可以輕鬆從動手中學習獨立，獲得自信。

(1) 給予必要的示範後放手讓孩子嘗試

我們需要給予孩子必要的示範，並讓孩子努力嘗試。如果我們能靜下心來觀察孩子，孩子會告訴我們：什麼時候他們需要我們的幫助，什麼時候則不需要。

(2) 給予孩子重複練習的時間

當我們向孩子示範了一份新的工作，比如如何「擇菜」時，我們需要給予孩子時間進行練習。剛開始，孩子擇的菜有些長、有些短，甚至有些被撕成了碎片。但是隨著重複練習，孩子會判斷用多大的力氣去擇菜，以及怎樣擇菜能夠做得像我們一樣好。

(3) 根據孩子的能力，動態調整環境

在觀察的基礎上，孩子會告訴我們環境應該如何調整。如果能圍繞著孩子可以自己做事情這個核心觀點，我們就會知道如何布置家庭環境，才能幫助孩子的生理和心理得到全面發展。

許多孩子在 1 歲多的時候，會對我們使用的飲水機很感興趣，好幾次都想按上面的開關，像我們一樣取水喝。當我們因為安全的原因制止孩子時，許多孩子都會嚎啕大哭。

但當我們提供給孩子一個小尺寸的工具，如小水壺、小茶具、裝有溫度合適水的保溫瓶，孩子就可以自己倒水喝，甚至自己沖泡花茶。衝

第六章　2～3歲，細養出來好性格和好習慣

突停止了，取而代之的就是孩子樂在其中的不停練習。

當孩子專心致志，一隻手握茶壺把手，另外一隻手按住茶壺蓋，小心翼翼倒茶時，你會看到一個獨立、自信又快樂的孩子。

一張「和平桌」── 不再「被欺負」和「欺負別人」

> 避免戰爭是政治家的工作，而保持和平，是父母和教育者的工作。
> ── 瑪麗亞・蒙特梭利

如果我們與他人產生了誤解、衝突、矛盾，我們有許多積極解決的方法。比如和對方坐下來，開誠布公地聊一聊。為了緩解衝突，我們可能還會請對方吃頓飯或者寫一封信、送一束花等，這些都是表達歉意很好的方式。但這些方式，年幼的孩子很難做到。

教孩子用合適的方式解決生活中的衝突，不僅可以讓孩子習得與他人社交的技巧，更是把和平的種子播撒在孩子的心間。

這就是說，當我們能在孩子年幼時，就讓孩子明白「和為貴」，並且教其用平和的方式解決衝突，孩子以後就可以成為一個不用暴力解決問題，並且熱愛和平的人。

那麼如何將「和平之花」帶給年幼的孩子呢？我想和大家介紹「和平桌」，我們也可以稱之為「和平角」「和平區域」。

和平桌是和平教育的一種重要運用方式，它可以被運用到學校環境裡，同時也可以運用到多子女的家庭，甚至獨生子女家庭裡。在給孩子使用和平桌之前，我們可以和孩子介紹和平桌以及和平桌的規則。

圖 48

■ 1. 什麼是和平桌？三個元素輕鬆解決衝突

和平桌是一個特殊的地方，當我們和別人發生矛盾時，可以邀請他們來到這個地方，坐下來聊一聊。

一張和平桌，一般有三個要素：

◇　一張和平桌（或相對安靜、舒適的區域）；
◇　一個和平信物（如花朵、鴿子玩偶）；
◇　一個慶祝的儀式。

如果家裡有空間，可以擺上一張適合孩子身高的桌子和兩把小椅子，但這並不是必需品，它也可以是家裡的一扇凸窗，或者一個榻榻米等相對安靜、舒適的區域。這個區域可以讓孩子舒服地坐下來。桌面或凸窗上放置一株植物，可以讓我們感覺溫馨、舒適，來到這裡，心情容易平靜下來。

我們在這裡準備一個象徵和平的物品。如果是玫瑰花，我們可以稱為「和平花」，如果是一個鴿子玩偶，那就是「和平鴿」。

第六章 2～3歲，細養出來好性格和好習慣

拿到這個和平信物的人，就是他的時間，他可以說說剛才發生的事情、他的感受及想法。沒有拿到和平信物的人，是不可以插話打斷的，我們要學習傾聽。

和平信物的意義在於，它代表每個人都有表達自己的權力，而相對應地，我們還要學習傾聽和等待。父母和孩子都會輪流拿和平信物，如此我們會更容易學習傾聽，因為我們知道很快會輪到我們，大家都有「看得見」的機會去說話。

互相說說大家的需求是什麼，有什麼辦法可以同時顧及彼此的需求。列出來，最後大家協商一致。

當我們每次和孩子透過這樣的溝通方式達成了一致的意見，或者孩子們之間解決了問題，我們就要用一個儀式來慶祝。

這個儀式可以是搖鈴，也可以是一個深深的擁抱、一次有力的握手、一個充滿愛的吻等。無論是何種方式，都是對孩子的一種正向鼓勵，傳遞我們對和平的期望。這樣的慶祝可以做正面強化，為孩子下一次的成功帶來一種期待，同時也有利於孩子形成一種正向的、積極解決問題的思維。

■ 2. 解決衝突，和平桌的使用步驟

①邀請孩子來到和平桌。

②輪流拿起和平信物，說出自己的感受，並傾聽對方。

③找出共同的需求，列出解決問題的方法。

④從中選擇一個大家都滿意的方案（雙贏）。

⑤慶祝儀式。

第二節　4個錦囊，幫助孩子培養積極解決問題的好習慣

在用和平桌解決問題的過程中，父母的角色出現了很大的改變。傳統意義上來講，父母是一個「裁判」，判斷誰對誰錯。然而我們會發現，這樣的方式其實並不能很好地解決問題，大家會互相不理解對方，變成權利拉鋸戰。

如果是在多子女的家庭，和平桌上的教育，父母會轉變為一個「協助者」，引導發生衝突的孩子們各自說說發生了什麼、有什麼樣的感受、為什麼有這樣的感受。

當我們以一個冷靜的觀察者和協助者出現在孩子的面前時，我們會發現很多我們原來不知道的細節只是衝突表現出來的一部分，而沒有看到的部分可能正是孩子發生衝突的動機，而這些恰恰正是最重要的，因為看不到也是最容易被我們忽略的。

當然，有些時候孩子之間的矛盾可能並不一定會有雙方都同意的實實在在的解決方案。或許他們誰都不想「讓」誰，這非常正常。

我們需要注意的是，過程永遠比結果更加重要。很多時候，矛盾的點在於互相不理解，感覺自己沒有被傾聽。當自己不被別人理解的時候，通常我們也只會站在自己的角度上，無法做到理解他人。

在孩子成長的過程中，他們會逐漸了解自己無法改變他人，但是讓別人理解自己的感受，是很重要的一件事情。

每個人都有權利進行勇敢的表達，而這種能力是我們在孩子很小的時候，就可以透過和平桌帶給孩子的思維。等孩子逐漸長大了，他便不需要和平桌這樣的儀式，因為他已經習得一種可以解決問題、處理衝突矛盾的方法，他能做到用積極的方式迎接困難和矛盾，走向更廣闊的人生。

第六章 2～3歲，細養出來好性格和好習慣

第三節　這些「坑」，不要踩

「虎媽貓爸」還是「嚴父慈母」？合扮「黑白臉」不能教育好孩子

在育兒的過程中，我們經常會看到這樣的場景：孩子在玩具店裡耍賴打滾，一定要買新玩具。家裡的玩具已經數不勝數，媽媽堅持立場不妥協，拒絕購買。而爸爸看到孩子可憐兮兮的樣子，趕緊充當起了「和事佬」，「不就是一個玩具嗎？寶寶不哭，爸爸買給你」。

爸爸要求孩子寫完作業再玩，而媽媽心疼孩子，「學了這麼久了，休息一會兒，晚點寫沒關係」。

1. 有界限的自由，需要「先嚴後寬」？

有一部分家長擔心，如果家庭環境氛圍和管教方式太過自由民主，孩子長大後會變得無法無天、無法管教。尤其在孩子進入叛逆期時，如果家裡沒有一個可以震懾住孩子，給他立規矩的人，以後可能會麻煩多多。給予孩子有界限的自由，先嚴後寬，要比以後孩子長大了再來嚴格要求孩子要容易得多。

其實父母雙方「一人扮黑臉，一人扮白臉」的管教方式，在管教孩子方面短期會看到立竿見影的效果，但是從長期來說，可能隱藏著許多潛在的危害。

(1) 不利於孩子真正了解規則和邊界，失去自身的判斷力

「黑白臉」並用，容易讓孩子在嚴厲的「黑臉」面前主動安分守己、遵守規則，甚至主動討好，而在比較寬鬆慈愛的「白臉」面前，容易放縱自己。孩子的內心並不真正了解規則和邊界，他的行為只是根據「黑白臉」不同的反應做出調整而已。長此以往，孩子容易變得失去自身判斷的能力，變得見風使舵，甚至出現心口不一、撒謊等不良現象。

(2) 造成親子關係緊張，「白臉」的愛彌補不了「黑臉」的傷害

孩子會尊敬嚴厲的「黑臉」，其實更多是出於害怕和畏懼：

「你再哭我就不管你了。」（剝奪安全感）

「你再這樣無理取鬧，我就要揍你了。」（身體威脅）

「不能遵守規則，我們下次就不能再去遊樂園、買新玩具、看電視。」（物質威脅）

時間久了，孩子和嚴厲的「黑臉」家長之間容易產生距離感。孩子遇到問題也不敢主動和家長說，心裡有話也不敢坦言。

黑白臉並用的管教方式，無異於糖果和鞭子，我們不會感激「糖果」的甘甜美味，長久下來，更容易產生對「鞭子」的恐懼和憎恨。「白臉」的溫柔和愛，難以彌補嚴厲的苛責帶來的內心傷害。

(3) 不利於孩子安全感的建立，引起行為混亂

孩子的安全感來自穩定的秩序，外在的秩序感會給孩子帶來可控的感覺，讓他覺得這個世界是安全的、美好的。

如果孩子面對大人截然不同，甚至是互相對立的管教態度的時候，他並不知道統一的規則和一致的秩序是什麼，他需要花費更多的時間和精力去試探，怎麼樣做才是可以的。

第六章　2～3歲，細養出來好性格和好習慣

一張桌子，孩子在管教寬鬆的媽媽面前可以爬上去，而在管教嚴厲的爸爸面前則明令禁止甚至會受到處罰。還有一部分搖擺不定的父母，在自己心情好的時候，允許孩子爬桌子，而在自己心情不好的時候則嚴厲呵責。

那麼孩子就會很困惑：爬桌子到底是否可以呢？孩子需要一次一次地試探，這會讓孩子內心變得混亂，不利於內在安全感的建立，且會帶來許多混亂的行為問題。

那麼，父母雙方應該如何配合，才能更高效地管教孩子呢？

■ 2.AOE原則，避免意見分歧，父母管教更輕鬆

父母雙方在不同的原生家庭環境中長大，有不同的價值觀和管教孩子的方式。運用AOE原則，可以避免父母的意見分歧，幫助父母之間的管教更和諧、更有效。

AOE原則具體指的是：避免對立、明確規則（Avoid conflict）；突發情況、一方為主（Opinion leader）；合理分工、互相尊重（Explicit division）。

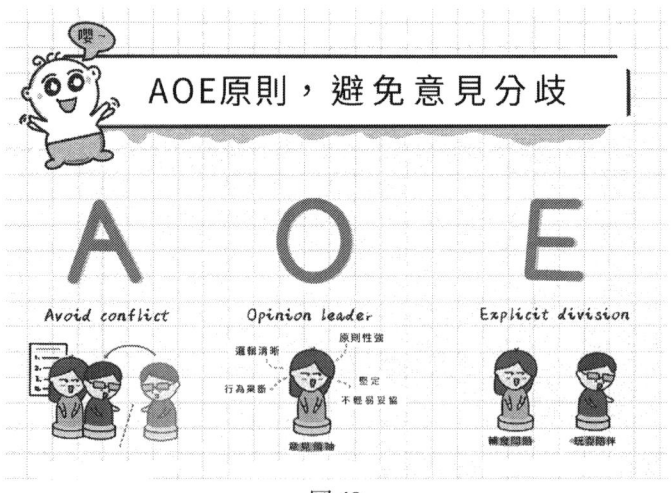

圖49

(1) 避免對立、明確規則

無論父母之間的意見如何不統一，都應該避免在孩子面前發生對立，甚至爭吵的局面。比較理想的狀態是能做到家人之間互相商討，明確制定統一的規則。

比如：孩子吃零食這件事，可以透過家庭會議討論，決定吃零食的規則和頻率。吃零食這件事需要家裡所有大人的配合，還需要孩子自己遵守約定，最好家裡所有人都參加。大家說說自己認為比較合適的吃零食的量，最後推選出大家都認可的方案。比如：零食只能在飯後吃，吃的量大概是多少等。

在規則制定後，所有人就需要嚴格貫徹執行，大人也需要以身作則，避免孩子不必要的行為試探和衝突拉鋸。

(2) 突發情況、一方為主

當然，我們無法做到孩子所有的事情都提前做好商量，在育兒的過程中，許多衝突是在意料之外的。這種情況下，比較和諧、簡便的辦法就是以「一方為主」。

平時父母雙方之間，誰的邏輯比較清晰，行為更果斷，且原則性更強。誰不會因為孩子的死纏爛打，或者一哭二鬧就隨意妥協。那麼這個人，就比較適合來當家裡突發事件的「意見領袖」。

每個家庭的情況不一樣，但是如果我們能確定下來這個「意見領袖」，在突發狀況發生的時候就可以減少很多矛盾，也能讓孩子對規則有更明確的邊界。

第六章　2～3歲，細養出來好性格和好習慣

> **小案例**
>
> 　　有一年萬聖節，3歲的女兒收到了物業管理員的兩顆糖果，孩子很喜歡，馬上想剝開來吃。我有點猶豫，孩子2歲前從沒吃過糖果，在這個特殊的節日，是不是可以破例吃一顆，大家一起高興一下？但是孩子的爸爸原則性比較強，他認為不應該給孩子吃糖。
>
> 　　孩子開始哭鬧，於是我說：「我看出來妳很想吃這顆糖，妳可以問問爸爸，如果爸爸說可以吃，那麼妳就吃吧。媽媽和爸爸的意見是一樣的。」爸爸接過來說：「陌生人給的糖不能吃，況且這個糖包裝紙上面也沒有寫製造日期，我們回家喝優酪乳吧！」
>
> 　　我發現當我表明了和孩子爸爸一樣的意見後，孩子的哭鬧聲變小了，她同意了爸爸的意見，並且馬上說要回家去。

　　孩子想吃糖，只是一件很小的事，然而育兒過程中出現的問題多半就是這些生活小事組成。孩子看到這些小事裡父母之間共識，其中一人用果斷、簡練的語言告訴孩子規則，孩子就不會做過多的哭鬧與試探，而是把精力放在做其他更有意義的事情上。

　　有一句老話叫「家和萬事興」，還是很有道理的。大人們意見統一了，孩子就減少了和我們不必要的拉鋸戰，我們育兒也會變得更加輕鬆有效。

　　緊急事件解決之後，我們可以和孩子開一個小的家庭會議。比如大家覺得孩子多大可以吃糖？什麼樣的情況下可以吃糖？孩子可以提需求，家庭成員間可以表達各自的想法，最終商量一個大家都認可的方案。

(3) 合理分工、互相尊重

在平時的家庭育兒過程中，我們還要做到合理分工、互相尊重。比如孩子的輔食問題，主要是由媽媽負責，那麼家裡的其他成員就多多配合媽媽的工作，在吃飯問題上以媽媽的意見為主。

又比如平時爸爸上班比較忙，那麼當孩子去外面郊遊、玩耍的時候，主要由爸爸陪伴，那麼這時候去哪裡玩、怎麼玩可以由爸爸和孩子共同決定，而其他的家庭成員盡量少給意見，一來可以充分發揮父親角色的能動性，二來也能做到彼此尊重、減少衝突。

在育兒的路上，父母雙方很難做到意見完全一致，但是我們應該盡量避免在孩子面前呈現出對立的「黑白臉」。孩子是一個有能力的人，只要我們給予他們一定明確的規則、多讓孩子體驗、探索，他們完全可以做到心中有自由、行為上有規範。事實上，孩子特別喜歡規律、有秩序的生活，一致、和諧的家庭氛圍不僅能減少孩子與我們的衝突，他們還會成為一個內心平靜而喜悅的人。

不愛打招呼不是沒禮貌，逼孩子打招呼才是害了他

小觀察

兩歲半的球球，特別抗拒和別人打招呼。尤其是不熟悉的人，如果對方太熱情還會躲起來。媽媽讓球球打招呼，他就抱媽媽大腿。大人要是再接著說兩句，球球就開始哭。媽媽很困惑，讓孩子打招呼，怎麼那麼難呢？自己也覺得很尷尬，感覺孩子很沒禮貌。

第六章　2～3歲，細養出來好性格和好習慣

1. 孩子為什麼不愛打招呼？

大人打招呼的目的是讓別人覺得自己友善，但對於低齡的孩子來說就比較難有這樣的思考。

兒童心理學家讓·皮亞傑曾做過十分著名的三山實驗，提出幼兒在思維方面存在著「自我中心」的特點。

◆ 皮亞傑的三山實驗

桌面上有三座山，顏色和頂部都不同。第一座山上有紅色的十字架，第二座山上有一間小房子，第三座山有積雪。處於2～7歲前預算階段的兒童是自我中心的，他們不能說出從玩具娃娃那個角度看到的離玩具娃娃最近的那座山，而認為離自己最近的山就是離玩具娃娃最近的山。

皮亞傑的三山實驗，實驗材料是一個包括三座高低、大小和顏色不同的假山模型。第一座山上有紅色的十字架，第二座山上有一間小房子，第三座山有積雪。然後，兒童面對模型而坐，並且放一個玩具娃娃在山的另一邊，要求兒童指出哪一個是玩具娃娃看到的離自己最近的山。實驗結果是，他們不能說出從玩具娃娃那個角度看到的離玩具娃娃最近的那座山，而認為離自己最近的山就是離玩具娃娃最近的山。

幼兒傾向從自己的立場和觀點去認識事物，而不能從客觀的、他人的立場和觀點去認識事物。

因此，低年齡層的孩子對於「打招呼」這件事情沒有我們成人那樣考慮到友好、不讓熟悉的人尷尬等想法。

對於他們來說，要不要「打招呼」只是從自我出發考慮，也就是「這事情對我來說有沒意義」。

■ 2. 強迫會讓孩子變得焦慮，產生對打招呼的反抗心理

強迫孩子打招呼，容易讓孩子的心理產生焦慮和反抗。「我並不想打招呼，但是爸爸媽媽說打招呼才有禮貌，才是一個好孩子。」

如果你細心觀察每一個被強迫打招呼的孩子，他們的行為是退縮的，內心是糾結的。

他們很想達到成人的期望，但是在內心又有一個聲音在拉著他們：「不，你並不想這麼做。」這種糾結，會讓孩子產生巨大的內耗，氣質類型比較安靜的孩子，容易陷入一種焦慮和壓力之中。

而對自我意識比較強的孩子來說，則會產生直接說「不」的強烈行為。無論是哪一種，都不利於孩子身心的健康成長。

我曾經看過一個孩子，被爺爺催促著向別人打招呼：「見到人要打招呼啊！快喊阿姨好！」孩子已經比較大了，心裡不願意叫，但是迫於爺爺的「碎碎唸」，只能不情願地白著眼，快速說了一句：「阿姨好！」

這樣的問好，真的讓人「感覺好」嗎？恐怕只會讓人不舒服。

為什麼？因為心裡是不情願的，問好不是發自內心的感受。而當身體和內心的願望是對抗的時候，這種生命的力量是扭曲的，也無法展現禮儀背後真正的尊重。

禮儀，並不僅僅是學會說「你好」、「謝謝」、「對不起」，而是要學習如何真實且真誠地表達自己。

第六章 2～3歲，細養出來好性格和好習慣

■ 3. 禮儀的三階段示範法，教會孩子什麼是愛和尊重

讓孩子懂禮貌、有禮儀，可以透過這三個維度進行示範和指導：

(1) 讓孩子理解不同的場景和文化有不同的禮儀

每一種文化都有屬於自己的禮儀，同一個行為，有一些文化認為是有禮貌的，而有一些文化則認為是一種冒犯。比如在臺灣，握手是大家問好的禮儀；而在法國，人們用親吻的方式來問候。

禮儀，要符合當下的文化和情況。如果在臺灣，我們透過親吻的方式去和陌生人問好，那就是一種不合時宜的冒犯。

但對孩子來說，他們並不理解這一點，他們需要大量的經驗和場景才能習得怎樣的方式才是適合的。

比如餐桌的禮儀。在臺灣，我們吃飯的時候，是左手拿著碗，右手拿筷子，如果拿著筷子對別人指指點點，這是一個不禮貌的行為。而在英國吃飯，如果端起餐盤，離開桌面靠近嘴巴，則會被認為是一種不禮貌的行為。

我們還要關注孩子的行為，關注他們在哪一些場景的行為，需要我們做關於禮儀方面的引導和幫助。

比如：當孩子打噴嚏的時候，他直接對著食物和別人的臉上打噴嚏。與其在當下責罵孩子，不如找一個合適的機會，和孩子介紹打噴嚏的禮儀。向孩子示範遇到想打噴嚏的時候，我們應該如何做才能又衛生又有禮貌。

(2) 「一看、二說、三表現」幫助孩子融入社交氛圍

每個孩子在進入社交場景時，都會有不同的表現方式，而作為成人，我們可以採用「一看、二說、三表現」幫助孩子融入社交氛圍。

◆ 「一看」，觀察孩子的表情動作

很多慢熱型的孩子剛進入社交場景時經常會緊張、躲閃、低頭不語，這時候我們就應該仔細觀察孩子的表情和動作，看看孩子是因為什麼而緊張。

例如：孩子因為某個大人太過熱情、親暱，所以有所畏懼，那麼作為成人我們就可以多跟孩子描述這個人有趣的方面，讓孩子主動發現這個人的特點，消除孩子的恐懼。

◆ 「二說」，幫助孩子把心裡的想法說出來

如果孩子因為對方靠近而躲閃時，我們就可以說「這個阿姨很喜歡你，不過你是不是還沒習慣，需要時間習慣一下」，幫助孩子釋放內心的情緒，同時也幫孩子緩和尷尬的氣氛，爭取社交的主動權。

◆ 「三表現」，用自己的社交表現來向孩子做演示

比如我們可以帶著孩子，演示我們是如何和不同的人打招呼的。對待熟悉的朋友、對待電梯裡的陌生人、對待鄰居，我們打招呼的方式和強度是不一樣的。如此，孩子就有了參照的模板。

(3) 場景復原和重演

我們還可以透過角色扮演，讓孩子感受具體的場景，如何更好展現優雅和禮儀。

比如：在孩子生日會前和孩子玩一個「收禮物」的角色扮演遊戲。我們可以準備一個包裝好的盒子當作禮物，和孩子說：「請你把這個禮物送給我吧！」

我們也可以做一次示範，讓孩子看看怎樣接受別人的禮物。當孩子把

第六章　2～3歲，細養出來好性格和好習慣

禮物遞到我們的手上時，我們和他四目相對，說：「謝謝你送給我的禮物！」

我們還可以跟孩子示範，怎樣處理收到的禮物。比如我們會將禮物輕輕放在一個地方，然後決定是否要開啟它。透過這樣的場景示範，讓孩子理解怎樣的做法是有禮貌的。這樣孩子就不會說出「這個禮物我不喜歡」，或者用一些不合適的方式處理禮物，以避免他做出不禮貌的行為。

當然，孩子6歲之前學習的禮儀，絕大多數是透過父母去學習的。我們可以不直接教，而是盡量透過我們的動作和言行舉止去呈現優雅和禮儀。為了做好孩子的榜樣，我們要時常反省自己的行為舉止，要知道自己的優勢和不足。

我們的所思所想、一言一行都會在孩子身上有所反射，很多時候孩子哪怕沒有在觀察我們，也在學習和吸收我們的行為。我們想讓孩子成為熱情開朗，能夠落落大方與其他人打招呼的人，那麼我們自己是否可以首先做到呢？

沒有人會告訴你，你家的孩子不懂禮貌，因為這樣也是一件極不禮貌的事。禮貌是一件簡單的事，同時又是一件很複雜的事。

我們並不需要要求或者催促孩子去遵守禮儀規範，而是應該把重點放在如何讓孩子生活在一個充滿禮貌和充滿愛的環境裡。

心裡想鼓勵孩子，說出口的卻是批評

注意你說過的話，因為神聖的事情始於舌尖。你的言語造就了你周遭的世界。

—— 納瓦荷人諺語

> 小觀察
>
> 「你這個小孩就是調皮，怎麼說就是不聽話！」奶奶扯著嗓子氣呼呼地說。
>
> 原來是昊昊洗完澡爬到床上蹦蹦跳跳。奶奶讓孩子下來，喊了幾次後孩子仍然「一意孤行」，繼續在上面撒野。
>
> 「快來穿衣服，再不穿，我要生氣了！你到時候感冒咳嗽了，就別想吃冰淇淋了！」奶奶怒吼道。
>
> 孩子聽到不能吃自己最喜歡的零食，一下子就急哭了：「為什麼？我就要！」

其實昊昊的奶奶只是擔心孩子生病感冒，但是話到嘴邊，卻變了味。在育兒的過程中，這樣的情況屢見不鮮。很多父母也知道要多多表揚、鼓勵孩子，但是「孩子很調皮，我找不到能稱讚的點呀」。

1.「非注意盲視」，影響我們對孩子的看法

曾經有人做了一個「看不見的黑猩猩」實驗，實驗者觀看影片裡兩支由三人組成的團隊相互傳球，一隊人員穿白衣，另一隊穿黑衣，而實驗者被要求記錄白衣團隊傳球次數。在遊戲進行到一半時，一個裝扮成大猩猩的人出現在了鏡頭裡拍打胸脯，停留了整整 9 秒鐘，然後走出了畫面。

讓人意想不到的是，影片播完後，實驗者們都能準確報出白衣球隊的傳球次數。大猩猩不僅沒有對實驗者們造成干擾，甚至還有 50% 的人根本沒注意到影片中曾出現過這一隻活靈活現的大猩猩。

心理學家把這種現象稱為「非注意盲視」，它的出現是因為人們主

第六章 2～3歲，細養出來好性格和好習慣

動，即有選擇性地把注意力放在了某一件事情上而忽視了其餘所有的事情。

當我們看到孩子在蹦跳時，我們就表現出了選擇性注意：對孩子活動的需求視而不見，只關注孩子蹦跳、調皮搗蛋。選擇性注意是我們的大腦過濾輸入資訊、避免資訊過載的一種方法，但代價是忽略了其他方面。

我們的大腦很容易先看到負面的資訊，而不是正面的資訊。比如：一個孩子的成績是：國文 90 分，英語 98 分，公民 90 分，數學 68 分，歷史 88 分，地理 89 分。那麼父母往往最先注意到的是「為什麼數學只有 68 分？為什麼你考那麼低」。相對於正面的資訊，我們的大腦容易先看到負面的偏見，導致偏頗的理解。

當然，這並不是說我們要只看到優勢，不去看不足，而是我們需要還原現實，真實看到孩子的全部。每個人都既有優勢，也有劣勢。但優勢往往被匆匆略過，以致我們沒能好好利用它去獲得更大的成功。

■ 2.「心口不一」的批判性話語，會塑造錯誤的自我認知

對於低齡的孩子來說，他們就像一塊軟蠟，仍未成型。他們是透過父母對待他的方式和評價逐漸形成自我認知的。當一個孩子被父母貼上「標籤」時，他就會做出自我印象管理，使自己的行為與所貼的「標籤」內容相一致。

比如，我們和孩子說：「你這孩子太懶了，自己的衣服也不收拾。」久而久之，我們給孩子貼的這些「標籤」，都會回到孩子身上，孩子甚至會這樣和我們頂嘴：「我就是懶，就是做不好事情，不都是你們說的嗎？」負面標籤慢慢深入孩子的骨和肉，孩子變得不再積極主動。

■ 3. 關鍵的「AOA 法則」，助力孩子正向成長

關注孩子的優勢和正面行為，其實是一種非常實用的教養方法。如果我們能看見孩子的優點，可以更好地將孩子引導到正確的行為上來，我們更容易和孩子形成良好的親子關係，育兒也會更輕鬆。

我推薦用「AOA 法則」開啟看待孩子的「優勢開關」。想要改變自己的消極認知機制，我們需要先自己意識到我們頭腦裡消極機制的存在。

「AOA 法則」具體指的是：注意自己的感受；想像自己看到了「優勢開關」；關注孩子的優勢。

(1) 注意自己的感受

當事件發生時，別急著給予孩子猛烈的反應。我們可以透過深呼吸，注意自己的感受。在深呼吸後描述所看到的客觀事實是一個非常有效的方法。

在描述客觀問題的時候，不僅可以幫助我們關注自己的狀態，還可以幫助孩子了解現狀，讓孩子自己做出更理智的選擇。比如，我們可以用「我看到」句式：

◇ 我看到地上都是米飯，收拾起來一定需要很多時間！
◇ 我的天呀！我看到你穿著毛衣，都流汗了。
◇ 我看到你在抓頭皮，你已經有兩天沒洗頭了。
◇ 我看到地板上散落著樂高，我沒有辦法走過去了。

這樣的客觀描述，避免給孩子「貼標籤」，同時還能向孩子表達我們更真實的感受。

第六章　2～3歲，細養出來好性格和好習慣

(2) 想像自己看到了「優勢開關」

每次我們想給孩子「貼標籤」或者批評孩子的時候，我們可以在腦海中想像一個開關。這個開關可以開啟和關上，只要撥動它，就關掉負面思考的燈，開啟正面思考的燈。

比如：孩子喜歡把積木搭很高，又猛地一下推倒，孩子如此重複了一次又一次。有些父母心裡會想：我的孩子是有「暴力傾向」嗎？當我們有這樣的想法時，我們可以馬上想像我們頭腦裡有一個「優勢開關」，讓我們把開關開啟吧！

「孩子一遍一遍地推倒積木，是不是代表著孩子專注力強？」

「積木要搭得很高才能被推倒，是不是也代表著孩子的意志力和耐心也非常不錯？」

「積木要怎麼搭，才不會從一開始就自己倒下，是不是也需要一定的邏輯思維能力和動手能力？」

當我們把頭腦裡的「優勢開關」開啟時，你會發現你看到的孩子是如此不同。意之所在，能量隨來。透過這個「優勢開關」，我們可以看到孩子擅長做的事情，我們可以看到孩子身上的優點。

就像一個園丁照顧植物，植物長得不好，我們不會去責怪植物。一個優秀的園丁，會思考是否該給植物多施點肥，或者多一些水、少一些陽光。越是能夠「看見」孩子，孩子會越容易往好的方向生長。

(3) 關注孩子的優勢：不指責、不命令、不說教

每個孩子都是獨特的，他們不是完美的孩子，但都有自己的優點。父母要懂得發現孩子的長處，充分發揮「優勢效應」的作用，讓孩子散發自己的光芒。

> **小故事**
>
> 美國心理學家馬丁・塞里格曼曾分享過這樣一個故事：有一次，他帶著女兒到院子裡拔草，5歲的女兒玩心比較重，於是一邊拔草一邊玩耍，塞里格曼看到後便數落起女兒的各種壞習慣。聽完後，女兒說了一句話，這句話讓塞里格曼像被一根棒子敲醒了一樣，讓他反思良多。他的女兒說：「爸爸，你每天都讓我改壞習慣，可是就算我的壞習慣全部改掉了，那也只是一個沒有缺點的小孩，但我也沒有優點，你為什麼不去看看我的長處呢？」

年齡比較小的孩子，喜歡在玩當中體驗、探索，如果孩子能一直保持「玩中學」的學習熱情，那麼這就會成為孩子的「成長型優勢」。他會有內在的自我驅動力想要向世界探索，與他人互動和學習。如果我們能看到這一點，塞里格曼或許可以和孩子說：「嘿，我們來玩一個拔草的遊戲，看誰拔的草最多！」

這樣不指責、不命令、不說教，以孩子的方式回應孩子，會讓我們更容易看到孩子的成長優勢，更好地與他們相處。

這本書寫到最後，我想以我生活中的小故事作為結尾：

我女兒在3歲的時候，對使用剪刀十分痴迷。有一次，我替她列印了一些三段卡（一種蒙氏教具），她看到我正在剪卡片，也躍躍欲試。但是孩子畢竟小，剪的時候很容易一不小心就把圖片剪壞了。

最開始，我有點煩躁，心裡有一個小人跳出來說：「好不容易列印好的卡片，全部剪壞了！孩子這樣搗亂還不如我自己弄呢！」

但是我深吸了一口氣，我的目的不是為了和孩子爭吵，我們正是想要和孩子好好玩耍，不是嗎？

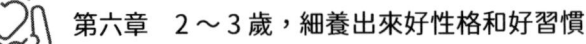

第六章　2～3歲，細養出來好性格和好習慣

　　如果我們能關注孩子的優勢，看到她做事情的興趣和能力，很多育兒的困惑就會迎刃而解。

　　於是，我在每一張卡片的外面加了一個黑色的邊框，並向孩子示範如何在黑框的外面剪。當有了邊界作為參考後，孩子剪起卡片好多了，她很專注和愉悅。

　　當孩子的興趣、熱情被我們「看到」，我們就要想辦法讓他充分地發揮他自身的優勢，從中找到自信。一切行為的改變，皆因為我們開啟了孩子的「優勢開關」，他的能力與水準也會水漲船高。

　　平時多多認可孩子積極的行為，可以幫助孩子理解行為的作用。「謝謝你在生日派對後主動幫忙收拾，這讓我省了好多時間！」僅僅是這些簡單的話，就可以讓孩子成為一個更加知道感恩的人，他會在今後的成長路上「複製」自己成功的體驗。而父母，就像是孩子心底裡不謝的花，無論孩子多大，去到哪裡，想起父母，他就會感覺到溫暖和美好。

　　這大概就是 3 歲前，積極陪伴孩子的意義吧！

第三節　這些「坑」，不要踩

蒙特梭利的育兒黃金三年，從建立安全感到培養好習慣：

人格塑造 × 情緒掌控 × 社交訓練，不當揠苗助長的家長，真正激發孩子的內在動力！

作　　　者：	玫瑤	
責 任 編 輯：	高惠娟	
發 行 人：	黃振庭	
出 版 者：	樂律文化事業有限公司	
發 行 者：	崧博出版事業有限公司	
E ‑ m a i l：	sonbookservice@gmail.com	
粉 絲 頁：	https://www.facebook.com/sonbookss	
網　　　址：	https://sonbook.net/	
地　　　址：	台北市中正區重慶南路一段 61 號 8 樓	

8F., No.61, Sec. 1, Chongqing S. Rd., Zhongzheng Dist., Taipei City 100, Taiwan

電　　　話：	(02)2370-3310
傳　　　真：	(02)2388-1990
律 師 顧 問：	廣華律師事務所 張珮琦律師
定　　　價：	480 元
發 行 日 期：	2024 年 11 月第一版

◎本書以 POD 印製
Design Assets from Freepik.com

國家圖書館出版品預行編目資料

蒙特梭利的育兒黃金三年，從建立安全感到培養好習慣：人格塑造 × 情緒掌控 × 社交訓練，不當揠苗助長的家長，真正激發孩子的內在動力！/ 玫瑤 著 . -- 第一版 . -- 臺北市：樂律文化事業有限公司, 2024.11
面；　公分
POD 版
ISBN 978-626-7552-58-2(平裝)
1.CST: 嬰兒心理學 2.CST: 育兒
173.19　　　　　113016050

電子書購買

爽讀 APP　　　臉書